民法2 物権

第4版

千葉恵美子・藤原正則・七戸克彦 [著]

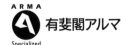

ARMA
有斐閣アルマ
Specialized

第４版はしがき

　平成 29（2017）年の民法（債権関係）の大規模な改正後も，民法に関する立法作業が続いています。本書に関連する立法に限定しても，平成 30（2018）年には，相続法改正（平成 30 年法律 72号），また，令和 3（2021）年には，「民法等の一部を改正する法律」（令和 3 年法律第 24 号）によって民法・不動産登記等の改正が行われ，また，「相続等により取得した土地所有権の国庫への帰属に関する法律」（令和 3 年法律第 25 号。以下「相続土地国庫帰属法」）が新設されました。

　平成 30 年の相続法の改正では，配偶者（短期）居住権の創設，自筆証書遺言の簡易化，遺留分を遺留分減殺請求による現物返還から遺留分侵害額請求による金銭請求に変えたことなど重要な改正が行われました。

　また，令和 3 年の民法等の改正では，所有者不明土地の増加等によって不動産の管理が十分でない状況が生じていることから，このような土地の発生予防と利用・管理の円滑化のために，民事法の基本的な法制度の見直しが行われました。上記改正の背景には，東日本大震災の際に，不動産登記簿（登記記録）に反映されていない情報が多く，所有者を特定することが困難で，復興事業の障害になったことが指摘されています。しかし，高齢社会と人口減少問題および自然災害の頻発を考えると，所有者不明土地問題は，不動産所有権を中心とした民事基本法および不動産登記制度の総合的な見直しによって解決を図るべき問題であるといえます。改正法のうち，民法および不動産登記制度の改正部分につい

ては，令和5（2023）年4月1日から（ただし，不動産登記法の改正のうち，相続登記の申請義務化および相続人申告登記に関する規定については令和6〔2024〕年4月1日，住所等の変更登記の申請義務や所有不動産記録証明制度などについては，令和8〔2026〕年4月28日までに），また，相続土地国庫帰属法は，令和5（2023）年4月27日から施行されます。

　本書は，これまでも基本的な事項に重点をおいて，どのように考えて作られた制度なのかをわかりやすく説明すること，日々の暮らしの中で抽象的な制度がどのように使われるのかがわかるように記述することを心掛けてきました。今回の改正についても，どのような考え方に基づいて改正が行われたのかを明らかし，重要な事項については，ケースを通じて問題解決能力を養うことができるように配慮しました。特に，相隣関係，共有，不動産物権変動の箇所については全面的に見直し，また，新設された特定不動産を対象とした財産管理制度および相続土地国庫帰属法については，所有権の *PART* で解説を加えました。今回の改訂が少しでも皆さんの理解の助けになることを願っています。

　第4版の改訂にあたりましても，有斐閣法律編集局書籍編集部部長　藤本依子氏，および，同部の中野亜樹氏に，大変お世話になりました。第3版に続いて第4版も大幅な改訂となりましたが，執筆者間の調整に加えて，細部にまで目を通していただき，また，校正に際して，貴重なコメントを付していただきました。この場合を借りて厚く御礼を申し上げます。

　2022年4月10日

執筆者一同

　本書は，アルマシリーズ Specialized 民法の一巻として企画されました。21 世紀のスタンダードテキストとして，新しい学説・判例を織り込みながら，基礎的な事項に重点を置いた，わかりやすい教科書を作ること，各巻を学習しながら同時に民法の全体像が理解できるような教科書を作ること，これが本シリーズの基本的なコンセプトです。しかし，最先端の議論をも整理しつつ，初学者にも理解できるように記述すること，しかも，限られたスペースの中で民法全体の体系的・有機的関連をも理解させるようにすることは容易なことではありません。また，物権法の分野については，教科書に限っても，これまでに多くの優れた著書があります（本書末尾の参考文献参照）。

　私たちは，本書を執筆するにあたり，これまでの教科書に何が不足しているのか，民法を「やさしく，深く，おもしろく」学習することができるような教科書にするためには何が必要なのかを真剣に議論しました。その結果，以下の点を実現するよう心がけました。

① 具体的な問題から叙述し抽象的な問題へ発展させること。

② 重要な制度・問題点について丁寧に解説すること。

③ 憲法・民法総則，および，本書の既習部分の知識だけで理解ができるように記述することを原則とし，それ以外の知識を前提としなければ理解ができないと考えられる点については，最低限の説明を加えること。

④ どんな判例・学説があるかだけでなく，見解の分岐点はどこか，

また，なぜ対立しているのかを説明すること。

具体的な問題から叙述し抽象的な問題へ発展させるという方法を採用した結果，本書は物権法各論から始まり，いわゆる物権変動の理論を経て，物権とは何かという議論で終わるという構成となりました。これは民法典の条文の順序とは大きく異なります（「本書で何をどのような順序で学ぶか」および MAP 参照）。

また，重要度に従って情報を精選した結果，本書では，所有権・占有権の説明は別として，物権法各論の説明が十分とはいえません。しかし，条文があるというだけで網羅的に解説を加えるよりは，重要な制度や問題点について十分な説明をしたほうが，変化の激しい現代社会において，真の応用力を養うことができると考えました。

本書の執筆にあたっては，原稿を幾度となく持ち寄り，構成から取り上げる争点の細部にいたるまで議論を重ね，何度も書き直しをしました。執筆者間で基本的な制度の理解をめぐって見解が対立したり，また，初学者にとってわかりやすいかどうかをめぐって論争となったこともありました。しかし，このような作業を経て完成した本書をみると，執筆者3人の個性を損なわずに，しかも，一貫した記述がなされているという点で，興味深い教科書になったのではないかと思います。

本書では，できるだけ抽象的な条文・制度に，生きた映像をあたえるように努めたつもりです。私たちの社会で，人間がどのように争い，どのように問題を解決していくべきかを少しでも理解することができたら，毎日の生活のなかで使われている様々な仕組みについて，なぜそのような仕組みが必要であるのかを考えるきっかけとなるでしょう。そして，そのときには，民法を学ぶこ

とに楽しみを感じることができるようになっているはずです。

　なお，校正の段階で，渡邊力（当時名古屋大学大学院生，現関西学院大学法学部教授），伊藤栄寿（当時名古屋大学大学院生，現上智大学法学部教授），宮田智弘（当時名古屋大学法学部4年，現弁護士）の諸君に，学生の立場に立って本書を読み，貴重なご意見をお寄せいただきました。学生にとって，どのような点が理解しづらいのかを端的に指摘していただき，改善することができた点も少なくありません。ここにお名前を記するとともに，ご協力に感謝いたします。

　最後になりましたが，本書の出版にあっては，有斐閣書籍編集第一部の田顏繁実氏と山宮康弘氏に大変お世話になりました。原稿調整のための会議の段取り，執筆者相互間の調整，読者サイドからみた意見の蒐集など本当に様々なご支援・ご協力をいただきました。この場を借りて，心より御礼申し上げます。

　　2002年4月1日

執筆者一同

　本書を手にされた皆さんは，すでに憲法を学習され，民法についても総則を一応は勉強された方が多いはずである。民法の条文の多さと学習の困難さに直面して，もう民法の勉強はやめようかと考えている方はおられないだろうか。何事もあきらめることは簡単である。その前に本書の Case だけでも眺めていただけないだろうか。

　本書は，毎日の生活の基本となる問題を扱っている。ある財産が私たちのものであるということは何を意味するのか，どの物が誰に帰属するのか，それはいかなるルールによって決まるのか，つまり，財産帰属秩序を学ぶことが，本書の目的である。民法典の条文では，175 条から 294 条に相当する部分とこの部分に関連する特別法が対象となる。

　もっとも，どんなに役に立つといわれても，いかに辛抱強い読者でも，条文を 1 つ 1 つ解説されたのでは，読み進めるのが大変である。

　そこで，本書では，まず各種の物権（180 条〜294 条）を取り上げ，これらの権利をめぐってどのような紛争が起こっているか明らかにする。具体的には，所有権から始め，地上権・永小作権・地役権・入会権を所有権の内容との関係で触れ（*Part 1*），ついで所有権と対比しながら占有権（*Part 2*）について説明をすることにする。このような順序で各種の物権について記述するのは，所有権が私たちにとって最も身近な財産権であり，地上権・永小作

権・地役権・入会権は所有権の性質の一部を分有している権利といえること，また，占有権は物権の1つとされているが，所有権やその他の権利とはかなり異なった性質があるからである。

　次に，いわゆる物権変動論といわれる部分（175条〜179条）と無権利者から物権を取得した者の保護の問題（192条〜194条，94条2項類推）を取り上げ，*Part 1*でふれた権利を取得したり失ったりする際のルールを学ぶことにする（*Part 3*）。

　最後に，物権法の全体像をまとめ，担保物権法・債権法への橋渡しをすることにする（*Part 4*）。

【民法典に忠実な順序】

物権法総論		物権法各論
物権の意義・ 性質・効力	物権の変動	占有権・所有権・地上権・永小作権・ 地役権・入会権

【本書の順序】

物権法各論		物権法総論	
PART 1	*PART 2*	*PART 3*	*PART 4*
所有権 （客体・性質を含む） ↕ 地上権・永小作権 地役権・入会権	占有権	物権の変動	物権の性質・効力 物権の意義

目　次

PART 1 　所　有　権

第1章　*所有権の内容*　　3

1 所有権の客体と性質 ……………………………………3
　①　はじめに（3）　　②　特定の有体物とは——所有権
の客体（4）　　③　所有権の特徴——他の物権との違い
（11）

2 所有権絶対の原則と所有権の制限 ………………18
　①　所有権絶対の原則の意味（18）　　②　所有権の制
限（19）

3 相隣関係と地役権 ………………………………32
　①　相隣関係——総論（32）　　②　相隣関係——各論
（36）　　③　地役権（42）

第2章　*所有権に基づく請求権*　　47

1 所有権に基づく請求権の意義・根拠・性質 ………47
　①　所有権に基づく請求権の意義（47）　　②　所有権
に基づく請求権の根拠（49）　　③　所有権に基づく請
求権の性質（50）

2 所有権に基づく請求権の要件 …………………52
　①　「所有権（物権）」侵害（52）　　②　所有権（物権）
「侵害」（54）

3 所有権に基づく請求権の効果 ・・・・・・・・・・・・・・・・・・・・・・・・60

第3章 *所有権の原始取得* 65

1 所有権の取得原因 ・・・・・・・・・・・・・・・・・・・・・・・・・・・・・・・・・・・・65

2 無主物の帰属・家畜外動物の取得・遺失物の拾得・埋蔵物
の発見 ・・・67

① 無主物の帰属（239条1項）（67） ② 家畜外動
物の取得（195条）（68） ③ 遺失物の拾得（240条）
（69） ④ 埋蔵物の発見（241条）（70）

3 添 付 ・・・・・・・・・・・・・・・・・・・・・・・・・・・・・・・・・・・・・・72

① 付 合（72） ② 加 工（77） ③ 混 和
（81） ④ 添付の効果（81）

第4章 *共 同 所 有* 85

1 共同所有の意義 ・・・・・・・・・・・・・・・・・・・・・・・・・・・・・・・・・・・・85

2 共同所有の発生 ・・・・・・・・・・・・・・・・・・・・・・・・・・・・・・・・・・・・91

3 共同所有の内容 ・・・・・・・・・・・・・・・・・・・・・・・・・・・・・・・・・・・・96

① 持分（持分権）に関する法律関係（97）

② 共同所有物の管理に関する法律関係（100）

4 共同所有の主張 ・・・・・・・・・・・・・・・・・・・・・・・・・・・・・・・・・・107

5 共同所有の消滅 ・・・・・・・・・・・・・・・・・・・・・・・・・・・・・・・・・・117

① 持分（持分権）の放棄・相続人の不存在（117）

② 共有物の分割（118） ③ 所在等不明共有者の持
分の取得・譲渡（127）

6 準 共 有 ・・・・・・・・・・・・・・・・・・・・・・・・・・・・・・・・・・・・130

7 建物の区分所有 ……………………………………………133

　　① 区分所有建物の所有関係（133）　② 区分所有建

物の管理（137）

8 入　会　権 ……………………………………………141

PART 2　占　有　権

| 第5章 | *占有の保護──占有の訴え*　149 |

1 占有に伴う効力の多様性 ………………………………149

2 占有の訴えの意義と効果 ………………………………151

　　① 占有の訴えとは（151）　② 占有の訴えによる占

有保護の内容（152）　③ 占有の訴えが訴訟上行使さ

れる場合の問題（156）　④ 占有の訴えの今日的意義

（163）

3 占有の訴えの要件としての占有 ………………………164

　　① 占有の成立と消滅（164）　② 占有（権）の承継

（171）　③ 準占有（174）

| 第6章 | *占有と本権との関係*　175 |

1 占有と本権 ………………………………………………175

2 占有の本権推定力 ………………………………………176

　　① 188条の推定とは（176）　② 占有の推定力の制

限（177）

3 占有の本権取得的効力 …………………………………179

　　① 取得時効の成立要件としての占有（179）　② 相

続と取得時効の成立要件としての占有の特殊性（184）

| 第7章 | **不適法占有者と所有者間の法律関係** | 188 |

1 所有者＝占有者関係 ……………………………………188

　　① 適法占有者の場合（188）　　② 不適法占有者の場合（190）

2 悪意の占有者の場合 ………………………………………192

3 善意の占有者の場合 ………………………………………193

　　① 善意占有者の優遇（193）　　② 善意占有者の例外（197）

4 不当利得法との関係 ………………………………………199

5 占有者の費用償還請求権 …………………………………201

PART 3　物　権　変　動

| 第8章 | **物権変動とは何か** | 207 |

1 物権変動とは何か──物権の発生・変更・消滅のプロセス
………………………………………………………………207

2 物権の取得 …………………………………………………208

3 物権の変更 …………………………………………………210

4 物権の消滅 …………………………………………………210

5 法律行為による物権変動と法律行為によらない物権変動
………………………………………………………………213

| 第9章 | *法律行為（契約）による物権変動* | 216 |

1　物権変動のために必要な行為——意思主義と形式主義
　　……………………………………………………………216

2　物権行為（処分行為）と債権行為（債務負担行為）の区別
　　……………………………………………………………218

3　物権変動の原因である契約が無効・取消しとなったとき
　　……………………………………………………………220

4　物権変動の時期 ……………………………………223

| 第10章 | **不動産物権変動と対抗問題** | 232 |

1　序　説 ……………………………………………232
　　① 対抗問題とは（232）　② なぜこのような結論が
　　正当化されるのか（233）　③ 対抗問題の法的構成
　　——176条と177条の関係（236）　④ 対抗要件主義
　　の具体的帰結（238）

2　登記を必要とする物権変動 ………………………241
　　① 序　説（241）　② 有効な契約によって物権変動
　　が生じている場合（243）　③ 契約が取り消された場
　　合（243）　④ 契約が解除された場合（250）
　　⑤ 時効取得（253）　⑥ 相　続（260）

3　177条の第三者の範囲 ………………………………272
　　① 序　説（272）　② 登記しないと対抗できない第
　　三者（273）　③ 登記なしでも対抗できる第三者——
　　第三者の客観的要件（279）　④ 登記なしでも対抗で

　　きる第三者──第三者の主観的要件（282）

　4 不動産登記制度 ………………………………………………293

　　① 登記制度──登記簿と共同申請の原則（293）

　　② 登記請求権（302）　③ 登記の有効要件（305）

　　④ 仮登記（311）　⑤ 登記の推定力と公信力（314）

第 11 章　*動産・立木等の物権変動の特殊性*　319

　1 動産の物権変動と対抗問題 ………………………………319

　　① 契約による動産の物権変動（319）　② 動産の物
　　権変動と対抗要件（321）

　2 立木・未分離果実の物権変動と対抗問題 ………………328

　　① 立木の物権変動（328）　② 未分離の果実・稲立
　　毛の物権変動（332）

第 12 章　*公信の原則*　334

　1 動産取引における公信の原則──善意取得制度 ………334

　　① はじめに（334）　② 要　件（336）　③ 効
　　果（353）　④ 盗品・遺失物についての特則──効果
　　の制限（354）

　2 無権利者から不動産上の物権を取得した者の保護 ……358

　　① 公信の原則と 94 条 2 項類推適用（358）

　　② 94 条 2 項類推適用の要件（361）

第 13 章　*物権変動理論の基本的枠組み*　366

PART 4　物権法の全体像

第14章	物権の性質と効力　374

1　物権と債権の違い ……………………………………374

2　物権の排他性と物権相互間の優先的効力 ………375

3　物権の絶対性と物権の債権に対する優先的効力 ………376

4　物権の直接支配性と物権的請求権 ……………379

第15章	物権法の基本的な考え方　385

1　物権法定主義の意義 ……………………………385

2　物権法定主義の限界 ……………………………387

おわりに——参考文献　390

事 項 索 引　393

判 例 索 引　402

Column 目次 •◦•

① 死体からの臓器移植 (7)

② 公物と所有権 (8)

③ 土地所有権の放棄と相続土地国庫帰属法の創設 (20)

④ 地下の利用と所有権 (29)

⑤ 不動産に関する権利移転と方式 (234)

⑥ 不動産取引の安全 (360)

•◦•

Web 目次 ❖❖❖❖❖❖❖❖❖❖❖❖❖❖❖❖❖❖❖❖❖❖❖❖❖❖❖❖❖❖❖❖❖❖❖❖

人格権と所有権（5）

地上権・永小作権と賃借権（12）

占有が要件となっている他の制度（165）

代理と代理占有（170）

種類債権の特定（320）

引渡しを対抗要件とする動産の物権変動（322）

192 条と 162 条の関係（337）

留置権・動産賃借権・動産の先取特権と善意取得（354）

❖❖

◆目次

所有権の客体は有体物に限られるか（4）

海面下の土地（8）

担保物権における特定性の意味（9）

交換価値を把握しているわけではない担保物権（14）

担保物権と使用価値（16）

所有権を制限する法律（22）

憲法学上の二分論（24）

森林法違憲判決における手段審査（25）

竹木の根・枝の切除権の根拠と切除費用の負担者（34）

承役地所有者の義務（44）

地役権の不可分性（45）

地役権の存続期間（45）

物権的請求権と不法行為請求権の要件の違い（54）

請求権競合問題（56）

添付という法制度の意味（83）

「共有」「合有」「総有」概念の由来（90）

249 条の適用範囲（99）

持分（持分権）の処分の自由と共有物の変更の関係（102）

共有物を使用する共有者の承諾が必要となる場合（103）

共有者に対する登記請求（115）

旧法下の判例理論（120）

共有物分割と遺産分割の相違個所（123）

債権の準共有（131）

本権の訴えと占有の訴えが別々の訴訟手続で行われる不都合（158）

民法 202 条 1 項と新訴訟物理論の考え方（158）

両請求認容後の後始末（161）

占有の成立要件と所持者の意思（166）

占有補助者であることの効果（171）

法人の理事・取締役と占有（171）

188 条の推定の意味（177）

186 条の推定の意味（181）

187 条により承継した前主の占有の態様と 10 年の取得時効（187）

給付利得と侵害利得の区別（200）

「対抗要件の抗弁」と「対抗要件具備による所有権喪失の抗弁」（239）

債務名義と第三者異議の訴え（274）

登記申請の手続と不動産登記法の改正（297）

即時取得制度の系譜（336）

192 条と主張・立証責任（344）

判例理論と 194 条の制度趣旨（357）

物権の絶対性概念・債権の相対性概念の多義性（377）

担保物権に基づく物権的請求権（380）

生活妨害型紛争・公害と差止請求（383）

対抗力のない不動産賃借権と妨害排除請求権（384）

著 者 紹 介

千葉恵美子　　第 1 章，第 5 章，第 6 章，第 11 章～第 15 章執筆
　　昭和 28 年生まれ。大阪大学招へい教授・名古屋大学名誉教授。

　　主要著作　　集団的消費者利益の実現と法の役割（共編著，商事法
　　務，2014），新・シネマで法学（共著，有斐閣，2014），Law Prac-
　　tice 民法 I・II（第 4 版）（共編著，商事法務，2018），詳解　改
　　正民法（共編著，商事法務，2018），キャッシュレス決済と法規整
　　（編著，民事法研究会，2019）

藤原正則　　第 3 章，第 7 章～第 10 章執筆
　　昭和 29 年生まれ。北海道大学名誉教授。

　　主要著作　　不当利得法と担保物権法の交錯（成文堂，1997），不当
　　利得法（信山社，2002），「民法 703 条・704 条」新注釈民法 15
　　（有斐閣，2017）所収，グンター・トイブナー（藤原正則訳）・契
　　約結合としてのネットワーク（信山社，2016），「無権限者による
　　他人の物の処分と他人の債権の取立による不当利得──自己の権
　　利領域への無権利者による干渉に対する反動的請求（1）～（4・
　　完）」北大法学論集 59 巻 2 号～5 号（2008～2009），Erbenhaftung,
　　FS für Dieter Medicus（Heymann，2009）所収，Actio de in rem
　　verso, Business Law in Japan－Cases and Comments（Kulwer,
　　2012）所収

七戸 克彦　　第2章，第4章執筆
しち のへ かつ ひこ

昭和34年生まれ。九州大学教授。

主要著作　　条解不動産登記法（監修，弘文堂，2013），基本講義・物権法Ⅰ総論・占有権・所有権・用益物権（新世社，2013），基本講義・物権法Ⅱ担保物権（新世社，2014），不動産登記法案内（勁草書房，2014），プロセス講義・民法Ⅱ物権（分担執筆，信山社，2019），新基本法コンメンタール・物権（分担執筆，日本評論社，2020），新旧対照解説・改正民法・不動産登記法（ぎょうせい，2021）

1 法令名の略語について

民法は，原則として，条数のみを引用した。

関係法令の略記については，特別なものを除いて，有斐閣版『六法全書』巻末の「法令名略語」にもとづいた。主なものは以下の通り。

憲	憲法	建物区分	建物の区分所有等に
遺 失	遺失物法		関する法律
建 基	建築基準法	不 登	不動産登記法
借地借家	借地借家法	文化財	文化財保護法
商	商法	民 訴	民事訴訟法

2 判例の略記について

判例の略記法は以下の通り。

最判平 6・7・14 民集 48 巻 5 号 1126 頁

＝最高裁判所平成 6 年 7 月 14 日判決，最高裁判所民事判例集 48 巻 5 号 1126 頁

民 集	大審院民事判例集，最高裁判所民事判例集
民 録	大審院民事判決録
裁判集民	最高裁判所裁判集民事
新 聞	法律新聞
訟 月	訟務月報
家 月	家庭裁判月報
判 時	判例時報

3 コラムについて

本書は，学習上の便宜を考慮し，コラムにいくつかの種類を設けた。

Column 学習内容に関連して，現在議論されている問題，新しい制度などを説明する。

Web 民法上の類似の制度との比較や特別法について解説。民法の立体的な理解を目指す。

◆ 学習内容に関連して，制度の沿革や高度な論点などを取り上げる。応用力を養成する。

4 リファーについて

図表・別項目などへのリファーは⇒で示した。表記については，以下の通り。

⇒第5巻　　有斐閣アルマ・民法5を参照
⇒第5章 *3* ① 　第5章 *3* ① 全体を参照

■ *PART 1* 所 有 権

PART 1 では，財産権の中で最も基本的な権利である所有権を中心に学ぶことにする。まず，どんなものが所有権の対象となるか，所有権以外の物権と比較しながら，所有権があると，どのようなことができるのかを明らかにすることにしよう（第1章　所有権の内容）。次に，所有権の実現が妨げられると，どのような保護手段が所有者に認められるのか（第2章　所有権に基づく請求権），所有権をどのようにして取得するのか（第3章　所有権の原始取得）について検討する。最後に，2人以上の人が1つの物を共同で所有する場合に生じる特殊な問題について考察を加える（第4章　共同所有）。

　民法第2編物権第3章「所有権」は，所有権の限界（206条〜238条），所有権の取得（239条〜248条），共有（249条〜264条），および，令和3 (2021) 年4月に成立した民法改正（令和3年法律第24号）により所有者・管理者不明となっている土地を適切に管理し利用を円滑化するために新設された所有者不明土地管理命令及び所有者不明建物管理命令（264条の2〜264条の8），管理不全土地管理命令及び管理不全建物管理命令（264条の9〜264条の14）の5つの節からなるが，どのようなものが所有権の対象となるかを明らかにするために，必要なかぎりで，第1編総則第4章「物」（85条〜89条）についてもふれることにする。また，相当な努力を払っても所有者の全部または一部を確知できない土地が増大していることから，このような土地の発生予防のために，令和

3（2021）年4月に「相続等により取得した土地所有権の国庫への帰属に関する法律」（令和3年法律第25号。以下，相続土地国庫帰属法という）が制定された。そこで，相続土地国庫帰属法についても簡単に言及する。

MAP
PART 1：所有権

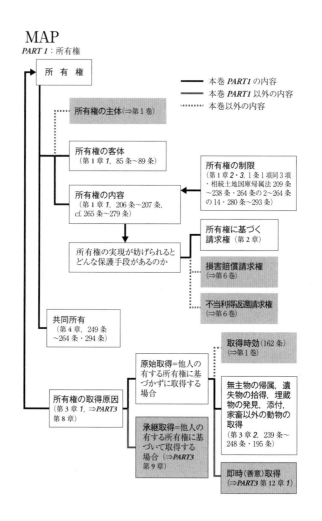

第1章 所有権の内容

> どんなものが所有権の対象となるのか，所有権がある
> と何ができるのか，また他の物権とどのような違いがあ
> るか考えてみよう。

1 所有権の客体と性質

① はじめに

「今，君が所有している物にどんなものがあるか」と聞かれる
と，おそらく，まず身に着けている服や時計，日常生活に欠かせ
ない自転車・バイク・車などをあげる人が多いはずである。これ
に対して，「いかなる物が所有権の対象になるか」「所有権とはど
んな権利なのか」と尋ねられると，案外簡単には答えられない。

そこで，まず民法の条文を見てみることにしよう。「第3章
所有権」の冒頭にある206条は，所有者は法令の制限内において
自由にその所有物の使用，収益および処分をなす権利を有すると定
めている。「物」とは有体物（85条）を意味するから，民法上，
所有権とは，特定の有体物に対する権利であり（⇒②），このよ
うな対象を全面的に支配して利益を得ることができる権利である

と一応は答えることができる（⇒ ③）。

② 特定の有体物とは──所有権の客体

有体物であること 民法上，所有権の客体となる物は，第1に，有体物，すなわち空間を占める外界の物質に限られる。憲法29条1項では「財産権は，これを侵してはならない」と定められており，財産権を基本的人権の1つとして保障している。財産権には，著作や特許などの無体物に対する支配権（知的財産権）や特定の人に一定の行為を請求できる権利である債権，電気・熱・光のような自然物を支配する権利も含まれている。このように財産権が貨貨に対する支配権を意味していることと比較すると，有体物のみを対象とする民法上の所有権は，意外に狭い概念であることになる。

民法が所有権の対象を空間の一部を占める外界の物質に限定することにしたのは，所有権の効力の及ぶ範囲を明確にするためである。所有権の対象を画定できなければ，その物の価値の全体を把握することが，現実にはできないからである。

◆所有権の客体は有体物に限られるか　所有権の対象を有体物に限定する趣旨を上のように解すると，価値の全面的支配が可能で，かつ効力の及ぶ範囲を明確に限界づけることができるなら，所有権の客体を有体物に限定する必要はないともいえる。そこで，物の概念を法律上の排他的支配の可能性という概念に置き換え，無体物や自然物についても所有権の対象とすることができないかが議論されてきた。しかし，無体物や自然物が「物」であるかどうかを論じても問題は解決しない。重要なことは，無体物や自然物の所有者にどのような権利・義務を認めるべきなのかという点にある。

なお，民法典のなかには，権利上に物権が成立する場合がある（準占有，権利質，地上権への抵当権の設定，転抵当権，転質権）。

所有権の対象が有体物に限定されている
といっても，民法上の所有権は，憲法上
の基本的な財産権であることは疑いない。近代市民社会の成立に
伴い，人格の自由を尊重し，他人に対して奴隷的支配を認めない
という考え方が確立してくると，人は等しく権利の主体となる地
位を手にすることができるようになる。この結果，人と人との法
律関係は，自由な意思に基づく契約関係によることになる（⇒第
1巻）。他方で，近代法における財産権概念は，人格的自由の保
障を基礎に，物＝財貨だけを対象とする権利となる。

したがって，民法上の所有権の場合にも，当然，人格を有する
人を所有権の対象とすることはできない。人格は身体を離れては
存在しえないからである。所有権の客体である物が，「外界」の
物質でなければならないと定義されるのは，このためである。

Web 人格権と所有権 ✼✼✼✼✼✼✼✼✼✼✼✼✼✼✼✼✼✼✼✼✼✼✼✼✼✼
　人は所有権の客体にはならないとすると，自己の生身の身体につ
いても所有権は成立しないことになる（ただし，論争がある）。そう
すると，生命・身体が侵害された場合には，不法行為に基づいて損
害賠償を請求するしかない（710条・711条）。第2章で学ぶように，
所有権が侵害された場合に認められる所有権に基づく請求権は，侵
害者の故意・過失の有無にかかわらず認められる。これに対して，
不法行為に基づく損害賠償請求は過失責任を原則としているから，
生命・身体よりも物に対する侵害を救済する要件が緩やかであるこ
とになる。物権類似の権利として人格権という新しい概念を根拠に，
妨害排除や差止請求を認めようとする考え方が登場する背景には，
このような問題がある。

✼✼✼✼✼✼✼✼✼✼✼✼✼✼✼✼✼✼✼✼✼✼✼✼✼✼✼✼✼✼✼✼✼✼✼✼✼

身体の一部の場合
身体を所有権の客体とすることができな
いということは，人間の身体の一部につ

いても所有権の客体にはならないことを意味している。

Case 1-1 ━━━━━━━━━━━━━━━━━━━━━━━━

　腎臓移植をするしか生存の可能性のないＡに懇願され，甥Ｂは自分の左側の腎臓をＡに提供することを約束し，その内容を書面にした。

1　Ｂは手術日になって不安となり，「腎臓を提供しない」と言い出した。ＡはＢに対して左側の腎臓の引渡しを求められるか。

2　ＢはＡに腎臓を 500 万円で売ることにし，300 万円を前金として受け取った。腎臓摘出・移植手術後，ＢはＡに残金を請求できるか。

━━━━━━━━━━━━━━━━━━━━━━━━━━━━━━━━━━

　（1）　**1**の場合には，ＢがＡに左の腎臓を「無償」で提供するという契約がなされている。したがって，ＡＢ間の契約が公序良俗に反しないかぎり，Ｂは腎臓の引渡債務を負っていると解することはできる。そうすると，Ａには，①契約上，腎臓の引渡債務の履行をＢに求める方法と，②Ｂの腎臓の所有権が自分に移転しているとして腎臓自体の引渡しを求める方法とが考えられる。しかし，たとえＡＢ間の契約が有効に成立しているとしても，①については，Ｂが自発的に腎臓を引き渡さないかぎり，履行の強制を裁判所に求めることはできない。また，②についても，Ｂの身体の一部である腎臓は所有権の客体とならないから，ＡＢ間の契約に基づきＢの腎臓の所有権がＡに移転することはない。したがって，ＡがＢに腎臓の引渡しを求めることはできないことになる。

　（2）　これに対して，身体から分離されたものは，原則として「物」として扱われる。例えば，カツラの製造業者ＡにＢが毛髪を売却した場合を考えてみると，Ｂが髪を切ったときに毛髪は独立した所有権の客体となり，毛髪の所有権がいったんＢに帰属

した上で，AB 間の売買契約に基づき A に移転し，A は B に対して毛髪の引渡しを請求できることになる。

2の場合にも，A に提供された腎臓は B の身体の一部をもはや構成していないから，理論的には毛髪の場合と同様の解釈が可能である。しかし，わが国では，臓器提供の対価として財産上の利益の供与を受けることも，これを請求することもできない（臓器移植 11 条）。このため，AB 間の売買契約は無効であり，B は A に残金を請求することはできないものと解される（なお，このように解すると，B は腎臓の返還を請求できず，A は 300 万円で腎臓を取得したことに等しくなる。そこで上の規定の是非については議論がある）。

Column① 死体からの臓器移植 ◆━◆━◆━◆━◆━◆━◆━◆━◆━◆━◆━◆

　生体とは異なり，遺骨や死体は所有権の客体となるが，所有権が誰に帰属するかは問題となる。埋葬管理および祭祀供養のために祭祀主宰者に帰属するとするのが，現在の判例（遺骨につき最判平元・7・18 家月 41 巻 10 号 128 頁）・通説である（⇒第 7 巻第 9 章 **4**）。したがって，遺骨等の所有権が祭祀主宰者に帰属するといっても，埋葬管理および祭祀供養という目的との関係で関係者全員の有する埋葬権や慣行等によって制約されることになる。

　このような考え方を前提にすると，死体からの臓器移植の場合にも，その目的との関係で，祭祀主宰者に帰属する死体の所有権は制約されると解され，祭祀主宰者のみに臓器提供についての決定権があるとすることは疑問である。この点，臓器移植法では遺族からの同意を要する（臓器移植 6 条 1 項）。ただ，遺族の範囲や遺族の一部が同意しない場合の扱いは明確ではない。また，臓器移植法では，死者が生前に臓器移植に同意していた場合でも，遺族が拒否すると臓器移植はできない。死後処分に関する自己決定権の尊重という点からは問題を残しているといえる。

　なお，いつの時点を人の死亡の時とするかについては，民法上，

十分な議論がなされていない。刑法では脳死説と心臓死説（三徴候説）の対立があり，医療現場では臓器移植法に基づく脳死判定が行われた場合についてだけ脳死を人の死とする運用がなされている。

────────────────

私人による排他的
支配の可能なもの

所有権の客体となる物は，第2に，人が排他的に支配することができるものに限られる。空間を占める有形的な存在であっても，現在の科学技術では物理的支配が不可能である天体，自由に享有でき排他的に利用することができない大気や大洋は，所有権の客体とはならない。また，物理的には支配可能である場合にも，例えば覚せい剤や偽造紙幣など，法令により取引が禁止されている物（禁制品）のように，社会が私人の排他的支配を容認しないものについては，民法上，所有権の客体とはならない。

◆海面下の土地　　明治以降の判例は，海面の公共用物（⇒*Column ②*）としての性質から，海面下の土地についても所有権の客体にならないと解してきた。しかし，昭和30年代後半から地価の高騰と海面の埋立てによる広範な土地造成が行われるようになって，海面下の土地について所有権の成立を認める行政解釈，裁判例，学説が増えた。最判昭61・12・16民集40巻7号1236頁（田原湾汐川干潟事件）は，最高裁として初めて，海は公共用物であって，国の直接の公法的支配管理に服し，特定人による排他的支配を許さないものであるから，そのままでは所有権の客体となる土地にあたらないとした。しかし，一方で，国が行政行為等によって一定の範囲を区画し，他の海面から区別し，これに対する排他的支配を可能にした上で，公用を廃止し，私人の所有に帰属させた場合には，その区画部分は所有権の客体となるとする考え方を一般論として展開した。

Column ②　公物と所有権 ●━━━━━━━━━━━━━━━━━
　公物には，官庁の建物のように国や公共団体の公務用に供される物（公用物）と河川・道路・公園のように，国や公共団体が直

接支配管理を行い，一般公衆の共同使用に供されている物（公共用物）に大別できる。ただ，公物かどうかは物の利用による区別であり，国や公共団体の所有物かどうかの区別とは必ずしも一致しない。

公用物で国や公共団体の所有物である場合には，一般に取引・私権の設定は制限され，公の使用を廃止されるまでは取引の客体とはならない。これに対して，公共用物の場合には一律ではない。例えば，河川の流水は私権の客体とすることはできない（河2条2項）。道路を構成する敷地の場合，私権を行使することはできないが，所有権は移転できる（道4条）。上の例からすると，公共の用に供されるからといって，当然に私的所有権の成立を否定すべき論理的必然性があるわけではないことになる。

特定されていること

所有権の客体となるためには，第3に，有体物が特定されていなければならない。これを特定性の原則という。所有権の客体が，この物かあの物かが特定されていなければ，どの物を使用・収益・処分することができるかはっきりしないからである。例えば，コシヒカリ米5kgを米屋に注文し，米屋がこれに応じると，契約は有効に成立するが，通常，米屋にコシヒカリ米はたくさんあるから，その中のどの5kgかが定まらないと米の所有権を移転することはできない。特定性が主に問題となるのは，動産取引と担保物権の場合である（⇒第11章1 ①，第3巻）。

◆担保物権における特定性の意味　上の例とは異なり，担保物権の場合に担保目的物の特定が求められるのは，設定者の財産のうち担保権が及んでいる物とそうでない物とを識別し，担保目的物の範囲を明確にするためである。

独立性・単一性

第4に，1つの所有権の客体は1個の物でなければならない。この考え方は，1

個の物の一部ないし構成部分は，独立性がなく所有権の客体とはならないこと（独立性），複数の物には複数の所有権が成立し，1個の所有権の客体にはなりえないこと（単一性）を意味している。1つの所有権の客体が1個の物でなければ，権利関係が錯綜し取引を迅速に行えないし，取引の安全が害されるおそれがあるからである。

　なお，所有権の客体の独立性・単一性を**一物一権主義**と呼ぶ場合がある。しかし，一物一権主義は，1個の物の上に所有権が複数成立することはないという意味で使われることもある。この場合には，後述する排他性（⇒第14章）と同じ意味となる。

| 1個という意味 |

ところで，ある対象が1個の物かどうかは，物理的に決まるわけではない。何が1個の取引対象とされているかによる。例えば，靴は右と左がそろって1個の所有権の客体となる。土地の場合には，登記簿上の「筆」という単位で人為的に所有権の客体を区切っている（不登34条・35条）。建物は，土地に固定されて利用されるから，土地の定着物であるが（86条1項），わが国では土地とは独立した不動産として扱われている（370条参照）。分譲マンションの専有部分の場合には，建物の区分所有等に関する法律によって建物の一部であっても独立の所有権の対象となることが認められている（区分所有1条。⇒第4章7）。また，立木は原則として土地に附属したものとして扱われるが，立木法によって登記がなされる場合，および明認方法が施される場合には，その範囲で独立した所有権の客体となる（⇒第11章2①）。

　一方，単一性の要件については，特別法がなくても，複数の物の総体（倉庫内の在庫商品など）の上に1個の譲渡担保物権の成

立を認める集合動産譲渡担保が判例上承認され，今日では必ずしも貫徹することができなくなってきている（⇒第3巻）。

③　所有権の特徴 —— 他の物権との違い

　以上から所有権の客体となるためには4つの要件を充足する必要があるが，このような対象に対して成立する所有権とはどのような権利なのだろうか。民法典の「第2編物権」には，所有権以外に9種類の権利が法定されている。これらの権利は**物権**と総称されるが，所有権とその他の物権とを比較すると，所有権は①全面的支配性，②恒久性，③弾力性，④観念性がある点で，その性質に特徴がある（物権と債権との違い⇒第14章1）。

全面的支配性 ——
所有権の性質①

　所有権は，まず物を直接に支配して一切の利益を享受できる権利である。物を所有していれば，物を利用することも，物から生じる果実（天然果実・法定果実）を収取することも，破壊・消費・改造・譲渡・放棄など物を処分することもできる。

Case 1-2

　竹細工の伝統工芸家であるAが使っている竹は，甲山に主に自生している。Aは弟子の中から後継者を指名し，現役を引退するつもりでいるが，後継者のためにも，竹を安定的に確保することが必要であると考えている。甲山の所有者がBであるとして，Aの目的を達成するためには，どのような方法があるだろうか。

部分的支配権としての
用益物権

　まず甲山をBから購入する方法が考えられる。所有者であれば，所有する土地をどのように利用しようと自由である。

しかし，Bが売却してくれなければ甲山を購入することはできない。そこで，2つ目の方法として，竹の採取を目的として甲山を借りる方法が考えられる。これには，Bとの間で賃貸借契約（601条）を締結する方法と地上権（265条）を設定する方法がある。

ただ，賃貸借契約を締結すると，甲山を使用する権利（賃借権）があるのは，原則として賃借人であるAだけである。Bの承諾がなければ，Aの後継者へ賃借権を譲渡することはできないから（612条），Aの引退後もAの後継者が甲山を利用できる保証はない。これに対して，地上権は土地の使用価値部分を直接支配することができる権利であり，第三者にこれを譲渡することができる。したがって，Aの目的を達成するためには，甲山に竹の採取を目的とする地上権を設定するほうがよいことになる。

ところで，民法典には，物の使用収益権能の全部または一部を権利内容とする権利として，地上権のほかに，永小作権（270条），地役権（280条。⇒本章3③），入会権（263条・294条。⇒第4章8）が法定されており，これらを総称して用益物権と呼んでいる（⇒表1-1）。これらの権利は，いずれも土地を対象としている点に特徴がある。

Web 地上権・永小作権と賃借権 ❖❖❖❖❖❖❖❖❖❖❖❖❖❖❖
地上権は，工作物（地上および地下にある建造物），竹木（植林の目的で植栽された立木）を所有することを目的として他人の土地を利用する権利である。

建物所有を目的とする地上権は，土地の賃借権とともに借地権と総称され，民法の地上権に関する規定に優先して借地借家法が適用される（⇒第5巻）。建物所有のために他人の土地を利用する際には，賃貸借契約を締結する場合が実際上は圧倒的に多い。建物所有

表1-1	用益物権の種類
地 上 権	工作物または竹木を所有する目的で他人の土地を利用する権利
永小作権	小作料を支払い，耕作または牧畜を行うことを目的として他人の土地を使用する権利
地 役 権	自分の土地の便宜のために他人の土地を使用する権利
入 会 権	一定地域の住民が山林原野などで共同して収益する権利

を目的とする地上権の中で重要な意義があるものとしては，法定地上権（388条）がある（⇒第3巻第7章 2）。

　賃借権との違いとしては，①地上権は自由に他人に譲渡し，または担保に供することができる（369条2項）ほか，②土地の所有者は地上権者に対して土地を使用に適する状態に置くべき積極的義務がないこと，③地上権を設定した以上は，土地所有者は登記に協力すべき義務があること，④地上権には有償のものと無償のものがあること（266条）などをあげることができる。これらの違いは，賃借権が賃貸人との関係で物を使用収益できる権利であるのに対して，地上権が土地の使用価値を直接支配する権利であることから生じている（⇒第14章 1）。

　一方，永小作権は，契約によって設定することができるが，実際には民法施行以前から存在した封建的な権利を整理し，永小作権としたものに限られているようである。現在では，耕作または牧畜を行うことを目的として他人の土地を使用する場合にも，賃貸借契約を締結する方法が利用されている。

❖❖❖❖❖❖❖❖❖❖❖❖❖❖❖❖❖❖❖❖❖❖❖❖❖❖❖❖❖❖❖❖❖❖

部分的支配権としての
担保物権

用益物権以外に，民法典に法定されている物権としては，留置権（295条），先取特権（303条），質権（342条），抵当権（369

条）がある。これらはいずれも，債務の弁済の可能性を増大させるために，債務者ないし第三者の財産に対して優先的に権利（留置的効力・優先弁済権の一方ないし両方）を行使することができる物権であり，用益物権に対して**担保物権**と呼ばれている。留置権と先取特権は，一定の債権の満足を確保するために法律が特に認めた担保物権であり，**法定担保物権**と呼ばれているのに対して，質権と抵当権は，契約に基づいて設定されることから約定担保物権と呼ばれている。

　担保物権には，民法典に法定されている上記の4種類の権利（典型担保物権）だけでなく，仮登記担保権など特別法によるものや，譲渡担保や所有権留保など実質的にみて担保物権としての機能を果たしていることから非典型の担保物権としての位置づけが与えられているものがある（⇒第3巻第13章・第14章）。

　これらの担保物権は，原則として，物を処分して金銭と交換できるという価値＝交換価値を把握する権利であるという点に特徴がある。例えば，AがBにお金を貸す際に，B所有の時計を質にとり，引渡しを受けておくと，Bが期限までに貸金を弁済しないときには，Aは保管していたBの時計を競売し，あるいはその所有権を取得して（354条。ただし，349条），他の債権者に先立って貸金等につき弁済を受けることができる。また，Aが，Bあるいは第三者の土地・建物に抵当権を設定しておくと，Bが貸金を弁済しないときには，Aは土地・建物の競売を求め，その売却代金から他の債権者に先立って貸金等につき弁済を受けることができる（369条）。

　◆交換価値を把握しているわけではない担保物権　留置権には担保目的物を留置する効力しかない。Aから傘の修繕を頼まれ，そ

の傘を占有するＢは，Ａから修理代金債権の弁済を受けるまで，その傘を留置してＡに弁済を間接的に強制することができる。この場合のＢの権利が留置権である。留置権は留置物を処分して金銭と交換するための制度ではなく，物と債権との間に関連性があることを理由に，たとえ物の返還について権利を有する者も，債務の弁済をしないかぎり，物の返還を受けることができないという権利である。

制限物権・他物権　所有権が物に対する全面的支配権であることと比較すると，このように，用益物権も担保物権も物の価値の一部を支配しているにすぎない。しかし，これらの権利が設定されると，全面的支配権である所有権の

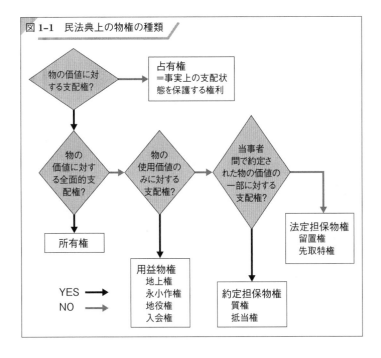

図 1-1　民法典上の物権の種類

- 物の価値に対する支配権？
  - 占有権＝事実上の支配状態を保護する権利
- 物の価値に対する全面的支配権？
  - 所有権
- 物の使用価値のみに対する支配権？
  - 用益物権　地上権　永小作権　地役権　入会権
- 当事者間で約定された物の価値の一部に対する支配権？
  - 約定担保物権　質権　抵当権
  - 法定担保物権　留置権　先取特権

YES →
NO →

内容が一部制約されることになる。そこで，用益物権と担保物権を総称して制限物権と呼んでいる。また，用益物権も担保物権も，他人の物の上に成立することから，他物権と呼ばれることがある（例外，179条1項ただし書）。

◆担保物権と使用価値　　用益物権とは異なり，担保物権は，原則として物の交換価値を把握する権利であるが，これにとどまらず使用収益価値を把握する場合がある。例えば，質権の場合，物の機能の保存に必要な限度での使用（運転を中止すると錆びるおそれがある機械を使用するなど）が認められている（350条・298条2項）。不動産質権の場合には，質権者には物の使用・収益権があるが（356条），これに対応して，特約がないかぎり質権者は債権の利息を請求できない（358条）。

また，抵当権の場合には，被担保債権が債務不履行となった以降は，その後に生じた抵当不動産の天然果実・法定果実に抵当権の効力が及ぶものとし（371条），平成15（2003）年改正で天然果実と法定果実の両方を対象とする収益執行制度が導入された（法定果実に対する物上代位権との関係については⇒第3巻）。

恒久性──所有権の性質②

所有権の場合，存続期間は予定されておらず，消滅時効にかかることもない。これを所有権の恒久性（永久性）という。ただし，他人が時効取得した場合には，その反射として従来の所有権は消滅する。これは，旧所有者が所有権を長期間にわたって行使しなかった結果ではなくて，同一の物の上に同じ内容の所有権が2つ以上成立することはありえない──所有権は物を全面的に支配する権利であるから，ある土地がAの物でもBの物でもあるということはありえない──からである（排他性⇒第14章2）。

Case 1-2 において，竹を採取する目的
で地上権を設定した場合，A は竹を採
取する目的の範囲内で甲山を独占的に支
配でき，甲山の所有者である B であっても，甲山を使用するこ
とはできない。甲山を処分しないかぎり，B は地代を受け取るこ
とができるだけである。しかし，このような拘束は地上権の存続
期間の満了をもって終了し（268 条），地上権が消滅すれば，自動
的に所有者 B の甲山に対する全面的支配権は復活する。これを
所有権の弾力性という。同様の関係は，担保物権と所有権との関
係についてもいえる。

Case 1-2 において，甲山は京都にあり，
所有者である B が東京に在住していて
も，また，B が甲山を A に貸していた
としても，B は所有者であることにかわりはない。このように，
所有権が物の現実的支配とは無関係に存在することを所有権の観
念性という。このような性質は占有権との違いを説明するために
強調される。しかし，今日では占有権も現実的な物に対する支配
を離れて認められており，観念化してきている。ただし，占有権
が観念化したのは，保護されるべき占有者の範囲を拡大するため
であり，動産取引を円滑に行うためである（⇒第 5 章 *3* ①，第 11
章 *1* ②）。

2 所有権絶対の原則と所有権の制限

① 所有権絶対の原則の意味

近代的所有権の発生

ところで，所有権を「特定の有体物を全面的に支配して利益を得ることができる権利」であると理解するようになったのは，近代市民革命以後のことである。これまで説明してきた所有権を近代的所有権と呼ぶのは，そのためである。

　フランス人権宣言（1789年）は，2条で所有権（広義の所有権＝財産権）を自然権の1つとしてとりあげ，17条で「神聖不可侵」の権利であると規定した。これを受けて，フランス民法（1804年）は，所有権を物を最も絶対的なやり方で使用・収益・処分する権利であると定義するに至った。ここに，所有権が何人からも不当な拘束を受けることのない絶対不可侵の権利であるとする考え方，すなわち，所有権絶対の原則が，実定法上，世界で初めて宣言されたのである。日本国憲法29条1項が，財産権の不可侵を定め，日本民法206条が，所有者は「自由に」その所有物の使用・収益および処分をなす権利を有すると定めているのも，この原則を示したものである。

所有権絶対の
原則の意義

所有権絶対の原則の意味を考える際に，とりわけ重要なことは，この考え方が封建的拘束からの自由を意味している点にある。フランス革命に代表される近代市民革命以前においても，国王や封建領主だけが土地を支配していたのではなく，農民にも

土地の耕作権はあった。しかし，このような土地に対する所有関係は，身分制による支配秩序と密接に結びつき，農民は耕作する土地に縛りつけられ，国王や封建領主の政治的支配権に服していた。このような封建的土地所有に対して，フランス人権宣言において明言された所有権絶対の原則は，土地の直接の利用者に全面的な所有権を与え，国王や封建領主による封建的負担から解放することを宣言したものといえる。

② 所有権の制限

所有権を制限する根拠

ところで，所有権が国家によっても尊重される絶対不可侵の権利であり，他人の干渉なしに物を自由に使用・収益・処分できる権利であるとすると，所有権を制限することはできないのだろうか。

答えは否である。フランス人権宣言17条は，「すでに適法に確認された公の必要が明白にそれを要求する場合で，かつ事前の正当な補償という条件があるときには所有権を制限できる」としており，近代的所有権には，すでに発生の時点で制約があったといえる。日本民法206条も，所有者は「法令の制限内」において自由であると定めている。ただし，当初，所有権の自由に対する制限として考えられていたものの典型は，公用収用（特定の公共の利益となる事業のために特定の財産権を強制取得する制度）であった。

所有権の社会性

しかし，今日，所有権に対する制限は公用収用にとどまらない。所有権絶対の原則は，所有する物に資本を投下して，これを利用する者を保護することによって，資本主義の発展に貢献した。しかし，同時に資本主義の急速な発展は，社会経済の歪みをもたらした。所有権の

自由を絶対視する思想は，小作人の土地利用権を圧迫する寄生地主の土地所有権や，労働者を支配する生産手段の所有権を擁護するためにも，極めて都合がよかったといえる。このような社会的な歪みを是正するために，19世紀末以降，所有権も国家によって保障された制度の1つであり，当然，社会全体の利益を図るために制約が伴うことがあると考えられるようになった。所有権は義務を伴うとするドイツ・ワイマール憲法153条3項の規定は，所有権の社会性を象徴的に表現した規定といえる。

　わが国においても，20世紀に入って土地の利用権を強化するために，所有権に種々の制限が加えられるようになった。第二次世界大戦後，憲法に，財産権の内容は公共の福祉に適合するように法律で定めるとする規定（憲29条2項）がおかれ，民法にも，私権は公共の福祉に適合しなければならないとする規定（1条1項）が設けられた。特に1960年代の高度経済成長期以降，わが国では，都市問題・環境問題を解決するために，社会的公共性の観点から，土地所有権に一層の制限が加えられるようになった。平成元（1989）年に制定された土地基本法においても，土地が公共の利害に関係する特性があることに鑑み，公共の福祉を優先させるとしている（土地基2条）。

　　Column③　土地所有権の放棄と相続土地国庫帰属法の創設 ←
　　所有権は物に対する全面的支配権であるから，理論的には所有者は所有権を放棄することもできることになるが，このような権利行使を自由に認めると，たとえば，ごみや有害な物質の所有権を放棄して投棄する者が出てくる可能性がある。廃棄物処理法16条では，生活環境の保全および公衆衛生の向上を図ることを目的として廃棄物などの投棄を制限しているが，民法典では，これまで所有権の放棄については287条に規定があるだけであった

（このほか，共有持分放棄 255 条，地上権放棄 268 条 1 項，永小作権放棄 275 条）。

　しかし，相続を契機として売却が困難な不動産について，遺産分割が行われないまま相続人に共有され，管理されずに放置されている土地がかなりあり，土地所有権の放棄を認めないことによって，かえって土地が管理不全の状態になっているのでないかという指摘がなされるに至った。

　そこで，所有者不明土地の発生を予防するために，相続土地国庫帰属法が制定された（令和 3〔2021〕年 4 月 21 日成立，令和 5〔2023〕年 4 月 27 日施行）。廃棄物処理など社会的利益の実現のために所有権放棄の自由には制限があるとする考え方との整合性を保つために，相続土地国庫帰属法では，相続または遺贈（相続人に対する遺贈に限定）により取得した土地（同法 2 条 1 項・2 項）に限定して，その土地の所有者からの申請に基づき，法務大臣が承認した場合に国庫への所有権移転を認める制度を新設した。不動産所有権の放棄を認めた上で，無主物となった土地について国庫への帰属を認めているわけではないことに注意が必要である。

　もっとも，所有者が簡単に上記の制度を利用して土地を手放すことができるとすると，将来所有しなくなるかもしれない土地について管理を怠るというモラルハザードが発生するおそれがある。そこで，相続土地国庫帰属法では，通常の管理または処分に当たり過分の費用または労力を要する土地に該当しないものであることが承認の要件とされており，かつ法務大臣が上記要件を充足しているかどうか審査して国庫帰属を承認する仕組みが採用されている（同法 1 条・4 条 1 項 2 号・5 条 1 項）。建物がある土地，土壌汚染や埋蔵物がある土地，担保権等が設定されている土地，通路など他人によって使用される土地などは，そもそも承認申請ができない（2 条 3 項）。また，土地の利用について需要がないものを国が国民の負担で管理することになるため，承認申請者から土地の性質に応じた標準的管理費用をもとに算出された 10 年分の管理費相当額の負担金を徴収するとしている（同法 10 条 1 項）。承認申請者が負担金額の通知を受けた日から 30 日以内に負担金を

納付しないときには，承認はその効力を失う（同条2項・3項）。国家に帰属した土地については，普通財産として国が管理・処分することになる。

　高齢社会の到来・人口減少の中で，私人が管理できなくなる土地が増えることが予想され，これらの土地を誰が管理すべきか，そのための社会的費用をどのように分担すべきかは，今後も検討すべき課題として残されているといえよう。

❖❖❖❖❖❖❖❖❖❖❖❖❖❖❖❖❖❖❖❖❖❖❖❖❖❖❖❖❖❖

| 法令による制限 |

　今日，所有権には様々な規制が加えられており，自分の所有物であっても自由にできない場合があることは確かである。所有権は，不動産利用権を強化するための借地借家関連法，民法209条以下の相隣関係規定（⇒本章3①②），上述した相続土地国庫帰属法，所有者・管理者が不明となった土地等の管理不全を防止するために新設された特定の土地等の管理制度（264条の2〜264条の14⇒後述），区分所有建物の管理・利用を円滑に行うための建物区分所有法（⇒第4章7），第三者に対して所有権などを主張するために登記や引渡しを要求する民法177条・178条（⇒第10章・第11章）などの私法上の規定だけでなく，社会全体の利益を図るために，多数の行政法・業法上の規定により制限されている。特に土地の所有権については様々な規制がある。制限の方法としては，①所有物の使用・収益・処分のいずれか，あるいはその一部を制限する方法，②所有者に一定の負担を課す方法などがある。

　◆所有権を制限する法律　　どのような社会的利益を目的として所有権が制限されているのかという観点から行政法・業法上の規定を分類すると，おおむね以下のように整理することができる。
①公共の利益となる事業のため（土地収用法など）
②防災・防火・警察などの社会一般の保安や安全のため（消防法，

建築基準法，覚醒剤取締法など）

③道路・河川・鉄道などの公共の施設の建設・維持のため（河川法，道路法，航空法，水道法，下水道法など）

④公害防止のため（水質汚濁防止法，騒音規制法，大気汚染防止法など）

⑤土地の高度利用や良好な都市環境の維持・形成のため（国土利用計画法，都市計画法，土地区画整理法，建築基準法など）

⑥自然環境の適正な保全や文化財保護のため（自然環境保全法，自然公園法，都市公園法，文化財保護法など）

⑦産業の維持・育成，経済政策遂行のため（農地法，漁業法，森林法，鉱業法など）

　もっとも，所有権は社会的・経済的活動の基盤となる権利であり，個人に帰属する所有権自体が基本的人権の1つとして保障されている（判例・通説）。したがって，所有権をどのようにでも制限できるというわけではない。制限を正当化する根拠が必要である。①法令（狭義の法律またはその委任する命令）に基づかなければならないこと，②所有権に対する規制の目的が公共の福祉に合致することは当然であるが，①②を充たせば，もはや所有権をどのように制限するかは立法者の手に委ねられ，所有権はこの制限された範囲内においてのみ認められる権利であると考えるべきなのであろうか。

Case 1-3 ────────────────────────

　XYは2分の1ずつの割合で森林約100 haを共有していたが，その管理・経営方法をめぐって長年にわたって対立していた。1965年，Yが単独で立木を伐採したため，これ以上，共同で森林経営を続けることに疑問を感じたXは，直ちに民法256条1項に基づきYに対して共有していた森林の分割を請求した。Xの請求は認められるか。

（1） 1つの物を複数の人が共有する場合，各人の権利は，他の共有者との関係で相互に制約される。そこで，民法256条は，共有物の管理等に障害が生じ，物の経済的価値が十分に実現されない事態をなくすために，各共有者に分割請求を認めている（⇒第4章5[2]）。ところが，Xが分割請求をした当時，森林法旧186条には，共有の森林の場合，持分価額が2分の1以下の共有者は分割請求ができないとする規定がおかれていた（後述の違憲判決後，1987年改正により削除）。そこで，この規定が憲法29条2項に違反しないかどうかが争われた。

最大判昭62・4・22民集41巻3号408頁（**森林法違憲事件**）は，森林法旧186条の目的が，「森林の細分化を防止することによって森林経営の安定を図り，ひいては森林の保続培養と森林の生産力の増進を図り，もって国民経済の発展に資することにある」として，その規制目的は「公共の福祉に合致しないことが明らかであるとはいえない」と判示した（**目的審査**）。

◆**憲法学上の二分論**　憲法学では，社会全体の利益を図るための規制を社会秩序の維持を目的とする消極的規制と社会秩序の形成を目的とする積極的規制とに区分する学説が多い。しかも，この区分と違憲審査基準を連動させてきた。ただ，この区別は，その制約が所有権に内在する要因に基づくものか外在的要因に基づくものかの区別とは，必ずしも一致しない。

私法上の規定による所有権の制限には，私人相互間の利益の共存・調整を目的とするものがあり，制限を正当化する根拠を所有権の内在的制約や合意に求めることができる場合がある。このような場合に，違憲審査基準として二分論が有用かどうかははっきりしない。この点，前掲最大判昭62・4・22の多数意見は，森林法旧186条が，消極的規制・積極的規制のいずれにあたるのかについては明

言しておらず，この区別に基づく違憲審査基準も示していない。

（2）　しかし，前掲最大判昭62・4・22は，たとえ規制目的が公共の福祉に合致するものであっても，規制手段が目的を達成する手段として「必要性」もしくは「合理性」を欠く場合，立法府の判断は合理的裁量の範囲を超えるとして，憲法29条2項に違反するとする判断を最高裁として初めて示した（**手段審査**）。

◆**森林法違憲判決における手段審査**　　上記判決は，以下の点から，森林法旧186条は規制目的を達成するための手段として「必要性」もしくは「合理性」を欠くと解している。①XY間で共有物の管理等で意見の対立が生じると，単独では保存行為しかできなくなり，当該森林の荒廃をかえって招くなど，分割を禁止し森林を共有することが森林経営の安定を当然にもたらすとはいえないこと，②持分価額2分の1以下の共有者が分割請求する場合に限って，森林の細分化を防止し森林経営の安定を図らなければならない社会的必要性があるとはいえないこと，③分割後，XYの有する森林面積が森林の安定的経営のために必要な最低限の面積かどうかや森林の伐採期・計画植林の完了時期等を考慮することなく，一律に分割を禁止していること，④共有森林の現実分割を認めたとしても，当然に森林が細分化するとは限らないことである。

| 所有者不明土地・建物管理制度および管理不全土地・建物管理制度 |

令和3（2021）年改正民法では，所有者不明土地・建物および管理不全土地・建物について管理の効率化・合理化・適正化を図ることを目的として，所有者不明土地・建物管理制度および管理不全土地・建物管理制度が新設された。この制度は，不在者や被相続人の財産全部を管理する不在者財産管理制度や相続財産管理制度とは異なり，所有者不明ないし管理不全を理由に，特定の不動産所有権に限定して設けられた財産管理制度である。

　土地基本法は，土地が公共の利害に関係する特性を有している

ことから，公共の福祉が優先するとして，土地の所有者または土地を使用収益する権原を有する者は，適正な土地の利用および管理を行う責務を有するとしている（土地基2条〜6条）。土地の利用および管理は，他の土地の利用および管理と密接な関係を有するものであることから，所有者不明土地・建物管理制度は，所有者による管理が現実的には行われていない場合に，裁判所を関与させた上で，管理人を所有者の法定代理人として土地を管理させる制度であるといえる。一方，管理不全土地・建物管理制度の場合には，所有者が判明していても，管理不全を理由に，他人の権利が侵害されるおそれがある場合に，社会的公共性の観点から土地所有権に制限を加えたものといえる。このように，所有者不明土地・建物管理制度，および，管理不全土地・建物管理制度は，管理ができない当該土地・建物の所有者のためというよりは，管理されていない当該土地・建物に利害関係を有する者との利害調整のために，所有者に代わり管理人を置く点に目的があることになる。このように，上記新制度によって利益を享受する主体が不在者財産管理制度や相続財産管理制度とは異なる点に注意をすることが必要である。

　(1)　所有者不明土地・建物管理制度　　所有者不明または所在不明であるために，必要があると認められる場合に，利害関係人（たとえば，隣地の所有者，一部の共有者が不明な場合の他の共有者，民間の買受希望者，当該土地に関して公共事業を実施しようとする者など）の請求によって，裁判所は，所有者不明土地管理人・同建物管理人による管理を命じる処分（管理命令）ができ（264条の2第1項・264条の8第1項），その場合には管理人を選任しなければならない（各条4項）。上記管理命令の対象となるのは不明者

の土地だけでなく，土地上の動産，売却などにより管理人が得た金銭，建物の敷地利用権にも及ぶ（各条2項・3項）。もっぱら管理人に管理権および処分権が認められており，裁判所の許可を得れば，管理人は保存行為，利用・改良行為だけでなく売却もできる（264条の3・264条の4・264条の8第5項）。

　加えて，共有地について一部の共有者が不明または所在不明である場合（以下，このような共有者を不明共有者という）には，共有地の利用・管理・変更に関する意思決定が難しくなることから，別途規定が新設された。裁判所は，共有者の請求により，不明共有者に対して公告などをした上で，残りの共有者の同意で共有物の変更行為や管理行為ができる旨の裁判をすることができる（251条2項・252条2項1号⇒第4章3②（1）（2））。また，裁判所は，共有者の請求により，共有物の分割の方法をとらずに，不明共有者の持分価額に相当する金額を供託させて，不明共有者の持分を請求した共有者に取得させる旨の裁判をすることができる（262条の2第1項，非訟87条）。請求した共有者が2人以上いる場合には，請求共有者の持分割合で不明共有者の持分が按分される（262条の2第1項後段）。なお，共有物分割請求（258条1項）や遺産分割請求（907条2項）が行われ，かつ，不明共有者から262条の2第1項の裁判につき異議がある旨の届出があった場合には，上記制度の利用はできない（262条の2第2項）。

　さらに，裁判所は共有者の請求により，不明共有者以外の共有者の共有持分を特定の人に全部譲渡することを停止条件として，不明共有者の持分を当該特定の者に譲渡する権限を請求した共有者に付与する旨の裁判をすることができる（262条の3，非訟88条）。

（2）　管理不全土地・建物管理制度　　改正法は，さらに，所有者による土地の管理が不適当であることによって，他人の権利・法益が侵害される場合またはそのおそれがある場合にも，利害関係人の請求によって，裁判所は，管理不全土地管理人・同建物管理人による管理を命じる処分（管理命令）ができるとし（264条の9第1項・264条の14第1項），管理人を選任する制度を新設した（各条3項）。共有地であっても土地全体について管理人を選任できる。選任された管理人は管理不全土地・建物および対象となる動産だけでなく，その管理・処分その他の事由により，管理人が得た売却代金などの財産について管理処分権を有する（264条の10第1項・264条の14第4項）。しかし，所有者が明らかなので，所有者にも管理処分権がある点で，所有者不明土地・建物管理制度と異なる。管理人は保存行為および当該土地の性質を変えない範囲での利用・改良行為については，自己の権限に基づいて行うことができるが，これを超える場合には，所有者の同意をえた上で裁判所の許可が必要である。ただし，第三者の取引の安全を図るために，裁判所の許可がないことをもって善意・無過失の第三者には対抗できない（264条の10第2項）。所有者による土地の管理が不適当なときとはどのような場合なのか，また，利害関係人の範囲など，検討すべき解釈上の課題は多い。

利用利益のある限度

これまで見てきたように，所有権は様々な法令によって制限されているが，具体的な制限規定がない場合には，もはや所有権は制限されないのだろうか。特に問題となるのは，土地の所有権である。

　土地の所有権は，法令の範囲内において，その土地の上下に及ぶと定められている（207条。ただし，地中の一定の鉱物について

は鉱業法2条・7条・8条により土地所有権が及ばない)。しかし，その範囲は土地の利用利益が存在する限度に制限されるものと解されている。利用利益が存在しない範囲においては，土地の所有者以外の者でも自由に利用でき，地下・地上利用の対価を支払う必要もないことになる。もっとも，どこまでが利用可能な範囲なのかは微妙な問題である。

Column④ 　地下の利用と所有権 •◦•◦•◦•◦•◦•◦•◦•◦•◦•◦•

　特に問題となるのは，地下鉄などの施設の建設と地下水の利用である。地下鉄などの所有を目的とする場合には，地価の高い土地を最大限に利用するために，土地の上下を区切って地下または空中の範囲を定め，特定の層のみを客体とする区分地上権を設定する方法がある（269条の2）。しかし，区分地上権による場合には，土地所有者が地上権設定に同意することが必要である。土地の所有権を土地の利用利益が存在しない範囲にまで及ぼすべきではないとする考え方は，この種の現実的問題を解決するために登場してきた考え方である。

　2000年に成立した「大深度地下の公共的使用に関する特別措置法」(平成12年法律87号)は，社会資本の整備のために土地所有者などによる通常の利用が行われない地下（＝大深度地下）を円滑に利用することを目的として制定された法律である。この法律では，観念的には大深度地下にも土地の所有権が及ぶことが前提とされている。しかし，大深度地下は通常の利用が行われないことから，公的利用を優先させても補償すべき損害は所有者に通常発生しないものと考えられている。

◦•

| 権利濫用の禁止法理による制限 | 今ひとつ，所有権を実質的に制限する考え方として，権利濫用の禁止法理がある（1条3項）。 |

Case 1-4

Y会社は黒部峡谷の上流の温泉源より木管で温泉を引き，営業を行っ

ていた。引湯していた木管が，たまたま，Aの所有する土地約100坪の一部（2坪）を無断で通過していた。このことを知ったXは，Aからこの土地100坪を譲り受け，この土地とともに，これに隣接する自分の所有地3000坪を法外な値段で買い取るようにYに求めた。YがXの申出を拒絶するや，Xは所有権に基づいて木管の撤去および立入禁止を求めてきた。Xの請求は認められるか。

Case 1-4について，大判昭10・10・5民集14巻1965頁は，Xの請求が権利の濫用にあたることを明確に示した（宇奈月温泉事件）。どのような事情を考慮して権利濫用の成否を判断するのかについて裁判所が示した上記判決は，その後の権利濫用の禁止法理全体に大きな影響を与えている（⇒第1巻）。すなわち，①Xが妨害排除請求をした真のねらいは，不当な利益を収める点にあったこと（加害の意図＝シカーネ），しかも，このような目的を実現するために，本件土地を取得したこと，②Xの妨害排除請求を認めることによってYの被る不利益——侵害の除去が著しく困難で，たとえできるとしても莫大な費用を必要とすること——がXの取得する利益にまさることから，Xの妨害排除請求を権利濫用にあたると認定している（客観的利益衡量）。

権利濫用の禁止の要件

問題は，所有権を行使する権利者の主観的態様に不当性があるとはいえない場合に，②に示したような客観的な利益衡量だけで，無権原者の侵害に対する所有者の妨害排除請求を権利濫用にあたると解してよいかである。特に，国や大資本などが個人の所有権を侵害して強引に施設などを建設したような場合には，侵害者の投下資本は大きく，所有者による妨害排除請求を認めると公共の利益に影響を与

える可能性は高い（この点が争点となった最判昭40・3・9民集19巻2号233頁〔板付基地事件〕参照）。しかし，このような場合に，②の要件のみを考慮して権利濫用にあたると解することは，結局，所有者に泣き寝入りを強制するおそれがある。公共事業の場合には土地収用手続を利用することができるから，なおさらである。したがって，権利濫用と認定するためには，原則として所有者の側の主観的要因を考慮することが必要である。

　所有者に侵害者に対する害意がない場合に，なお，所有者の妨害排除請求権の行使が権利濫用にあたるのは，以下の事情が認められる場合に限定されるべきではなかろうか。①侵害者による侵害の除去が著しく困難で，たとえできるとしても莫大な費用を必要とすることのほかに，侵害行為が無理からぬ事情により生じたこと，かつ②侵害行為があることが明らかとなった後，侵害者が所有者との間で誠実に交渉を行ったこと，他方で，③所有者の側には侵害部分についての利用価値がわずかしかないような場合である。

　なお，所有者の妨害排除請求が権利濫用にあたるとしても，所有者であれば本来許されるはずの権利行使が，当該事情のもとでは認められないということにすぎない。所有権を侵害する侵害者の行為が適法な行為になるわけではない。したがって，Case 1-4の場合にも，2坪分につき所有権侵害を理由に，XからYに対する不当利得返還請求が認められるし，不法行為に基づく損害賠償請求も認められる可能性がある。

3 相隣関係と地役権

① 相隣関係——総論

> 相隣関係と
> 所有権の制限

（1） 民法は土地や建物の所有者相互間の利用を調整するために相隣関係規定（209条～238条）を設けている。これらの規定（⇒表1–2）も，所有権の内容を制限する制度の1つと考えられる。

例えば，209条によると，境界またはその付近で障壁，建物等の工作物の建設・収去・修理，境界標の調査・境界の測量，竹木の枝の剪定の必要がある場合に，土地の所有者は，隣地使用権が認められている（209条1項）。また，自分の土地に越境した竹木がある場合に，土地の所有者は，隣地の竹木の所有者に枝の剪定を請求できるだけでなく（233条1項），竹木の根・枝の切除権が認められている（同条3項・4項）。

これらの権利は，権利者からみると，自分の土地などの所有権内容を円滑に実現するための制度と考えられる。しかし，隣地の所有者や使用者・竹木の所有者からすれば，自分の所有権内容が一定の範囲に制限されていると捉えることができる。相隣関係規定が「所有権の限界」の節におかれているのは，このためである。

しかし，所有者と相隣関係規定に基づいて権利を有する者の間に利害対立が生じるおそれがある。そこで，令和3（2021）年改正民法では，両者の利害調整のために規定が見直された（令和5〔2023〕年4月1日施行）。例えば，隣地使用権の場合，隣地所有

表1-2　相隣関係規定

目　的		内　容
隣地等他人の所有物の使用	工作物の築造・収去・修理および境界調査等	隣地使用権・隣家立入権（209条1項）
	通　行	公道に至るための他の土地の通行権（210条）分割・譲渡により袋地が生じた場合の特則（213条）
	継続的給付設備の設置	電気・ガス・水道水等の継続的給付を受けるための設備の設置権，他人が所有する上記設備の使用権（213条の2）
水	自然水流の排水	低地所有者の水流妨害禁止義務（214条）高地所有者の水流の障害除去工事権（215条）貯水・排水・引水用工作物の修繕・障害の除去・予防工事請求権（216条）
	人工水流の排水	雨水を隣地に注ぐ工作物の設置禁止義務（218条）水流変更の制限（219条）排水のための低地への通水権（220条）
	通水関連施設の設置・利用	通水用工作物の使用権（221条1項）堰（せき）の設置・使用権（222条）
境　界	境界標の設置	境界標設置権（223条・224条）
	塀・垣根の設置	建物所有権間の囲障設置権（225条～228条）
	境界線上の工作物の設置	境界線上の工作物の共有の推定（229条・230条）共有障壁の増築権（231条）
竹　木	越境した竹木の除去	竹木の枝の切除請求権（233条1項）竹木の枝の切取り権（233条3項）竹木の根の切取り権（233条4項）
境界線付近の工作物	工作物の建造	境界線付近の建築物につき一定の距離を保つべき義務（234条・236条）境界線付近の井戸などの掘削につき一定の距離を保つべき義務（237条・238条）
	観望の制限	目隠し設置義務（235条・236条）

権者および賃借人など現に隣地を使用している者の損害が最小限になるように，隣地使用権者は，使用の日時・場所・方法を選択しなければならないとし（209条2項），原則として事前にその点について通知しなければならないとする（同条3項。ただし，事前通知が困難な場合には使用開始後の通知でもよいので通知は隣地使用権の権利行使要件ではない）。加えて，隣地に居住者がいる場合には，住家の居住者の承諾を要するものとした（同条1項ただし書）。また，隣地所有権者および現に隣地を使用している者が損害を被った場合には，隣地使用権者に対する償金請求権を認めている（同条4項）。

◆竹木の根・枝の切除権の根拠と切除費用の負担者　土地所有者は，自己の土地所有権に基づいて隣地の竹木の所有者に対して竹木の枝による自己の土地所有権に対する侵害の除去を請求できる（233条1項）。これは所有権に基づく妨害排除請求権に基づく権利と考えることができるが，竹木の根について233条1項で除去請求権の対象となっていない。越境した根は土地に付着しており，越境先の土地所有権の一部であり（86条），越境された土地所有者は竹木の根を当然に除去することができると考えられているためである（233条4項）。

　これに対して，竹木の枝については，233条1項で，土地の所有者は，隣地の竹木の所有者に対して竹木の枝による侵害の除去を請求できるとした上で，同条3項で，土地の所有者が，竹木の所有者に切除をするように催告し，相当の期間（竹木の所有者が自ら切除するために必要な期間は2週間程度と考えられている）が経過した場合に，土地の所有者に切除権が認められている（ただし，竹木の所有者がわからない場合または所在不明の場合および急迫の事情がある場合は催告・相当期間の経過を要しない）。竹木の枝の場合には，竹木の根の場合とは異なり，隣地の所有者による切除行為は，竹木の所有権の侵害となる可能性があることから，①竹木の枝によって隣地の土地所有権が妨害されている点を客観的に違法な状態として，隣地の土

地所有権に基づく妨害排除請求権だけを認めるとともに（233条2項も参照），②隣地の土地所有者に特別な権限を付与し，自力救済を一定の要件の下で認め，③切除行為が正当行為であること，つまり違法性がないことを認めたものと解される。

　切除権を上記のように捉えると，切除費用の負担を隣地所有者が竹木の所有者に求められるかどうかについても根か枝かで異なる考え方ができることになる。根の場合には，自己物の処分と捉えると，切除費用を竹木の所有者に請求できない可能性があるが，竹木の所有者による越境行為によって隣地の土地所有者が出捐を余儀なくされたことにより財産権を侵害されたと考えれば，709条に基づいて損害賠償請求権を行使することができる。一方，枝については，隣地の土地所有者は，竹木の所有者に対して竹木の枝による自己の土地所有権に対する侵害の除去を請求することが原則であり，所有権に基づく請求権を行為請求と解する判例・通説の見解に立てば，竹木の所有者が負担することになるものと解される（⇒第2章3）。隣地の土地所有者が233条3項に基づいて自ら切除した場合には，竹木の所有者が本来行うべき行為を行ったことになるから，不当利得の返還および損害賠償を請求できるものと解される。もっとも，根と枝で上記のように理論的な説明を変える必要があるかどうかについては異論があるかもしれない。

　以下では，紛争が多く，今日なお不動産利用者相互間の調整規定として重要と考えられる点のみを取り上げることにしたい。

　(2)　なお，相隣関係規定は不動産の利用関係を相互に調整していることから，地上権については準用規定（267条）がある。永小作権・不動産賃借権についても，解釈上，相隣関係規定を準用すべきである（引渡しを受けた農地の賃借人につき最判昭36・3・24民集15巻3号542頁）。

② 相隣関係──各論

(1) 公道に至るための土地通行権

Case 1-5

Aは所有する1筆の土地を甲地と乙地に分筆し，このうち公道に面していない袋地である甲地をBに譲渡した。

❶ 甲地から公道に出るためには，乙地を通行する方法と甲地に隣接するD所有の丙地を通行する方法がある。Bは乙地・丙地を通行することができるか。

❷ Bは建設資金ができたら甲地に自宅を建てるつもりでいた。ところが，Aは甲地のために通路を開設しないまま，乙地をCに譲渡した。まもなくCは乙地と甲地の境に石垣を造り家を建ててしまった。このため，Bは，甲地に隣接する丙地を通行するしか公道に出る方法がなくなった。BはDに通行権を主張することができるか。

甲地は公衆が自由に通行できる道路（公道）に接していないから，このままではBは甲地で生活することができない。Bが甲地の周りの隣地の所有者に通行を認めてもらうか，あるいは通行を目的として土地を借りることができれば問題は解決する。しかし，隣地の所有者がこれに応じてくれる保証はない。そこで，民法は，法律上，袋地所有者に他人の土地を通行できる権利を認めることにした（210条1項。袋地に準じる場合として同条2

図 1-2

甲地

乙地

丙地

公道

公道

項)。

　袋地を囲む土地は複数存在する可能性があるが，袋地所有者の土地通行権により通行される土地の所有権は当然に制約されることから，通行権者のために必要で，かつ通行される土地にとって損害が最低限となる通行の場所・方法に限られる（211条1項）。判例は自動車による通行についても，同様に解している（最判平18・3・16民集60巻3号735頁）。また，通行される土地の所有者は一方的に損害を被るから，通行権者は通行される土地の所有者に償金を払わなければならないものとされている（212条）。

土地の分割・譲渡
による場合

　ただし，Case 1-5では，甲地と乙地を分筆したのはAである。甲地が袋地になることをAは予測できたにもかかわらず，甲地のために通路を開設しなかったことがBに不都合をもたらしたといえる。一方，Dは土地の分筆譲渡には無関係である。そこで，民法は，共有地の分割または土地の一部譲渡により袋地が生じた場合には，他の共有者または土地の一部の譲渡人ないしは譲受人の所有地（残余地）にしか土地通行権を認めないとする特則をおいている（213条）。したがって，■の場合には，Bは乙地しか通行ができない。なお，この場合，BはAに償金を支払う必要がない。乙地通行の対価は甲地の譲渡価格に一括払いとして組み込まれていると考えられているからである。

残余地の特定承継

　■の場合には，乙地がAからCに譲渡され，しかも，石垣や建物が建設されている。この場合にも，Bは213条2項に基づき乙地を通行できるのか，それとも原則に戻って，210条に基づいて最も損害が少ない丙地の通行が認められるのかが問題となる。判例（最判平2・

11・20民集44巻8号1037頁）は，213条の通行権は売買など残余地に特定承継が生じた場合にも消滅しないとして，Bは丙地ではなく乙地を通行する権利があると解している。なぜなら，①213条の通行権は袋地に付着した物権的権利であり，残余地自体に課せられた物権的負担であること，②213条の通行権が残余地の譲渡により消滅すると，Bは自己の関与しない偶然の事情により法的保護を奪われること，他方で，残余地以外の土地を通行できるとすると，Dは不測の不利益を被ることになるからである。

無償でよいのか

ただ，213条の通行権の場合には通行権者に償金の支払義務はない。また，213条の通行権は，通行される土地に法律によって当然に負わされる物権的負担であり，登記により公示することが予定されていない（最判昭47・4・14民集26巻3号483頁）。したがって，Bが通行使用していないような場合には，たとえ土地の購入にあたり現地検分したとしても，CがBの通行権の存在を認識できない可能性がある。問題は，長期間，袋地所有者には無償の通行権が認められ，他方で，残余地所有者は所有権があるといってもその部分の利用価値がゼロに等しい点にある。

　そこで，学説は，判例同様，①一応，残余地に特定承継が生じた場合にも，213条の通行権は消滅しないと解した上で，②無償通行権が認められるのは，袋地となるのに原因を与えたAとの関係に限られ，Cとの関係では有償になると解する見解が有力である。Cに対する関係で，なおBの無償通行権が認められるのは，Cが分割ないし一部譲渡を予測できた場合か，Bの通行のために通路の開設ないし通行の事実がすでにある場合に限定されるものと解される（通行地役権について最判平10・2・13民集52巻1

号 65 頁も参照⇒ Case 10-33）。

継続的給付設備の設置
権および使用権

他人の土地を経由しなければ電気・ガ
ス・上下水道などを利用することができ
ない土地を**導管袋地**と呼ぶが，このよう
な土地の所有者に本管と接続するために他人の土地に電気・ガ
ス・上下水道管の設置権があるかどうか，他人が設置した設備の
利用権があるかどうかが問題となってきた。この点については，
これまで排水について民法 220 条と下水道法 11 条に規定がある
だけであった。しかし，最判平 14・10・15 民集 56 巻 8 号 1791
頁は，導管袋地である宅地の所有者について，民法 220 条および
221 条を類推適用して，①他人の設置した給排水設備を当該宅地
の給排水のために使用することが他の方法に比べて合理的である
こと，②その使用により当該給排水設備に予定される効用を著し
く害するなどの特段の事情がないこと，以上の要件を充たす場合
に限って，他人の設置した給排水設備を使用する権利があるとし
た。

　そこで，令和 3（2021）年改正民法は，土地の所有者が他人の
土地にある継続的給付を受けるための設備を利用しなければ電
気・ガス・上下水道などの給付が受けられない場合に，上記ライ
フライン設備のために他人の土地を利用する権利，他人が設置し
た上記設備を使用する権利を認める規定を新設した（213 条の 2）。
設備の設置や他人の設備の利用のために，他人の土地の使用権も
認めている（同条 4 項）。また，土地の分割・一部譲渡によって
継続的給付を受けることができなくなった場合には，分割者また
は譲渡人の所有地にのみ設備の設置ができる（213 条の 3）。

　隣地通行権の場合と同様，設備の設置または使用の場所および

方法については，他人の土地または他人が所有する設備の損害が最小限になるように選択しなければならないとし（213条の2第2項），事前に目的・場所・方法を設備の設置場所の土地の所有者およびその土地を現に使用している者，設備の所有者に通知しなければならない（同条3項。権利行使要件）。また，これらの者が損害を被った場合には，これらの者に償金請求権を認めている（同条5項・6項）。他人が所有する設備について使用権が認められた者は，設備の利用によって利益を受ける割合に応じて，設置・改築・修繕・維持費用を負担しなければならない（同条7項）。

(2) 民法234条と建築基準法63条

Case 1-6 ─────────────────────────────

　Aが所有する土地の隣地所有者Bが，境界線ぎりぎりに建物を建て始めた。Aは建物を境界から最低50cm以上離して建設するように求めたが，Bはすでに建築確認を受けたといって，Aの申入れを拒絶した。Aは建築の変更をBに求めることができるか。

─────────────────────────────────────

　民法234条1項は，採光・通風・外壁の修繕の便宜・延焼防止などの生活利益をお互いに尊重するために，境界線付近に建物を建設する場合には，境界線から50cm以上離さなければならないと定めている。これと異なる慣習がある場合には，慣習が優先する（236条）。しかし，そのような慣習がないかぎり，民法234条に違反して建築すると，隣地の所有者は建築の廃止または変更を求めることができる（234条2項）。

　ところが，建築基準法では，日影規制（建基56条の2）など民法が規定している以上の後退距離を要求している場合と，民法の

規定以下の後退距離で足りるとしている場合がある。Case 1-6
の場合，仮にBの土地が防火地域・準防火地域内にあって，外
壁が耐火構造である建築物をBが建築しているとすると，建築
基準法63条によれば，建物を境界線に接して建設できる（いわ
ゆる接境建築）と定められている。そこで，民法234条と建築基
準法63条の関係が問題となる。

両規定の関係

判例（最判平元・9・19民集43巻8号955
頁）・通説は，建築基準法63条を民法
234条1項の特則であると解している（特則説）。この見解に従え
ば，Bの建物が建築基準法63条所定の建築物であるかぎり，AB
間に接境建築を認める合意や慣習がなくとも，民法234条1項の
適用が排除され，BはAの申出を拒絶できることになる。

　ただ，このように解すると，防火地域では接境建築が増加する。
特に都市部では通風・日照などの生活環境が悪化するおそれがあ
る。そこで，建築基準法63条は公法上の規制であり，民法234
条1項の特則ではないと解する有力説がある（非特則説）。この
見解によれば，民法236条に基づき接境建築が慣習によって認め
られていないかぎり，たとえ建物の外壁が耐火構造であったとし
ても，Bは境界線から50cm以上離して建物を建築しなければ
ならないものと解される。

　しかし，非特則説に対しては，建築基準法63条の存在意義が
説明できないという批判がある。建築確認手続では建築基準法に
合致するかどうかだけが審査の対象となるが（建基6条1項），建
築基準法自体には建物と境界との間の距離を規律する一般的な規
定がない。したがって，建築基準法63条が民法234条1項の特
則ではないとすると，建築基準法上は，すべての建築物につき接

境建築が認められるものとして建築確認をしなければならなくなるからである。

　理論的には，特則説が主張するように，建築基準法 63 条を実質的な意味における民法規定と捉え，民法 234 条 1 項の特則と解することによって，防火と効率的な土地利用のために民法 234 条 1 項の距離制限を緩和した規定として，初めて建築基準法 63 条の存在意義を説明することができる。日照・通風・騒音などの生活環境を保護するためには，相隣関係規定によるのではなくて，むしろ人格権を根拠に差止請求や損害賠償請求が可能かどうかを検討すべきであろう（⇒第 6 巻）。

③　地　役　権

Case 1-7

　甲地と乙地の間には公道との往来が可能な通路があるが，この通路を通って駅に行くには回り道をしなければならない。甲地の隣にある丙地の一部を通ると，駅までの所要時間が大幅に短縮できる。この近道を通行するために，甲地の所有者 A は，丙地の所有者 B とどのような交渉をすべきか。

地役権と賃借権

　(1)　甲地は袋地ではないから，A には法律上当然に隣地である丙地を通行する権利はない。もちろん，A には，通行部分に相当する丙地の一部を B から賃借する方法がある。しかし，①B が丙地の一部を A に貸してしまうと，その部分の使用権限は A に帰属し，B は A に貸した部分を通って公道に出ることはできなくなる。また，②A が甲地を第三者に譲渡すると，甲地の譲受人は B とあらた

めて賃貸借契約を締結しなけれ
ば，丙地の一部を通路として利
用することはできない。

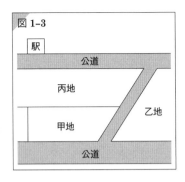

図1-3

（2）　これに対してAB間で
甲地の便宜のために丙地を利用
する権利，すなわち地役権を設
定すると，①②の問題を解決す
ることができる（280条）。

Case 1-7の場合には，AはBから甲地（地役権者の土地であって，
他人の土地から便益を受けるものを要役地と呼ぶ）のために丙地（地
役権者以外の土地であって，要役地の便益に供されるものを承役地と
呼ぶ）を通行できる通行地役権の設定を受ければよい（承役地の所
有者との共同使用権を前提とする規定として，285条・288条）。

相隣関係規定との異同

（1）　承役地の所有者は，要役地のため
に自分の土地所有権の内容・範囲を制限
されることになるから，相隣関係規定と同様，地役権も所有権を
制限する制度の1つとして捉えることができる。相隣関係に関す
る規定は，旧民法の「法律によって成立する地役」（法定地役）
の規定をそのまま取り入れた条文が多く，当事者の約定によって
成立する地役（約定地役）との間に強い関連性がうかがわれる
（例えば，288条）。

（2）　もっとも，異なる点もある。まず地役権は，用益物権の
1つであり（⇒本章1③），土地の使用価値を直接支配する権利で
ある。したがって，地役権者は自己の権利に基づいて承役地に対
する妨害を排除することができる（⇒第14章4）。

第2に，法律上当然に生じる相隣関係上の権利については，義

務者の損害を最低限に抑えるために，権利者との間の調整が図られているが（211条），地役権の場合には，このような制限はなく，相隣関係規定上の強行規定に反しないかぎり，当事者間の約定によって土地の利用に必要な権利内容をどのように定めてもよい（ただし，285条）。Case 1-7 の場合のように，民法210条に基づき土地の通行権が認められないような場合にも通行権を設定することができる。

◆**承役地所有者の義務**　承役地所有者には地役権者の権利行使を忍容する義務がある。さらに設定契約等によって地役権の内容を実現するために積極的義務（例えば，通路開設）を負う場合がある。この義務は，承役地の特定承継人も負担する（286条，不登80条）。なお，民法上には地役権の対価＝地代についての規定がない。対価の支払は地役権に不可欠の内容ではないが，通常は補償金として一度に支払われることが多いようである。

地役権の特徴①　地役権は，地上権や永小作権と同様，用益物権の1つであるから，Aは通行地役権をBの同意の有無にかかわらず第三者に譲渡することができる。ただ，地役権の場合には，地役権を要役地から分離して譲渡し，他の権利の目的とすることはできない（281条2項）。また，設定行為で別段の約定がないかぎり，要役地の所有権（要役地に地上権・永小作権が設定されている場合には，地上権・永小作権）が移転すれば，地役権がこれらの権利の処分に従って移転する（付従性。281条1項）。これらの性質は，地役権が要役地を利用するための権利であることに由来する。

地役権の特徴②　また，承役地の所有者（または地上権者・永小作権者）は，地役権者の権利行使を妨げない範囲で，なお承役地を使用・収益することができる。

したがって，承役地の所有権（または地上権・永小作権）が侵害された場合，所有者（または地上権者・永小作権者）にも承役地の返還請求権，妨害排除請求権および妨害予防請求権がある。これに対して，地役権者には承役地の妨害排除請求権および妨害予防請求権があるだけである（⇒第 14 章 *4*）。

◆地役権の不可分性　　要役地や承役地が共有である場合，地役権の取得・消滅は，一部の者についてのみ生じるのではなく，共有者全員について一体的に認められる（282 条・284 条・292 条）。ただ，その根拠・範囲は必ずしも明確でなく，地役権に特有な性質であるかどうかについても疑問がある。

地役権の取得と消滅
地役権は，設定契約，遺言，相続のほか時効によっても取得される。一方，地役権は期間の満了，放棄，地役権行使に必要な土地部分の所有権を放棄して地役権者に一方的に移転する方法（287 条），時効によって消滅する。なお，時効による消滅については特則がある（289 条・291 条・293 条）。

◆地役権の存続期間　　規定はないが，地役権は要役地の利用価値を増進するための制度であるから，要役地としての機能を果たすための期間が，地役権の最長期間になると解すべきである。

Case 1-8

甲地の所有者Ａは，乙地の所有者であるＢに無断で，乙地の一部を通行し，20 年が経過した。この間，ＢはＡの通行につき特に苦情を述べることはなかった。Ａは通行地役権を取得するか。

権限なしにＡが通行していることをＢが長年黙認しているからといって，直ちにＡＢ間に黙示の地役権設定契約があったと解すべきではない。Ｂが苦情を述べないのは，Ｂの好意によるもの

かもしれないからである。したがって，通行の黙認だけでなく，通行地の所有者に地役権を負担させることが客観的にみても合理的であるような特別の事情がある場合に限って，黙示による地役権の設定があったと解すべきである。

　一方，地役権の時効取得には，時効取得一般の要件（163 条）のほかに，地役権が継続的に行使され，かつ，外形上認識することができることが必要とされている（283 条）。他人による地役権の行使が継続して行われないのであれば，承役地たるべき土地の所有者は，特に負担とは感じないで，好意でこれを認める場合もあるからである。また，他人が地役権を行使していることが外形的に認識できなければ，承役地たるべき土地の所有者は地役権が行使されていることがわからないから，時効取得は認められない。

　したがって，Case 1-8 の場合，A が日常的に利用しているというだけでなく，通路を開設していなければ継続的に行使されているとはいえないものと解される。なお，判例（最判昭 33・2・14 民集 12 巻 2 号 268 頁，最判平 6・12・16 判時 1521 号 37 頁）は，要役地の所有者 A が道路を開設しなければならないとしている。B 自らが開設した通路を好意で A にも使わせている場合もあるので，判例はより厳格な要件を課しているものと考えられる。

　しかし，学説の中には，通路の開設者が A 以外の者であっても，A 自らが費用や労力をかけて維持・管理していれば，通路は A に支配されているとみてよいとして，通行地役権の時効取得を肯定すべきであるとする見解がある。

第2章 | 所有権に基づく請求権

> 前章で見たように，所有権は人の物に対する排他的な支配権であり絶対性を有する権利であることから，所有権が侵害された場合には，金銭賠償のみならず，原状回復という強力な効果が発生する。そして，この原状回復の法律構成に関して，わが国では，現行民法制定後の学説によって，ドイツ民法典の定める所有権に基づく請求権という概念が輸入され，通説・判例として定着した。
>
> では，この所有権に基づく請求権とは，どのような内容の権利なのか。その意義（＝定義）・要件・効果について，順に説明していくことにしよう。

1 所有権に基づく請求権の意義・根拠・性質

① 所有権に基づく請求権の意義

所有権に基づく請求権・物権的請求権

ドイツ民法典は，所有権の章の中に所有権に基づく請求権という節を設けて条文を配置した後，制限物権に関しては必要に応じて準用規定を置く，という規定の仕方をしている。そして，これら所有権に基づく請求権の規定と制限物権に関する準用規定を合わせた全体像が，わが国の学説が現行民法典制定後のドイツ法継受期に輸入した物権的請求権（物上請求権）の体系である。

本章では，そのうちの所有権に基づく請求権の内容を説明することとし，制限物権に基づく請求権をも含む物権的請求権一般に

関しては，後の章（⇒第14章 **4**）で説明を加えることにする。

> 所有権に基づく
> 請求権の意義（定義）

わが国において，所有権に基づく請求権（ないし物権的請求権）とは ── ，

① 所有権（物権）者が，

② 所有権（物権）の内容の実現を現に侵害している者あるいは侵害する危険のある者に対して，

③ 侵害あるいは侵害の危険の除去を請求し得る権利

── と定義されている。

> 所有権に基づく
> 請求権の種類

また，上に述べた定義にいう「侵害」の態様の違いに基づき，わが国の学説は，所有権に基づく請求権（物権的請求権）

を，返還請求権・妨害排除請求権・妨害予防請求権の3類型に分類している。

　上記の定義に対応する形で，おのおのの類型の意義（要件・効果）を示せば，表 2-1 のようになる。

表 2-1　所有権に基づく請求権（物権的請求権）の種類

	所有権に基づく（物権的）返還請求権	所有権に基づく（物権的）妨害排除請求権	所有権に基づく（物権的）妨害予防請求権
①	所有権（物権）者が，	所有権（物権）者が，	所有権（物権）者が，
②	占有の方法で，所有権（物権）の内容の実現を現に侵害している者に対して，	占有以外の方法で，所有権（物権）の内容の実現を現に侵害（＝妨害）している者に対して，	占有あるいは占有以外の方法で，所有権（物権）の内容の実現を侵害する危険のある者に対して，
③	占有の回復を請求する権利	妨害の停止・除去を請求する権利	侵害の危険発生原因の停止・除去を請求する権利

② 所有権に基づく請求権の根拠

議論の実益 所有権に基づく請求権（物権的請求権）という概念は，現行民法制定後の時代になってドイツから輸入されたものであったため，当時の学説は，この法律構成が日本法においても成り立つことを説明する必要に迫られた結果，その形式的根拠（条文根拠）と実質的根拠（理論的根拠）を非常に詳しく論じていた。これに対して，物権的請求権概念が定着した今日では，その根拠を論ずる実益はもはや存在しないとする見解もあるが，しかし，この根拠論において援用された条文や権利の性質は，物権以外の権利（賃借権や日照権など）にこの原状回復請求権を類推・拡張適用する際に依然として使われているから，それを覚えておくのも意味のないことではない。

条文上の根拠 まず，所有権に基づく請求権（物権的請求権）の認められる条文上の（形式的な）根拠としては，①占有の訴えに関する規定（197条～201条）の勿論解釈，②「回復……請求」権あるいは「回復者」の文言（191条・193条～195条）の存在，③「本権の訴え」の文言（189条・202条）の存在，④占有回収の訴えによってのみ占有を喪失した質物の回復を認める353条の反対解釈（なお302条・333条も参照）などが挙げられている。

理論的な根拠 一方，所有権に基づく請求権（物権的請求権）の認められる理論的（実質的）な根拠——所有権（物権）のどのような性質からこのような効力が生ずるのか——について，わが国の学説は，①物権が絶対性を有する権利であることに求める見解，②物権が直接支配性を有する

権利であることに求める見解，③物権が排他性を有する権利であることに求める見解に分かれる（物権の絶対性・直接支配性・排他性といった性質の具体的内容に関しては⇒第14章）。ドイツにおける一般的な説明は①説であるが，わが国の多数説は②説である。

③ 所有権に基づく請求権の性質

性質論に関する諸学説　　所有権に基づく請求権（物権的請求権）の法的性質に関しても，見解の対立が見られる。学説の対立状況は，次のようになる。まず，対極にある学説として，①物権効力説（物権的請求権は物権の効力ないし一作用にすぎないのであって独立した権利ではないとする説）と，②債権説（独立債権説。それ自体が純粋な債権であるとする説）の2説が存在する。そして，その中間に，③準債権説（債権に準ずる特殊の請求権であるとする説），④請求権説（「物権から派生して常に物権に依存する別個の請求権である」とする説・「独立の請求権だが純粋の債権ではない」とする説），⑤「観念的絶対的な近代所有権が特定の人に対し主張せられる動的な現象形態である」とする説といった折衷的な見解が位置する。

議論の実益　　これらの性質論もまた，基本的にはドイツの議論を継受したもので，具体的には，次の（1）～（4）のような論点における結論を説明する際に問題とされている。今日的に見れば非常に概念法学的で実益の疑わしい議論であるが，過去の判例・学説を読み解く際には覚えておいてよい論理である。

（1）　**物権的請求権の債権的請求権に対する優先性**　　物権的請求権と債権的請求権が競合した場合には，常に物権的請求権が優先

する。この結論は，上記学説のうち，①物権効力説に立った場合にいちばん説明しやすい。なぜなら，この結論は，物権の債権に対する優先的効力（⇒第14章 *3*）そのものと理解されるからである。

(2) **債権法規定の適用可能性**　物権的請求権に関しても債権法規定の適用があるか。708条に関して，戦前の判例は，同条は債権法規定であるから物権的請求権には適用がないとしていた。しかしながら，学説の多くは，それでは708条の趣旨を没却するとして物権的請求権にも同条を適用すべきことを主張し，これを受けて，判例も戦後，708条適用肯定説へと転じた（最大判昭45・10・21民集24巻11号1560頁。⇒第6巻）。この結論は，物権的請求権を単なる債権と解する見解（上記②説）に立った場合には当然の事柄ということになるが，物権の効力・作用と解する見解（上記①説）に立った場合には，その説明は多少複雑になる。

(3) **物権と独立した譲渡可能性**　物権そのものとは独立別個に，物権的請求権だけを譲渡することができるか。ドイツでは，物権的請求権の包括的譲渡の場合と，個別的譲渡の場合を区別し，前者に関しては否定説で一致しているが，後者に関しては肯定説もある。これに対して，日本においては，両者を特段区別することなく，独立した譲渡可能性を否定する見解が通説である。判例も，同様に否定説に立つが（大判大6・3・23民録23輯560頁），この判決は，①物権効力説を用いてその結論を理由づけている。

(4) **物権と独立した時効消滅可能性**　物権そのものの時効消滅とは別個に，物権的請求権だけが時効消滅することがあるか。この論点に関して，わが国の判例は否定説に立つが（大判大5・6・23民録22輯1161頁），この判例は①物権効力説を使ってその

結論を説明している。一方，学説も，独立した時効消滅を否定する見解が多いが，中には，個別の侵害との関係での時効消滅を認める見解も存在する。なお，肯定説に立った場合には，さらに，債権に関する5年または10年の時効（166条1項1号・2号）にかかるのか，債権以外の権利に関する20年の時効（同条2項）にかかるのかが問題となってくるが，②独立債権説からは，債権に関する5年・10年時効にかかるとの結論を説明しやすく（③準債権説も同様か），④請求権説からは，20年時効にかかるとの結論を説明しやすい。

2 所有権に基づく請求権の要件

　所有権に基づく請求権（物権的請求権）の要件は，要するに，①所有権（物権）の②侵害（または侵害の危険）があることの2点である。

① 「所有権（物権）」侵害

所有権の移転時期・二重譲渡の法的構成との関係

　まず第1に，請求者（原告）に所有権（物権）がなければ，所有権に基づく請求権（物権的請求権）を行使できないことはいうまでもない。しかし，事案によっては，誰が所有権（物権）者であるかの判断が難しいケースも存在する。

Case 2-1

■ AとBは土地の売買契約を締結したが，売主Aはいつまでたっても買主Bに土地の登記・占有を移転しようとしない。BはAに対して，所有権に基づいて土地の引渡しや登記の移転を請求でき

るか。

２　**１**の状況で，まったくの無権利者Ｃが土地を不法占拠している場合，ＢはＣに対して土地の返還を請求できるか。

Case 2-1 **１**の結論は，所有権移転時期の問題に関して，どの見解をとるかによって変わってくる。通説・判例である契約時移転説に立てば，契約段階からＢは所有権を有し，したがってＡに対して所有権に基づく返還請求権を行使できることになるが，登記・引渡し時に所有権が移転するという説に立った場合には，Ｂは所有権に基づく請求権を行使できない（⇒第9章**4**）。

　一方，**２**の結論も，177条・178条の二重譲渡の法的構成に関して，どの見解をとるかによって変わってくる。この論点につき，判例・通説は，不完全物権変動説を前提に，譲渡人Ａ・譲受人Ｂのどちらも不法占拠者Ｃに対して物権的請求権を行使できるとしている（⇒第10章**3**・第11章**1**）。

> 登記・引渡し等の具備は（原則として）必要ない

　なお，Case 2-1 **１****２**の事例に解答する際に，所有権移転の時期を登記・引渡し時とする見解（⇒第9章**4**）や，177条・178条に関する「第三者」無制限説に立つ場合（⇒第10章**3**）には，登記・引渡しの具備が，間接的な形で，所有権に基づく請求権の要件にもなってくる。しかしながら，このような見解に立たないかぎり，登記・引渡しは——対抗要件主義の条文が適用されるケース以外は——物権的請求権行使のための前提になってこない。したがって，Case 2-1 **１****２**のいずれの場合においても，Ｂは，登記がなくても，物権変動の当事者Ａあるいは無権利の第三者Ｃに対して，物権的請求権を行使することができる。

② 所有権（物権）「侵害」

　　　　　　　　　　　　　　　一方，物権的請求権を行使できるのは，
　客観的違法状態　　　　　　　所有権その他の物権が現に侵害されてい
る場合（返還請求権・妨害排除請求権）か，または侵害の危険があ
る場合（妨害予防請求権）に限られる。

　ここでの最大の問題は，実際にどの程度の事柄が起これば「侵
害」があると認定されるか，という点（権利侵害の認定基準）で
ある。わが国の今日の学説は，この基準を，客観的違法状態の有
無に求めている。これは，権利侵害の有無を，もっぱらその権利
の客観的性質・内容との関係で，その実現が妨げられているかど
うかという観点から判断する，というものである。

　◆物権的請求権と不法行為請求権の要件の違い　　不法行為に基づ
く請求権と異なり，物権的請求権においては，第1に，侵害者の主
観的態様——例えば，物権侵害に関する相手方の認識（悪意）や故
意・過失，あるいはその前提となる責任能力——が，要件となって
こない。第2に，現在侵害状態にある者が，侵害状態を引き起こし
た原因者であるかどうかも問題とならない。以上の点を指して，不
法行為責任が行為責任であるのに対して，物権的請求権は状態責任
である，などといわれる。

　　　　　　　　　　　　　　　一方，占有の訴え（⇒第5章2）は，効
　占有の訴えとの比較　　　　　果面（権利侵害に対して原状回復・差止請
求を認める点）では物権的請求権と同じであるが，要件面におい
ては，不法行為責任と同様，行為責任的な要素を含んでいる。

　ここでは，物権的返還請求権と占有回収の訴え（200条）を取
り上げて，要件の違いを比較してみよう。

　占有回収の訴えでは，以下の4点が要件になっている。

① 原告が目的物を占有していたこと

② 原告の占有が被告に「奪われた」こと（200条1項。同条2項の表現によれば，被告が原告の占有を「侵奪した」こと）

③ 被告が現に占有していること

④ 原告が侵奪から1年以内に訴訟を提起したこと

　これらのうち，④の期間制限との関係では，物権的請求権が，物権とは別個・独立に消滅時効にかからないことについて，すでに説明した（⇒ *1* ③）。

　一方，要件①の原告の過去の占有は，物権的返還請求権の要件にはなっていない。したがって，前記 Case 2-1 **2** の事例において，無権利者Cが不法占有しているA所有の土地をBが買い受けたような場合，買主Bは，①過去に土地を占有していたわけではないので，占有回収の訴えを提起することはできないが，物権的返還請求権は行使できる。

　また，要件②にいう占有者がその占有を「奪われた」（あるいは被告が原告の占有を「侵奪した」）という語は，占有者が意思に基づかないで被告によって占有を喪失させられた場合（ないし占有者の意思に基づかないで被告が占有を取得した場合）を意味する。これに対して，物権的請求権においては，すでに述べたように，現時点における客観的違法状態（返還請求権にあっては現時点における被告の占有）のみが要件となっており，原告あるいは被告の意思や行為態様は，およそ問題となってこない。この違いは，次のような事例において意味をもつ。

Case 2-2 ────────────────────────

　AはBに土地を売り渡し，占有および登記をBに移転した。

1 ところが，この売買契約は，実際には通謀虚偽表示によるもの

であった。AはBに対して，所有権に基づいて土地の返還を請求
できるか。

❷ Bが代金を支払わないため，Aはこの売買契約を解除した。A
はBに対して，所有権に基づいて土地の返還を請求できるか。

設例**❶**のように，心裡留保・虚偽表示あるいは錯誤・詐欺によ
る意思表示に基づいて任意に目的物の占有を移転した場合や（こ
れに対して，強迫による意思表示については，判例はないが，「侵奪」
要件を満たすように思われる），設例**❷**のように，売買・賃貸借・
寄託その他の有効な契約に基づいて目的物を任意に引き渡した後，
その契約が期間満了・解除等によって消滅した場合は，占有の
「侵奪」にあたらず，したがって，占有回収の訴え（⇒第5章*2*)
は行使できない。これに対して，所有権に基づく返還請求権（物
権的返還請求権）は，こうした事例においても行使することがで
きる。

さらに，占有回収の訴えの要件③被告の占有に関しても，占有
回収の訴えは，占有侵奪者の特定承継人に対しては（この者が悪
意である場合を除き）提起することができない（200条2項）。これ
に対して，物権的返還請求権は，常に現在の占有者を相手に（そ
の者の善意・悪意を問うことなく）請求することができる。

◆請求権競合問題　　なお，Case 2-1 **❶**の買主Bは，売主Aに対
して，売買契約に基づく債権的な引渡請求権や登記請求権を有して
いる（売主の対抗要件経由義務につき560条）。同様に，Case 2-2 **❶**
❷のAは，Bに対して，121条の2・545条1項の原状回復請求権
（その法的性質は，不当利得〔給付不当利得〕返還請求権である）を有
している。このような場合，BないしAは，債権的請求権と物権
的請求権の，どちらの請求権を行使してもかまわないのか，それと
も，どちらか一方の請求権しか行使できないのかが問題となる（請

求権競合問題。⇒第4巻，第6巻）。学説の中には，これらのケースにつき，法条競合説に立ち，BないしAは債権的請求権しか行使することができないとする見解もあるが，通説・判例は，請求権競合説に立ち，BないしAは債権的請求権と物権的請求権のどちらを行使してもよく，また，債権的請求権が時効消滅した後でも，物権的請求権を行使することができるとしている。

| 所有権に基づく
返還請求権の相手方 |

しかしながら，物権的返還請求権にあっても，実際に誰を相手方（被告）にすればよいのか，判断が難しい事例も存在する。判例に現れた事案には，次のようなものがある。

Case 2-3 ――――――――――――――――――――――――

■1 A所有の土地上に無権原で建物を所有するBが，この建物をCに賃貸し，Cが建物に居住している場合，Aは，BCのどちらに対して物権的請求権を行使すべきか。

■2 A所有の土地上に無権原で建物を所有するBのほか，Bの妻Cも建物に同居していた場合，Aは，Cに対しても物権的請求権を行使できるか。

■3 A所有の土地上に無権原で建物を所有するBが，この建物をCに譲渡し，Cが建物に居住しはじめたが，建物の登記名義はBに残っている場合，Aは，BCのどちらに対して物権的請求権を行使すべきか。逆に，BC間で建物所有権移転の合意がないのに，登記名義だけをC名義にしている場合はどうか。

――――――――――――――――――――――――――――――

　土地上に建物を所有している者は，土地を占有していると常に評価されるので，土地所有者Aは，建物所有者Bに対して，土地所有権に基づく返還請求権としての建物収去・土地明渡請求権を行使できる。

　では，Case 2-3 ■1のような占有代理人Cや，■2のような占有補

助者（占有機関）Ｃに対して，土地所有権に基づく返還請求権としての建物退去・土地明渡請求権を行使できるか。

　まず，**1**に関していえば，建物を所有している者に限らず，およそ建物を占有している者は敷地も占有していると評価される，というのが判例の立場なので（最判昭34・4・15訟月5巻6号733頁），ＢＣ間の契約が賃貸借でなくても，あるいはＢＣ間の建物賃貸借契約が無効であっても，Ｃは現に建物を占有している限り，土地を占有していると評価され，その結果，Ａは，Ｃに対して，建物退去・土地明渡しを請求できる（ただし，**1**の事例において，ＡがＣに対して，不法行為に基づく損害賠償請求権を行使した場合には，原則として相当因果関係なしとして否定するのが判例の立場〔最判昭31・10・23民集10巻10号1275頁〕である）。

　これに対して，**2**のＣのような占有者の家族や使用人には，独立した占有が認められない。この場合に占有を認定できるのは建物所有者Ｂただ1人であり，妻ＣはＢの単なる手足として物を所持しているにすぎないので，物権的返還請求権の相手方となりえない。ＡはＢに対して物権的請求権を行使し，その効果をＣに及ぼすだけで足りる（最判昭35・4・7民集14巻5号751頁）。

　一方，**3**の事案に関して，最判平6・2・8民集48巻2号373頁は，原則として現在の建物所有者Ｃを相手方とすべきとするが，しかし，この点に関して判旨が引用する先行判例は，①未登記建物の所有者Ｂが建物をＣに譲渡した後，Ｂの意思に基づかずにＢ名義の登記が経由された事案（最判昭35・6・17民集14巻8号1396頁）および②建物の登記名義人Ｂが実際には所有権を取得したことがなかった事案（最判昭47・12・7民集26巻10号1829頁）であった。そのため，判旨は，上記①②に当てはまらない事

案 —— すなわち，「他人の土地上の建物の所有権を取得した者が〔＝②昭和47年判決の反対解釈〕自らの意思に基づいて所有権取得の登記を経由した場合〔＝①昭和35年判決の反対解釈〕には」——，「たとい建物を他に譲渡したとしても，引き続き右登記名義を保有する限り，土地所有者に対し，右譲渡による建物所有権の喪失を主張して建物収去・土地明渡しの義務を免れることはできない」としている。

したがって，判例の立場に従えば，Case 2-3 **3** の前段の設例は，上記平成6年判決の事案に該当するので，Aは，登記名義人Bを相手方として建物収去・土地明渡しを請求することができる。これに対して，**3** の後段の設例は，上記②昭和47年判決の事案に該当するので，Aは現在の建物所有者Cを相手方として建物収去・土地明渡しを請求すべきこととなる。

違法性阻却事由

以上に述べてきたように，所有権に基づく請求権（物権的請求権）の要件は，①請求者（原告）側要件として所有権（物権）を有していること，②相手方（被告）側要件として所有権（物権）の権利内容の侵害（例えば占有侵害）ないしその危険があることの2点である。

だが，この2つの要件①②が充足される場合であっても，なおも所有権に基づく請求権（物権的請求権）が否定される場合がある。それは，①請求者（原告）の所有権（物権）に制限が加えられている場合（表2-2（ア）（イ））や，②返還請求権における相手方（被告）の占有が正当な権原に基づく場合（表2-2（ウ））などである。これらは，①原告の所有権（物権）や②被告の占有を認めたうえでの主張になるので，被告側が主張・立証すべき抗弁事由となる。

表 2-2　物権的請求権の相手方（被告）の提出する抗弁の種類

（ア）	請求権者の権利（所有権ないし物権）に，個々の法律による制限が加えられている場合	種々の私法上の制限（相隣関係〔209条以下〕その他），公法上の制限がある
（イ）	請求権者の権利（所有権ないし物権）に，一般条項による制限，あるいは，解釈ないし判例法上の制限が加えられている場合	一般条項による制限には権利濫用（1条3項）など，解釈・判例法上の制限には受忍限度論などがある
（ウ）	相手方に占有すべき権利その他の権利が存在する場合	当事者間の法律行為から発生する場合と，法律の規定に基づき発生する場合とがある

3 所有権に基づく請求権の効果

効果の内容　　所有権に基づく請求権（物権的請求権）の効果の内容は，一般的にいえば，侵害状態を排除して所有権（物権）が本来予定する円満な支配状態の回復を求めることであり，各類型に即して分けていえば，①返還請求権の効果は，目的物の占有の移転（回復）を求めること，②妨害排除請求権の効果は，妨害の停止・除去を求めること，③妨害予防請求権の効果は，侵害の危険を生ずる原因を停止・除去して侵害を未然に防ぐ措置を求めることである。

行為請求権・忍容請求権——費用負担の問題　　なお，わが国においては，所有権に基づく請求権（物権的請求権）が，相手方に対して侵害の除去行為を行うよう要求する権利（行為請求権）なのか，それとも，回復行為を行うのは請求者自身であって，所有権に基づく請求権（物権的請求権）は，

相手方に対して請求者の行う回復行為を妨げないことを要求する権利（忍容請求権）にすぎないのかが争われている。これは、見方を変えていえば、**費用負担**をするのは、請求者・相手方のどちらなのか、という問題である。

　所有権に基づく請求権（物権的請求権）は、歴史的に見ても、比較法的に見ても、基本的には行為請求権と理解されてきたようである。にもかかわらず、とくにわが国においてだけ、この点に関して争いが生じたのは、とりわけ昭和初期の判例において、次のような事案が相次いだためである。

Case 2-4 ─────────────────────────

1　A所有の建物の賃借人Bが、Cから賃借した機械を建物内に設置したが、建物賃貸借契約終了の際、これをそのまま放置した。Aは、自分でこの機械を撤去しなければならないか。それともCに対してその撤去を求めることができるか。

2　A所有の土地の隣地所有者Bが境界線付近の土地を掘り下げたため、Aの土地に崩壊の危険が生じたが、その後Bは、自分の土地をCに売却した。Aは、自分で土地崩壊を防止するための措置を講じなければならないか。それともCに対して、防止措置を講ずるよう求めることができるか。

3　**2**において、土地崩壊の危険の発生原因が台風のような自然力であった場合はどうか。

─────────────────────────

　(1)　判　例　　このうちの**1**は、大判昭5・10・31民集9巻1009頁の事案であるが、同判決は、行為請求権説に立って、Cの費用負担での機械の撤去請求を認めた。一方、**2**は、大判昭7・11・9民集11巻2277頁、大判昭12・11・19民集16巻1881頁の事案であるが、これらの判決もまた、行為請求権説に立って、

Ｃに対して危険防止措置を講ずべき旨を命じている。ところが，この**２**に関する判決の判旨が，危険状態が自然力・不可抗力によって生じた場合（**３**の事例）には，Ｃは責任を負わないとしているように読めるため，この点をめぐって学説が紛糾することとなったのである。

　（2）　忍容請求権説　　そして，以上のような判例の立場を批判する形で登場したのが，忍容請求権説であった。この見解は，物権的請求権の法的性質に関する物権効力説を用いて自説を次のように説明する。すなわち，物権的請求権は物権の一作用にすぎず，そして，物権は人の物に対する権利であって，人に対する権利ではないから，物権侵害が生じた場合には，常に物権者Ａ自身が物の支配状態を回復すべきものであり，相手方Ｃは単にこれを消極的に忍容すれば足りる。したがって，物権侵害が自然力・不可抗力によって生じた場合（**３**の事例）はもちろん，第三者Ｂの行為によって生じた場合（**１**の事例）についても，物権者Ａ側の負担において，侵害を除去すべきである。なお，相手方Ｃの行為によって侵害が生じた場合には，もちろん相手方に侵害除去費用を請求することができるが，それは不法行為による損害賠償の効果であって，これを物権的請求権の内容と理解すべきではない，というのである（**２**の事例に即していえば，Ａは自己の費用で土地崩壊の防止措置を施した後，土地に崩壊の危険を生じさせた隣地の前所有者Ｂに対して，不法行為に基づく損害賠償請求権を行使することになる）。

　なお，学説の中には，基本的には忍容請求権説に立ちつつ，相手方Ｃに帰責性がある場合に関しては，例外的に行為請求権になると解する見解もある（責任説）。

これら忍容請求権説・責任説は、また、とくに**1**の事例に関して、行為請求権説をさらに次のように批判する。**1**においては、物権的請求権の「衝突」が生じている。すなわち、この事例のＡは、Ｃの機械が自己の建物所有権を侵害しているとして妨害排除請求権を行使できるが、しかし、この事例では、Ｃもまた、自己の機械がＡの建物内にあることで占有が奪われているとして返還請求権を行使できる。このような場合において、行為請求権説に立った場合には、Ａ・Ｃのいずれか先に物権的請求権を行使した側が、相手方に費用負担を負わせることができるという「早い者勝ち」の結果となって不当である、というのである。

　(3)　**行為請求権説**　　こうした批判を受けて、かつてより通説であった行為請求権説の側も、その内容を修正するに至った。まず現れたのが、原則は行為請求権であるが、相手方がその意思によって占有を取得したのではない場合には、例外的に忍容請求権になるとする見解である（行為請求権修正説）。だが、この見解に対しては、返還請求権についてだけ忍容請求権への転換が生ずる根拠が明らかでない、との批判が提起された。

　そこで、その根拠をドイツ法が明文規定をもって定める引取請求権に求める見解も登場した（引取請求権説）。なお、わが国においても、登記請求権（物権的登記請求権の法的性質は、物権的妨害排除請求権の一種とされている）に関しては、登記名義人の側から物権者に対し自己の費用で自己名義の登記を経由するよう求める登記引取請求権が認められている（⇒第10章*4*)。

　(4)　**衝突否定説**　　だが、今日の多数説は、行為請求権から忍容請求権への転換という発想をやめ、これに代えて、**1**のような、従来「衝突」事例と考えられてきたケースにおいては、社会

観念上客観的に見て，もっぱら一方が他方を侵害していると評価すべきであり，そこには1つの物権的請求権しか成立しておらず，衝突は生じていないとする見解をとっている（衝突否定説）。この見解にいう「社会観念上客観的に見て」という表現はいささか不明瞭であるが，これは，要件論における「客観的違法状態」に対応するものであろう。つまり，設例■では，Aの建物所有権がCの機械によって妨害されている客観的違法状態を認定できるが，これに対して，AのCの機械に対する占有には，客観的に見て違法性がないと評価される（なお，場合によっては，Aがそもそも占有を取得していないと認定されるケースもあるだろう）。しかし，Cの動産引取行為（これはAの行為請求権に対応する義務の自発的履行と解することになろうか）に対して，Aが妨害を加えたような場合には，今度は，Cの動産によるAの不動産所有権妨害には違法性がないと評価される（AがCの動産引取りを拒絶する以上，Cの動産は邪魔物になっていないと評価され，Aの妨害排除請求権は要件を欠くことになる）一方，AによるCの動産占有には違法性ありと評価され（あるいは，この段階になってはじめてAの占有取得が認定されるケースもあるだろう），CのAに対する行為請求権としての返還請求権だけが成立することになる。

　(5)　費用折半説　　なお，行為請求権説・忍容請求権説のいずれの見解の内部においても，Case 2-4 ❸のように侵害が自然力・不可抗力により生じた場合に関しては，相隣関係に関する規定を類推して，費用を折半すべきとの見解も有力に主張されており（費用折半説），下級審裁判例の中にも，この見解をとるものがある（東京高判昭51・4・28判時820号67頁，横浜地判昭61・2・21判時1202号97頁など）。

第3章 所有権の原始取得

所有権の取得原因を大きく分けると，前の所有者（前主）から権利を譲り受ける「承継取得」と，前主の所有権を基礎とせず，独自の取得原因に基づいて所有権を取得する「原始取得」がある。本章では，後者の原始取得を取り扱う。

1 所有権の取得原因

承継取得と原始取得

物権の取得原因は，「承継取得」と「原始取得」とに大別できる（物権の取得原因のみならず，その取得・変更・消滅の原因に関しては，⇒第8章）。所有権も物権であるから，同様に所有権の取得原因も承継取得と原始取得に分かれる。承継取得とは，相続や売買のように被相続人・売主（前主）の権利を相続人や買主（後主）が承継する形で，つまり前主の権利に基づいて後主が所有権を取得する場合である。それゆえ，承継取得では，前主の権利は同一性を保って後主に引き継がれる。これに対して，原始取得とは，例えば時効取得のように他人の権利とは無関係に，つまり法律が定めた独自の要件に基づいて所有権を取得することである。それゆえ，原始取得が成立すれば（前主の権利が存在していても）前主の権利は消滅する。したがって，前主の権利の負担・瑕疵が原則として後主に引き継

がれる承継取得（例えば，売主 A が C のために地上権を設定した土地を B に売却すれば，買主 B は C の地上権の負担の付いた土地を取得する）とは異なり，原始取得では取得者は負担のない所有権を取得するのが原則である。

所有権の原始取得　ところで，民法は所有権に関する規定の中に，239 条以下で「所有権の取得」と題して，所有権の原始取得のうちから 6 種類の取得原因を定めている。無主物の帰属・遺失物の拾得・埋蔵物の発見および付合・混和・加工である。もちろん，現代社会で土地・建物や高価な動産の所有権を取得するには，原始取得ではなく承継取得による場合が多いであろう。承継取得の中でも取引による所有権の取得では，売買を原因とするケースがほとんどであろうし，取引以外の所有権の取得原因としても，その大部分を占めるのは相続であろう。

　しかし，上にあげた 6 種類の所有権の原始取得に関する規定も，やはり重要な意味を持っている。すなわち，前 3 者（無主物の帰属・遺失物の拾得・埋蔵物の発見）は，物の所有者が存在しない場合や所有者が不明の場合に，物の所有者を決定するためのルールである。つまり，これらの規定がないと，取引社会の中に所有者がいない物（無主物）の存在が認められてしまい，無主物には取引の主体がないから，取引社会に参入できないことになる。しかし，これでは不都合である。それゆえ，無主物ないしは権利主体の判然としない物に取引主体（所有者）を与えるという意味で，以上の規定の存在は不可欠である。加えて，占有権の効力のところに規定があるが，家畜以外の動物を捕獲した場合に，一定の要件の下で捕獲者が動物の所有権を取得することを定めた 195 条の規定も，以上 3 つの原始取得と同様の性格を持っている。

他方で，後3者（付合・混和・加工）を総称して「添付」と呼ぶ。添付とは，所有者の異なる複数の物が結合して1つの物になり，相互の分離が困難になった場合に，1つになった物の所有権を一方の所有者が取得し，他方の所有者が自分の物の所有権を失う，というルールである。つまり，物が合体した際に分離によって物の価値が損なわれることを防止するとともに，一物一権主義の原則に従って，有体物をめぐる権利関係を対外的に簡明にしたのが添付の規定である。その結果，添付によって所有権を失った者は，不当利得の規定（703条・704条）によって，所有権を取得した者に対して償金請求することで，自己の不利益の補償を求めることができる（248条）。本章では，家畜外動物の取得（195条）も含めて，以上の所有権の原始取得に関する規定を取り上げることとする。

2 無主物の帰属・家畜外動物の取得・遺失物の拾得・埋蔵物の発見

① 無主物の帰属（239条1項）

Case 3-1

1 漁師Aは漁に行って，100匹のタラを釣り上げた。タラの所有権は，誰が取得するのか。

2 Bの経営するゴルフ場の池に，ゴルフ場の客がボールを打ち込んだ。もちろん，ボールは数が多く，誰のボールなのかは全くわからない。以上のようなロスト・ボールは，誰のものになるのか。

3 Dは日本の領海内で，地図にも載っていない無人の島を発見した。島はDの発見の3日前に，火山活動により海底から出現したものであった。Dは無人島の所有権を取得できるか。

4 Eの所有する土地は地盤がゆるみ危険な状態である。崖崩れの防止のための工事には，多大な費用を要する。そこで，Eは土地所有権を放棄し，崖崩れの予防工事の費用を免れたいと考えている。Eのこのような目論見は，功を奏するか。

　無主の動産を所有の意思をもって占有すれば，その所有権を取得する（239条1項）。無主の動産とは，Case 3-1 **1** のように初めから所有者のいない場合，および **2** のように所有者（ロスト・ボールの所有者だったゴルフ場の客）が動産の所有権を放棄したとみなされる場合である。したがって，**1** でAはタラ100匹の所有権を，**2** でBはロスト・ボールの所有権を取得する。そのため，例えばゴルフ場の近くに住むCがゴルフ場のロスト・ボールを池からすくって売却した場合は，Cは窃盗の罪に問われることとなる。

　動産とは異なり，無主の不動産は国家に帰属する（239条2項）。したがって，残念ながら，**3** で無人島はDの所有にはならない。**4** では，Eが自己の土地所有権を放棄すれば，土地は国家に帰属するようにも見える。しかし，崖崩れの予防費用の負担を免れるために土地所有権を放棄するのは，Eの権利の濫用（1条3項）であり，許されない。したがって土地は国家には帰属しないと解すべきであろう。

　② **家畜外動物の取得（195条）**

Case 3-2 ────────────────────

　Aは家の庭木で鳴いていた九官鳥を保護して，1ヶ月あまり飼育してきた。ところが，九官鳥は自分のものだと主張するBが，Aに九官

鳥の返還を請求してきた。確かに，調べてみると，九官鳥はＢが１年前にペット・ショップで購入したものであった。ＡはＢに九官鳥を返還しなければならないか。

他人が飼育した家畜以外の動物を占有する者は，その占有の始めに善意で，かつ動物が飼主の占有を離れた時から１ヶ月内に回復の請求を受けないときは，動物の所有権を取得する（195条）。したがって，Case 3-2での九官鳥が家畜でなければ，Ａは九官鳥の所有権を取得する。

他人が飼育した家畜を占有したときは，遺失物法の要件の下で（３ヶ月内に所有者がわからないこと。240条，遺失２条１項参照）家畜の所有権を取得できる。反対に，他人が飼育しない家畜以外の動物を，所有の意思をもって占有すれば，無主物の帰属（239条１項）によって動物の所有権を取得できるのは当然である。したがって，195条は他人が飼育した家畜以外の動物に対して，遺失物と無主物との中間的な扱いを与えたということができる。

ちなみに，Case 3-2と同様の事件で，判例（大判昭７・２・16民集11巻138頁）は，（もちろん，当時の状況を前提として）九官鳥が野生動物でないのは社会通念上明らかであるから九官鳥は家畜であり，195条の適用はないと判示した。したがって，Ａは九官鳥の所有権を取得できず，Ｂに九官鳥を返還しなければならない。

③　遺失物の拾得（240条）

Case 3-3 ─────────────────────────
　Ａは路上でブランドもののバッグを拾い，警察に届け出た。その後７ヶ月して，所有者であるというＢがＡにバッグの返還を求めてきた。

AはBにバッグを返還しなければならないのか。

　占有者の意思によらず，その所持を離れた物で，盗品ではない
物を遺失物という。遺失物は特別法（遺失物法）の定めるところ
に従って，公告をした後3ヶ月内にその所有者が知れないときは，
拾得者がその所有権を取得する（240条）。遺失物の所有権取得の
要件・効果に関しては，遺失物法に詳しい規定がある。したがっ
て，Case 3-3ではAはバッグの所有権を取得し，Bに返還する
必要はない。仮に，Bが3ヶ月内に警察に申し出たときは，Aは
バッグの所有権を取得することはできないが，物件（バッグ）の
価格の5％以上20％以下の報労金を受け取ることができる（遺
失28条1項）。

④　埋蔵物の発見（241条）

Case 3-4 ─────────────────────────
　B所有の土地にビルを建築するために，Bから建築を請け負って働
いていた請負人Aは，建築現場で江戸時代の小判100枚を発見した。
小判の所有権を取得するのは，ABのいずれか。

　Case 3-4の小判のように土地その他の物（包蔵物）の中に埋蔵
されていて，外部からは容易に目撃できず，かつ誰が所有者か判
別しにくい物を，埋蔵物という。埋蔵物は特別法（遺失物法）の
定めるところに従って，公告をした後6ヶ月内に所有者がわから
ない場合は，発見者が所有権を取得する（241条本文）。ただし，
他人の物の中で埋蔵物を発見した場合は，発見者とその物の所有
者が折半して埋蔵物の所有権を取得する（241条ただし書）。した

表 3–1　無主物の帰属・家畜外動物の取得・遺失物の拾得・埋蔵物の発見

取得原因	目的物	取得者
無主物の帰属 （239条1項）	無主の動産	所有の意思で占有した者
家畜外動物の取得 （195条）	飼主の占有を離れた家畜外の動物	善意で占有し1ヶ月以上飼育した者
遺失物の拾得 （240条）	遺失物	拾得者（3ヶ月以上所有者が不明の場合）
埋蔵物の発見 （241条）	埋蔵物	発見者（ただし，他人の包蔵物の中から発見したときは発見者と包蔵物の所有者とで折半）

がって，Case 3-4 で小判の所有者が不明のときは，A と B とが各々 50 枚の小判の所有権を取得することになる。ちなみに，小判を発見した者が，A が雇い A の指揮下にある労働者 C だったときは，発見者は C を指揮する A であるとみなされる。

　以上の埋蔵物に関するルールの例外を定めているのが，文化財保護法の規定（文化財 92 条以下）である。すなわち，埋蔵物が文化財の場合は，その所有者が知れないときは，埋蔵文化財の所有権は国庫ないし当該文化財の発見された土地を管轄する都道府県に帰属し，発見者・包蔵者（通常は，土地所有者）は価格相当の報償金を支給される（文化財 104 条・105 条）。したがって，Case 3-4 で埋蔵物が文化財だったときは，AB は埋蔵物の所有権を取得できないことになる。

3 添　付

① 付　合

(1) 付合による所有権の取得

　付合には不動産の付合（242条）と動産の付合（243条・244条）
がある。不動産に従として付合した物があれば，不動産の所有者
はその物の所有権を取得する（242条）。それゆえ，動産が不動産
に付合すれば，動産所有者は常にその所有権を失うことになる。
他方で，動産と動産が結合して1個の動産となれば，主たる動産
の所有者が動産の所有権を取得し，従たる動産の所有者は所有権
を失う（243条）。ただし，いずれの場合も，物の所有権を失った
者は，不当利得の規定（703条・704条）によって所有権を取得し
た者に対して償金請求できる（248条）。動産の主従の区別がつか
ないときには，各動産の所有者は付合の当時の物の価格の割合で，
動産を共有する（244条）。

　ちなみに，諸外国での不動産の付合の典型例は，建物の土地へ
の付合である（「地上物は土地に従う」という法諺がある）。しかし，
わが国では土地と建物はお互いに独立した不動産だから，建物は
土地に付合しない。したがって，不動産の付合で問題となる典型
的な事例は，土地に作物が植栽された場合や，賃借建物が増改築
されたなどといったケースである。

(2) 不動産の付合

Case 3-5 ────────────────────────────

■ 造園業者ＡはＢの土地を賃借して，造園に使用するための樹木

を植栽してきたが，後に AB 間の賃貸借契約は解除された。B は
この樹木を他人に売却することができるか。

2 C は D 所有の土地に無権原で麦の種をまき，麦を栽培していた。
D は麦の収穫期がきたときに麦を刈り取って売却することができ
るか。

土地への樹木等の植栽

それ自体が独立した 1 個の不動産である
建物を除いて，土地の定着物は土地の一
部である（86 条 1 項）。そこで，他人の土地に定着させた樹木・
麦などの所有権を，AC は失うことがないのかが，Case 3-5 で
は問われている。この点について，不動産の所有者はその不動産
に従として「付合」した物の所有権を取得する。ただし，付合さ
せた者に権原がある場合は，その者の権利を妨げないと，民法
242 条は規定している。これを不動産の付合という。したがって，
以上の規定（86 条 1 項・242 条）によると，付合が生じれば，付
合した動産は独立性を失って土地所有権に吸収される。しかし，
動産の所有者が「権原」によって付合させた場合は別である，と
いうことになる。具体的には，**1** では A は賃借権をもつから，権
原（賃借権）によって A の植栽した樹木は B の土地に付合せず，
A は樹木を収去できる。反対に，**2** では，無権原者の C が栽培
した麦は D の土地に付合するから，土地所有者 D が麦の所有権
を取得することになるというのが，その帰結である。

　ただし，かつては**2**でも，C の栽培した麦は D の土地に付合
せず，C は麦の所有権を失わない，という解釈論が存在した。わ
が国では農作物は独立して取引の対象とされるから，それ自体独
立した動産であり，家屋が土地に付合しないのと同様である，と

いうのがその根拠である。さらに，かつての小作人と地主間の紛争を前提として，農地の賃貸借が解除された後に小作人が農地で植栽した作物の所有権を小作人が失わないようにすることが，以上の解釈論の実益であった。しかし，そう解しても，地主から成熟前の農作物の収去を請求されれば，必ずしも小作人の保護にはならない（成熟していれば，作物の所有権を失わない小作人は，刈取りによって権利実現が可能であるが）。そこで，作物は植栽・根付きとともに土地に付合するが，成長して成熟すれば独立の動産になる，という解釈も唱えられた。しかし，このような考え方もあまりに技巧的であり，説得力に乏しい。したがって，所有権を失った小作人の不利益は，248条の償金請求で補されると考えるべきであろう。

　ただし，権限により留保された樹木の所有権も，当事者間ではなく第三者に対して主張する際は，以上とは別の問題を含んでいる。この点に関しては，後述の第 11 章 *2* ① Case 11-4 で取り上げる。

Case 3-6 ━━━━━━━━━━━━━━━━━━━━━━━━━━━━━━━

　A は B から家屋を賃借していたが，家族が増えたので，B の承諾を得て家屋に附属する一室を増築した。AB 間の賃貸借が終了した後，B は A に対して家屋の明渡しを請求したが，A は増築された一室は自分の物だと主張して明渡しに応じない。AB いずれの主張が正しいのか。

━━

┌─────────────┐
│　建物の付合　│
└─────────────┘

Case 3-6 のようなケースで，判例および多くの学説は，242条本文によると建物への増改築部分（A の増築した部屋）の付合が認められるはずであるが，賃借権に基づき，かつ家主（B）の承諾による増築で

あるから，同条ただし書の権原により附属させられた場合に該当し，増築部分についての借家人（A）の独立の所有権が認められる可能性がある，としている。その場合には，増築部分には借家人Aの区分所有権が成立する（建物区分1条・2条3項⇒第4章7）。ただし，独自の物権が成立するためには，物は独立性をもっていなければならない（物権の客体であるために物の「独立性」が必要な点については，⇒第1章1 [2]）。したがって，増築部分についても，建物としての独立性がないと借家人Aの建物所有権は成立しない（最判昭44・7・25民集23巻8号1627頁）。建物としての独立性があるというには，物理的な独立性だけではなく，取引上の観点からの独立性も重要であり，建物への独立した出入口その他の設備が整えられている必要がある。それゆえ，Case 3-6で上述のような要件が備わっていれば，Aの増築した部屋はBの建物に付合せず，Aの区分所有権が成立する。ただし，その区分所有権をAがBではなく第三者に対抗するためには，区分所有権の登記が必要である（登記については，⇒第10章）。反対に，Aの増築部分が独立した区分所有権の対象たりうる要件を備えていない場合は，増築部分はBの建物に付合し，AはBに対して償金請求することになる（248条）。

（3）　動産の付合

Case 3-7 ────────────────────────────

　Aは自分の船舶に高価なエンジンを溶接して取り付けたが，そのエンジンの所有者はBであった。ところが，Bは債務超過におちいっており，このエンジン以外に見るべき資産はない。この場合に，Bの債権者Cに債権回収の手段はあるか。

所有者がそれぞれ異なる動産と動産とが結合して，㋐損傷しなければこれを分離することができなくなったとき，または㋑分離するのに過分の費用を要するときは，動産は付合して1個の動産となる（243条）。動産が付合すると，㋐その合成物の所有権は，主たる動産の所有者に帰属する（243条）。しかし，㋑動産の主従の区別がつかない場合には，付合の当時の動産の価格の割合に応じて合成物を共有する（244条）。

Case 3-7 では，エンジンは船舶に溶接されているから，損傷しなければエンジンは船舶から分離できず，かつ分離のためには多額の費用を要する。それゆえ，従たる動産であるエンジンは主たる動産の船舶に付合している。その結果，Bはエンジンの所有権を失い，Aは所有権を取得する。したがって，Cは，第三者Aの動産の一部となったエンジンを差し押さえることはできない。ただし，CはBのAに対する償金請求権を差し押さえて，そこから自己の債権の満足を受けることが可能である。

| 付合の規定の意味 | 以上の Case 3-5 から Case 3-7 を見ても判然とするように，付合が生じる場合 |

も付合の当事者間で所有権の帰属に関する合意があれば，付合の規定よりも当事者の意思が優先する。それゆえ，付合に限らず，添付の規定は添付の成否自体に関しては強行規定だが，所有権の帰属に関しては任意規定だと解されている。しかも，添付の当事者間で分離（収去）を合意することは，もちろん可能である。そうであるなら，添付の規定は対第三者関係で初めて意味を持つと考えるべきであろう。例えば，Case 3-6 でBから建物を買い受けたC（第三者）との関係で，増築部分が既存の建物の一部とされてしまうと，Aは所有権を失うことになるからである。

② 加 工

Case 3-8 ─────────────────────────

1 ＢはＡの山林から勝手に木を切り出して，木を材木とし，その材木からタンスを製作した。ＡはＢに対して，タンスの返還を求められるか。

2 洋服屋Ｄは顧客Ｃの依頼に基づいて，Ｃが持ち込んだ生地からコートを仕立てた。ところが，Ｄの債権者Ｅがコートを差し押さえた。ＣはＥの差押えを排除することができるか。

─────────────────────────

加工の成否

設例を考える前に，まず加工に関する法規定を確認しておこう。

（1）　**加工者の労力のみが加えられた場合**　他人の動産に工作を加え，「新たな物」が作り出されたときは，その新物の所有権は材料である動産の所有者が取得する（246条1項本文）。ただし，工作によって生じた価値が著しく材料の価値を上回るときは，加工者が加工物の所有権を取得する（同項ただし書）。

（2）　**加工者が労力のみならず材料の一部を提供した場合**　さらに，加工者が労力のみならず材料の一部を提供した場合は，その材料の価格に工作によって生じた価格を加えた価格が，他人の材料の価格を超えるときに限って，加工者が加工物の所有権を取得する（246条2項）。

　Case 3-8の**1**では，木からタンスが出来上がっているから，新物が製作されたといえる。したがって，加工による所有権の取得が問題となり，Ａ所有の木の価格がＢの労力よりも高価な場合は，Ａがタンスの所有権を取得する。反対に，Ｂの労力がＡ

の木よりも高価な場合は，Ｂがタンスの所有権を取得することとなる。**2**では，ＣがＤのところに持ち込んだ生地は，確かにコートになっているから，Ｄの加工によって新物が出来上がっており，Ｄがコートの所有権を取得する余地もありそうである。しかし，ＣＤ間での所有権の帰属は，ＣＤ間の請負契約によって決定されており，加工の規定が適用される余地はない（最決昭45・4・8判時590号91頁）。つまり，加工の規定は加工の当事者ＣＤ間に所有権の帰属につき合意がない場合にだけ，補充的に適用される。**2**で請負契約の当事者Ｃ・Ｄの通常の意思は，コートの所有権をＣに取得させることであろう。コートはＥの債務者Ｄの責任財産に属する財産ではないから，Ｃは第三者異議の訴え（民執38条）によりＥの差押えを排除することができる。

Case 3-9

Ａは請負人Ｂに自己所有の土地上に建物を建築することを依頼し，さらにＢはその工事を下請人Ｃに一括下請に供した。ＣはＢとの請負契約に基づいて工事を始め，途中まで建築を進めた。ところが，ＡＢ間にトラブルが発生し，結局ＡＢ間の請負契約は中途で合意解除された。他方で，ＣはＢから請負代金の支払をほとんど受けていないため，工事を中止していた。その後，Ａは残工事をＤに請け負わせ，Ｄは建物を完成させた（ＡＤ間の特約で，完成建物の所有権はＡに帰属することとなっている）。そこで，Ｃは完成した建物の所有権は自分に帰属すると主張して，Ａに対して建物からの退去を求めた。

建築途上の建物への
工事と所有権の帰属

Case 3-9に含まれている問題は，なかなか複雑である。そこで，本題である加工の規定の適用以前に，その前提となる法律関係を整理しておこう。第1の問題が，注文者Ａ，請負人Ｂ，

下請人Cの3者間の法律関係である。注文者Aと請負人Bの間には請負契約が成立し，請負人Bと下請人Cの間にも請負契約が成立している。したがって，下請人Cとの関係では，請負人Bは注文者である。他方で，注文者Aと下請人Cの間には，契約関係は存在しない。

第2の問題は，下請人Cが建築した建築物の所有権の帰属である。請負契約による建築物の所有権は，まず請負人が取得し，注文者からの代金支払とともに注文者に移転するという説（請負人取得説）と，建築物は初めから注文者が取得するという説（注文者取得説）に，考え方は分かれている（両説には，それぞれ難点があり，決着はついていない。⇒第5巻）。後者の立場（注文者取得説）をとれば，下請人Cと請負人Bの間ではBが所有権を取得し，BA間ではAが所有権を取得する。したがって，注文者Aは初めから建築物の所有権を取得するから，Cの請求が認容される余地はない。しかし，判例は前者（請負人取得説）を出発点としている。したがって，Case 3-9では請負人Bは下請人Cへの請負代金を支払っていないから，少なくともDが残工事を施工する前の建築物の所有権は，下請人Cが取得していることになる。

第3の問題が，Cが施工した建築物は動産にすぎなかったのか，不動産にまで至っていたのか，という点である。仮に後者だとすれば，Dの残工事は不動産への動産の付合（242条本文）であるから，完成建物の所有権は不動産の所有者たる下請人Cが取得する。しかし，反対にCの工事が動産にとどまっていれば，Cの動産とDの残工事の結合によって，CD（結局は，Dとの合意で所有権を取得することになっている注文者A）のいずれが完成建物

の所有権を取得するのかが，問題になる。

　Case 3-9 の事例が実際に紛争となった事案では，Ｃの工事は動産の段階までしか進行していなかったが，Ｃは次のように主張した。Ｃの建築物は動産であったが，Ｄの工事により，ある時点で不動産となった。その時点までに適用されるのは，動産の付合の規定（243 条）であり，主たる動産の所有者Ｃが不動産の所有権を取得する。その後のＤの工事には不動産の付合の規定が適用され，不動産の所有者Ｃが完成建物の所有権を取得する。これに対して判例（最判昭 54・1・25 民集 33 巻 1 号 26 頁）は，1 つの建物の工事に別の請負人が材料を提供して建物を完成させた場合には，動産の付合（243 条）ではなく加工の規定（246 条 2 項）が適用されるとした。すなわち，動産の付合では，Ｃの建築物の価値とこれにＤが付合させた材料の価値が比較されるが，加工ではＤの材料と労力の価値が併せてＣの建築物の価値と比較される。その結果，Ｄの残工事（材料・労力）の価値がＣの建築物よりも価値があると認定されて，加工によりＤが，さらに DA 間の特約により，Ａが完成建物の所有権を取得するとされた。学説は，材料のみならず労務も含めて総合的に工事の価値を比較しうるという点で，加工の規定の適用が妥当であるとして，判例の見解を支持している。

　ただし，Case 3-9 の事例では，無資力となった請負人Ｂから請負代金を回収できなくなった下請人Ｃが，ＢがＣに弁済すべき請負代金を注文者Ａが支払ってくれることを期待して建物所有権を主張したことは明記しておくべきであろう。加えて，加工によって所有権を失った下請人Ｃには，償金請求権（248 条）が帰属するはずである。ただし，Ｂに対して契約上の請求権がある

Cに，さらにAに対する償金請求（不当利得返還請求）の行使が認められるべきか否かは，不当利得法の課題である（不当利得については，⇒第6巻）。

③　混　和

米などの個体が混じり合うことを「混合」，酒などの液体が混じり合うことを「和合」といい，両者を併せて「混和」という。混和には，動産の付合の規定が準用される（245条）。すなわち，混和した動産に主従の区別があるときは主たる物の所有者が全部の所有権を取得し，所有権を失った者には償金請求権が帰属する。主従の区別がつかないときは共有となる。

④　添付の効果

第三者の権利

添付の規定（242条〜246条）によって物の所有権が消滅したときは，その物の上にあった他の権利も権利の客体を失って消滅する（247条1項）。例えば，動産売買の先取特権（321条）の対象である動産の所有権が，不動産に付合して消滅してしまった場合である。ただし，消滅する他の権利の権利者A（先取特権者）は，動産の所有権を失った者Bが取得する償金請求権（248条）に対して物上代位（304条）ができる。具体的には，先取特権者Aは動産の買主Bが不動産の所有者Cに対して取得した償金請求権を，CがBに支払う前に差し押さえれば，Bの他の債権者に優先して償金請求から弁済を受けることができる（物上代位に関しては，⇒第3巻）。

添付によって物の所有者が合成物・混和物または加工物の単独所有者となったときは，物を対象としていた他の権利は合成物・

混和物または加工物の上に存続する。物の所有者が合成物・混和物または加工物の共有者となったときは、他の権利はその共有持分の上に存続する（247条2項）。

───────────────
添付による償金請求
と不当利得法の関係
───────────────

添付によって所有権を失った者（損失者）は、不当利得の規定（703条・704条）によって所有権を取得した者（利得者）に対して償金を請求できる。ただし、注意しなくてはならないのが、同じく添付による所有権の喪失といっても、不当利得法の見地からは、そこには全く利益状況の違う2つの不当利得の類型が含まれていることである。

　例えばCase 3-8 **1**では、BがAの山林から勝手に木を切り出して加工することで、添付による利得移動が生じている。したがって、利得者Bは損失者Aの所有権を侵害しており、BはAに対して不法行為による損害賠償義務（709条）も負担するのが通常である。以上のような他人の財貨の侵害による利得を「侵害利得」と呼ぶが、侵害利得を返還させる目的は侵害された損失者の財産権の保護にある。したがって、損失者Aは利得者Bに対して、物の客観的価値（市場価値）の賠償を請求できる。

　反対にCase 3-6では、Aが自分で建物を増築することで、AからBへの利得移動が生じている。つまり、ここでは損失者A自身の行為に基づいて利得移動が生じており、Aの財産権の保護は第一義的には問題とはならない。かえって、Aが自分の支出した財産の補償を完全に得られるとしたら、つまりその客観的価値の賠償を請求できるとしたら、Bに対するAの「利得の押しつけ」ないしは取引強制が問題となる。なぜなら、それではAがBに強制的に増築部分を買いとらせたのと変わらない結果

表 3-2 付合・加工・混和

	結合する物	所有権を取得する者
不動産の付合	不動産 ＋動産	原則（242 条本文）　不動産の所有者 例外（242 条ただし書）　動産の所有権が存続
動産の付合 混和	動産＋動産	主従の区別あり　主たる動産の所有者 （243 条・245 条） 主従の区別なし　動産価格の割合で共有 （244 条・245 条）
加工	動産＋労力 （動産）	原則（246 条 1 項本文）　動産（材料）所有者 例外（246 条 1 項ただし書・2 項）　加工者

になるからである。こういった不当利得の類型を「費用利得」といい，その課題は損失者による利得者への「押しつけ利得」の防止である。それゆえ，付合が生じた場合にも，費用利得の請求のケースでは，まずは所有者からの収去請求の成否が検討されるべきであろう。さらに，費用利得の局面でも，例えば賃貸借に関する規定は，必要費は支出額を償還しなければならないが，有益費はその価格の増加が現存するかぎりで，かつ回復者 B（賃貸人）の選択に従って支出額または増価額を償還すれば足りると定めている（608 条・196 条）。しかも，必要費はその支出後に即座に償還請求できるが，有益費の償還は賃貸借終了後に初めて可能であり，かつ賃借物の返還後 1 年内に限られる（622 条・600 条 1 項）。加えて，有益費の償還には裁判所は期限を付与することもできる（608 条 2 項ただし書）。つまり，以上の規定のかぎりでも，損失者による利得者への利得の押しつけ防止策が講じられている。ただし，こういった押しつけ利得の防止は，所有権の取得ではなく不当利得法の課題である（不当利得については，⇒第 6 巻）。

　◆添付という法制度の意味　　現在では添付の規定は，取引社会の

中でさして重要な役割を果たしてはいない。しかし，かつて，特に
ローマ法の時代には，添付は取引の安全を守るための重要な法制度で
あった。というのは，現在のわが国に見るような動産の善意取得
(192条) はもとより第三者の取引の安全を守る法制度 (94条2項・
96条3項・545条1項ただし書等) は，当時は存在しなかった。それ
ゆえ，例えば，BがAから預かった小麦をCに売却した場合は，
Cは善意・無過失でも小麦の所有権を取得することはできなかった。
しかし，Bが小麦を加工して小麦粉 (新物) にすると，Bが新物
(小麦粉) の所有権を原始取得し，CはBの物を承継取得するとい
う形で取引の安全が守られていた。同様に，取得時効 (162条)・善
意占有者の果実収取権 (189条) も，当時は取引の安全を守るための
法制度として，現在とは比較にならないほどの重要な役割を果たし
ていた (善意占有者の果実収取権・損害賠償義務については，⇒第7
章)。

第4章 共同所有

前章までは，1個の物を1人の者が所有している場合（単独所有）を前提に話を進めてきた。だが，民法典は，1個の物を複数の者が共同で所有する場合（共同所有。広義の共有）も認めており，この場合の法律関係は，単独所有の場合とは少々異なったものになる。本章では，この共同所有の内容について見てみることにする。

1 共同所有の意義

共有の法的性質

1個の物を1人の者（自然人・法人）が所有している場合を単独所有といい，これに対して，1個の物を複数の者（自然人・法人）が共同で所有する場合を共同所有（広義の共有）という。

単独所有の場合，所有者は目的物を自由に使用・収益・処分することができるが（206条），これに対して，共同所有の場合，各人の有する使用・収益権ならびに処分権は，一定の割合の範囲に制限される。この割合のことを，民法典は「持分」と呼んでいる（なお，「持分権」という用語は法文上存在しない）。

（1）「持分」と「持分権」　「持分」と「持分権」の違いは，共有の法的性質をめぐる①単一説（分量説）と②複数説（独立所有権説）の対立と関係する。①単一説は，共同所有における所有権の個数を，単独所有の場合と同様1個と考え，この1個の所有権が

複数人に帰属していると理解し，この場合の（1個の）所有権を，とくに「共有権」と呼んでいた。この見解に立った場合，共有者各人の有する持分は，共有者全員で有する1個の所有権（共有権）の量的一部にすぎず，これと別個の独立した権利ではないことになる。これに対して，②複数説は，上記①説とはまったく逆に，各共有者の有する持分の側を，それぞれ独立した1個の所有権と理解し，これを「持分権」と呼ぶ。

　(2)　「共有権」と「共有関係」　　現行民法および不動産登記法は，①単一説の立場に立って立法されていた。ところが，学説においては，①単一説と②複数説の間で改説を繰り返してきた我妻栄が，戦後，②複数説の立場に落ち着いたことで，②複数説の立場が通説化するに至り，その結果，今度は「共有権」という用語の側が次第に使われなくなってきた。というのも，②複数説に立った場合，共有権なるものは，共有者各人の有する1個の所有権である持分権の単なる集合体にすぎず，それ自体は1個の権利ではないと解されるからである。そのため，②複数説の論者は，「共有権」という用語そのものに反対し，これに代えて「共有関係」という表現を用いるべきことを主張した。

　なお，戦後の物権法教科書の中には，①単一説・②複数説のどちらの見解をとっても結論は異ならないと説くものもあるが，この記述もまた我妻栄に由来する。しかしながら，民事訴訟法の領域においては，共有の法的性質の違いを基礎とした議論が，古くから展開されてきた（⇒本章4）。

所有権絶対の原則と
共同所有

単独所有の場合と異なり，共同所有の場合における各人の使用・収益・処分権は，他の共同所有者との関係で相互に制約さ

れたものになる。しかしながら，これは，近代市民法の基本原則
である所有権絶対の原則（⇒第1章2）を制限するものである。
このことから，近代市民法は，単独所有を原則とし，共同所有を
例外とする立場をとっている。これは，具体的には，各共同所有
者に，(1) 持分処分権と，(2) 分割請求権という，2つの権利を認
めることを意味する。

Case 4-1 ──────────────────────────────────

　ABの2人は，1筆の土地を共同購入した。

■　だが，その後，金に困ったAは，この土地に対して自分の有し
　ている持分（持分権）を他人に売却したいと考えた。これは可能か。
　あるいは，自分の有する持分（持分権）についてだけ抵当権を設定
　することは可能か。

■　その後，Bと不仲になったAは，土地を分割して各部分をAB
　の単独所有にしたいと考えた。これは可能か。

──

　(1)　持分（権）処分の自由・持分（権）の独立性　　Case 4-1
■は，Aに自己の持分（持分権）に関する自由な処分権限が認め
られるか，という問題である。この場合のAは，自分自身の有
している持分（共有の性質に関する単一説によれば共有権の一部，
複数説によれば独立の所有権としての持分権）の譲渡・担保設定を
考えているのであって，共有物全体（単一説によれば共有者全員で
有する1個の所有権である共有権，複数説によれば自己の持分権に他
の共有者の持分権を加えた個別所有権の集合体）に関する譲渡・担
保設定を考えているわけではない。

　近代市民法は，各人の持分（共有権の一部ないし持分権）に関し
ては，単独所有の場合と同様，他者から制約を受けないで自由に
処分することができるとすることによって，所有権絶対の原則を

貫徹させようとしている。したがって，**❶**のＡは，他の共有者Ｂの同意を得るまでもなく，単独で自由に自己の持分（持分権）を譲渡し，あるいは担保を設定することができる。このような共有者各人の有する持分（持分権）の処分（ならびに使用・収益）の自由を指して，持分（持分権）の独立性という。これに対して，共有物全体につき処分（譲渡・担保設定等）を行う場合には，共有者全員の同意が必要となる（⇒本章 *3* ②）。

　(2)　分割の自由・共有の暫定性　　一方，Case 4-1 **❷** は，共有物の分割請求権が認められるか，という問題である。そもそも共有というものは，単一説によれば，１個の所有権が，その権利主体が複数であるために制限されている状態，複数説によれば，各共有者の有する独立所有権（持分権）が他の共有者の独立所有権（持分権）によって制限されている状態である。だが，近代市民法における所有権絶対の原則は，例えば制限物権について存続期間を設けるなどして，絶対的所有権に加えられる制限を，原則的に有期のものとしている（所有権の永久性〔恒久性〕の反対命題。⇒第１章 *1*）。そして，これと同様，共有に関しても，近代市民法は，目的物をいつでも分割して単独所有に還元できるものとし，たとえ当事者が不分割の特約を結んだとしても，その有効期間を一定期間に制限することによって，制限の加えられていない単独所有の状態を，所有権の原則形態としている（256 条１項・２項。⇒本章 *5* ②）。このような所有権法における共有の例外的・一時的・暫定的性質は，共有の暫定性（暫時性）と呼ばれる。

広義の共有・狭義の共有　　わが民法典においては，近代市民法の原則形態であるところの自由な (1) 持分処分権および (2) 分割請求権を認めるタイプの共同所有は，所有

権の章の「第3節　共有」(249条以下) に規定されている (狭義の共有あるいは持分的共有という)。だが，民法典においては，この部分以外にも「共有」の語を用いる条文が多数存在し，さらに，これに特別法や慣習法の定める「共有」が加わる。それら共同所有関係の全体を指して，広義の共有ないし共同所有という。

共同所有の諸形態 ——
共有(狭義)・合有・総有

ところで，民法典は，これら種々の共同所有に対して，すべて「共有」という同一の言葉を用いているけれども，その中には，狭義の共有 (持分的共有) の特徴であるところの持分処分権・分割請求権が制限あるいは禁止されているものもある。

　(1)　249条以下の共有　　物権編・所有権の章の第3節249条以下の共有 (持分的共有) において，持分処分権と分割請求権が認められているのは，単一説・複数説の対立からも知られるように，各人の持分 (持分権) の独立した権利性を重視するためである。

　(2)　組合財産　　だが，これに対して，組合においては，持分の独立権利性よりも団体法的な規律が優先し，持分の処分は組合および組合と取引した第三者に対抗することができず (676条1項)，組合員は清算前に組合財産の分割を求めることもできず (同条3項)，組合から脱退する場合に持分の払戻しを受けられるにすぎない (681条)。また，組合の業務の執行も，各人の持分の価格の過半数 (252条1項) ではなく，単純な頭割りの過半数による (670条1項)。

　(3)　入会財産　　さらに，村落共同体の入会財産になると，団体法的な規律はさらに強まって，団体財産は，個人財産から完全に分別・隔離される。その結果，村を出てゆく者に対して，持分が払い戻されることもないが，この点に関して，学説は，そも

そも各人に持分（持分権）が存在していないから，と説明する。

　以上のうち，(2) 組合財産共有のように，団体法的な規律が持分（持分権）に関する規律に優越し，団体の構成員である限り（あるいは団体が解散するまでは）持分（持分権）が顕在化しない共同所有形態を「合有」といい，(3) 入会財産共有のように，そもそも持分（持分権）が存在しない共同所有形態を「総有」と呼ぶ。

◆「共有」「合有」「総有」概念の由来

　(1)　狭義の共有（持分的共有）　各人の有する持分（持分権）の独立した権利性が強調されるところの，わが民法の物権編・所有権の章の「第3節　共有」は，フランス法系の規定である。といっても，フランス民法典には，このような形の一般規定は存在せず，共同所有に関する規定は，組合財産・夫婦財産・相続財産といった各種の団体法的な規律の中に，個別的に存在するにすぎない。フランスの「共有」概念は，学説が，こうした個別規定から団体法的な規律の部分を削ぎ落として形成したものであったが，削除された中には，団体の消極財産に関する規律が含まれており（組合や入会といった団体法的な規律の特徴は，団体の保有する積極財産が，消極財産の引当てになっている点にある），その結果，フランスの「共有」概念は，もっぱら積極財産のみを念頭に置く所有権法の一部（1個の物を複数人が所有する場合）として体系づけられた。

　そして，こうしたフランス法学説の成果をボワソナード旧民法経由で継受したのが，現行民法 249 条以下の「共有」である。

　(2)　合有　一方，ドイツ民法典の共同所有に関する規定もまた，フランス民法典と同様に，団体法的な観点から規律されているが，フランス民法典と異なるのは，団体的所有に関する一般規定が存在する点である。それが，債権編の「第8章　個別的債権債務関係（Einzelne Schuldverhältnisse）」中に設置された「第17節　共同（Gemeinschaft）」であって，これは「持分的共同（Gemeinschaft nach Bruchteilen）」と「合手的共同（Gemeinschaft zur gesamten Hand）」の2種類に分かれる。

　こうした体系の下において，フランス法系の所有権の共有は，

「持分的共同」の類型中の一態様にすぎず，しかも，ドイツ民法典が物権編・所有権の章下に設置している「共有（Miteigentum）」の条文は，わずか4か条（1008条〜1011条）のみである。一方，「合手的共同」には，「共同」の前節（「第16節　組合（Gesellschaft）」）で規定されている組合財産のほか，夫婦共同財産，共同相続財産がある。そして，このうちの「合手的共同」概念を輸入したのが，わが国のドイツ法学説継受期（明治後期〜大正期）の「合有（Gesamthandseigentum）」説であった。

（3）　総有　　なお，ドイツ民法典は，法人学説につき擬制説に立脚して，上記（2）組合に関する規定を，権利能力なき社団に準用している（ドイツ民法54条。したがって，ドイツの権利能力なき社団の財産の帰属形態は「合有」である）。

だが，これに対して，わが国では，大正期に入って，ギールケの法人実在説に依拠して，わが国の入会団体の財産の帰属状態を，ゲルマンの村落共同体と同様「総有（Gesamteigentum）」と解する見解が登場し（中田薫），その後，権利能力なき社団の財産の帰属についても「総有」説が通説化することとなる。

そもそもドイツの「総有」は，ローマ法のような「法人」概念を知らないゲルマン法における団体的所有を指す語であり，そのため，これをローマ法の「法人」と同一視する見解も存在していた。だが，法人実在説にあっても，擬制説の重視する法人成立の立法技術的側面を無視することはできず，端的に法人格を承認する見解は採用しにくかった。そこで，法人格が認められなければ共同（持分的共同〔＝共有〕か合手的共同〔＝合有〕）であると説く擬制説に対して，実在説の側では，共有や合有よりも法人に近い第3のカテゴリーとして「総有」概念を持ち出すに至ったものである。

2　共同所有の発生

共同所有の発生原因

共同所有の発生原因は，基本的には，単独所有の発生原因と同じと考えてよい。

ただ，その中には，共同所有に特有の発生原因もある点に注意すべきである。また，発生原因の違いによって，共同所有の性質や効力（共有・合有・総有のどれになるのか）が変わってくる点も重要である。

　共同所有の種々の発生原因と，そこから生ずる共同所有の性質・効果の違いを整理・分類するならば，表4-1のようになる。

　以下では，その中から，財産行為（財産上の法律行為）に基づいて共同所有関係が発生する場合（①②③）と，相続・遺贈に基づいて共同所有関係が発生する場合（⑤⑪）の2つを取り上げて考えてみよう。

Case 4-2 ─────────────────────────────

1 ABの親子は，2世帯住宅を建築する目的で，甲土地を共同購入した。ところが，その後，親子間の折合いが悪くなったため，Bはⓐ自分の持分を処分するか，あるいはⓑ甲土地を分割したいと考えている。これは可能か。

2 父Aの死亡により，BCの兄弟が乙土地を共同相続した。ところが，以前より兄弟仲が悪かったので，Bはⓐ自分の持分を処分するか，あるいはⓑ乙土地を分割したいと考えている。これは可能か。

───────────────────────────────────────

財産行為による
共同所有関係の発生

まず，Case 4-2 **1** のように，共同所有の発生原因が財産行為（＝財産法の領域における法律行為）であった場合，共同所有関係が（1）共有（狭義の共有・持分的共有）・（2）合有・（3）総有のどれになるかは，以下のような当事者意思の解釈・認定作業によって決まる。

　（1）　狭義の共有（持分的共有）と認定される場合（⇒表4-1 ①）

表 4–1　共同所有の発生原因と共同所有の種類の関係

共同所有の発生原因				共同所有の性質・効果
民法上の発生原因	法律行為	財産法	① 共同出資による財産取得，単独所有者の持分譲渡等	原則的には共有になる
			② 上記財産取得等が組合契約（667条）に基づく場合	合有になる（通説）
			③ 上記財産取得等が社団の設立行為である場合	権利能力なき社団の場合には総有になる（判例）
		親族法	④ 共同所有にする旨の夫婦財産契約（755条）	契約の内容に従い，共有・合有・総有になる
		相続法	⑤ 数人の受贈者に対する遺贈（包括遺贈につき，990条による898条の準用）	遺贈の内容に従い，共有・合有・総有になる
	法律行為以外の発生原因	財産法	⑥ 共有（合有・総有）物から生じた果実（88条・89条）	共有（合有・総有）ないし準共有になる
			⑦ 境界線上の工作物（229条）	共有（ただし，257条・230条～232条の特別規定がある）
			⑧ 共同で行われた時効取得（162条）・即時取得（192条）・所有権の原始取得（239条以下）	共有になる（ただし，当事者間の団体的結合が強ければ，合有・総有になることもある）
			⑨ 埋蔵物発見者と包蔵物所有者（241条ただし書），主従を区別できない動産の付合（244条）・混和（245条）	共有になる（ただし，当事者間の団体的結合が強ければ，合有・総有になることもある）
		親族法	⑩ 夫婦間の帰属不分明財産（762条2項）	共有になる（かつては合有説もあった）
		相続法	⑪ 共同相続財産（898条）	共有になる（かつては合有説もあった）
特別法上の発生原因			⑫ 建物区分所有における共用部分の「共有」（区分所有11条）等	共有になる（通説）
慣習（法）上の発生原因			⑬ 共有の性質を有する入会権（263条），共有の性質を有さない入会権（294条）等	総有になる（通説）

共同所有者間に下記（2）や（3）のような特段の約定の存在が認定できない場合には，団体的結合関係がない場合に関する，狭義の共有の規定（249条以下）が適用される。

　（2）　合有と認定される場合（⇒表4-1②）　これに対して，共同所有者間に667条にいう「共同の事業を営む」旨の合意がある場合には，上記（1）狭義の共有（持分的共有）の規定は排除されて，組合の規定が適用され，判例・通説によれば，財産は合有となる。

　（3）　総有と認定される場合（⇒表4-1③）　さらに，当事者が社団設立の意図をもって自己の財産を拠出していた場合には，その団体が法人格を備えていれば，狭義の共有（持分的共有）の規定は排除され，社団財産は法人（社団法人）に直接帰属する。これに対して，法人格を備えていないが社団としての実質を備えている場合には（権利能力なき社団。その認定基準に関しては，最判昭39・10・15民集18巻8号1671頁参照），判例・通説によれば，その財産は構成員の総有となり，これまた上記（1）狭義の共有（持分的共有）の規定は排除される。

　さて，Case 4-2 ■ の設例に戻れば，普通は2世帯住宅建築のためにわざわざ組合を作ったり（上記（2）），社団を設立したりは（上記（3））しないから，AB親子の共同所有は，たいていは上記（1）狭義の共有（持分的共有）と認定され，その結果，Bは狭義の共有（持分的共有）の一般原則に基づき，いつでも@自己の持分（持分権）の処分や⑥共有物の分割を行うことができる（漁業権者が網干場に使用する目的で土地を共同取得した事案につき，共同事業を営む約束の形跡がなく，また，漁業入会権の慣習の存在も認定できない以上，その共同所有関係は249条以下の持分的共有であ

ると認定した事例として，最判昭26・4・19民集5巻5号256頁）。

共同相続による
共同所有関係の発生

一方，Case 4-2 **2** のように，「相続人が数人あるときは，相続財産は，その共有に属する」（898条1項）。同条項にいう共同相続財産の「共有」の意味に関しては，これを「合有」とするドイツ法的な解釈論も，かつては有力に主張されていた。しかし，明治民法の起草者はフランス法に依拠して「共有」説に立った立法を行い，戦後の判例および通説も共有説を維持し，平成30年民法（相続関係）改正（平成30年7月13日法律第72号）ならびに令和3年民法（所有者不明土地関係）改正（令和3年4月28日法律第24号）も共有説に従った。

（1）　**遺産分割前の持分の処分**　Case 4-2 **2** の論点のうち，ⓐ共同相続人の1人Bの持分の処分についていえば，合有説に立った場合には，組合員の1人がその持分を処分した場合と同様（676条1項参照），他の共同相続人Cおよび被相続人Aの債権者（民法典はこの者を「相続債権者」と呼ぶ。927条など）に対抗できないことになる。

だが，平成30年改正では，共有説を前提に，遺産に属する特定の財産が遺産分割前に処分された場合には，もっぱら共同相続人間の内部関係の問題として「処分された財産が遺産の分割時に遺産として存在するものとみなすことができる」旨の規定が新設された（906条の2）。それゆえ，Case 4-2 **2** のBは，遺産分割前であっても，共有説に立てば249条以下の持分的共有の持分と解されるところの，乙土地に関する自己の相続分を，第三者に有効に譲渡することができる。

（2）　**共有物分割と遺産分割**　一方，ⓑ被相続人Aの所有して

いた乙土地の分割についていえば，共同相続人 BC は，256 条〜262 条の共有物分割の手続を行うことはできず，906 条〜914 条の遺産分割の手続によらなければならない（258 条の 2 第 1 項）。

ただし，相続開始の時から 10 年を経過したときは，①共有物の持分が相続財産に属する場合（例えば乙土地が AX の共有だった場合に，A が死亡して BC が A の共有持分を共同相続した場合など）には，共有物分割の手続をとることもできる（258 条の 2 第 2 項。⇒本章 5 ②）。一方，②遺産分割の手続に関しては，具体的相続分（特別受益〔903 条・904 条〕および寄与分〔904 条の 2〕）の主張が許されず，もっぱら法定相続分（900 条・901 条）ならびに被相続人の遺言による指定相続分（902 条）に基づく分割をしなければならない（904 条の 3）。

3 共同所有の内容

共同所有をめぐる
法律関係

共同所有をめぐる法律関係は，①各人の有する持分（持分権）に関する法律関係と，②共同所有物そのものの利用ないし管理（共同所有物をどのように使用・収益・処分し，あるいは保存・改良・変更するか）に関する法律関係の 2 つに分けることができる。

といっても，合有における各人の持分（持分権）は潜在的なものとされ，総有においてはそもそも各人の持分（持分権）は存在しないとされているから，①の法律関係が問題となるのは，狭義の共有（持分的共有）の場合だけである。これに対して，②の法律関係は，共有・合有・総有のすべてについて問題となる。ただ，合

有に関しては，組合の業務執行方法に関する条文（670条以下）その他の団体法的な規律が優先的に適用され，総有に関しては，入会権の場合には慣習が狭義の共有の規定に優先する（最判平20・4・14民集62巻5号909頁）。

民法典の規定する狭義の共有（持分的共有）に関する法律関係のうち，①各人の有する持分（持分権）の性質・効力の内容は，単独所有権の場合と基本的に同じである。これに対して，②共有物の利用・管理に関しては，それが共有者全員の利害に大きく影響することから，種々の制約が加えられている。

① 持分（持分権）に関する法律関係

持分の割合

まず，各共有者の持分割合は，表4-2のようにして決定される。

表4-2 持分割合の決定基準

①	共有が法律行為によって成立した場合	その法律行為において示された当事者意思による
②	共有が法律の規定に基づいて成立した場合	その条文の定める持分割合による（241条ただし書・244条・245条・900条～904条等）
③	上記①のケースで当事者意思が明らかでない場合，および，上記②のケースで法律に持分割合を定めた特段の規定がない場合	持分の割合は相等しいものと推定される（250条）

持分の内容

次に，持分の内容についていえば，共有者各人の有する持分は，単一説によれば1個の所有権（共有権）の一部，複数説によればそれ自体が1個の所有権（持分権）と理解されるから（⇒本章1），各共有者は，この持分の限りにおいて，単独所有の場合と同様の目的物の使

用・収益・処分の権能を有する。

（1）　持分に応じた使用　　「各共有者は，共有物の全部について，その持分に応じた使用をすることができる」（249条1項）。

使用の仕方に関して，249条1項の予定する原則形態は，共有物の「全部」に関する「持分に応じた」使用というものである。つまり，ABCが別荘を共同購入したような場合（持分各3分の1とする），Aは別荘の全室のうちの3分の1の部屋しか使用できないのではなく，1ヶ月のうち10日ずつ順番に使用するといった形で，別荘の「全部」を使用することができる。要は，目的物の物理的・空間的な部分ではなくて，使用頻度・回数・期間等が持分割合に対応していることが重要なのである。

また，249条1項には「使用」とだけあるが，各共有者は収益も行うことができる。したがって，Aは自分が使用できる10日間を，貸別荘として他人に賃貸して収益を収めてもよい。なお，持分（持分権）は各共有者に固有の権利であるから，収益行為から生じた利益は，各共有者に排他的・独占的に帰属する。

（2）　持分を超える使用　　では，共有者の1人Aが自己の持分の範囲を超えた（例えば20日間あるいは1ヶ月全部の）使用・収益を行った場合にはどうなるか。

　①　返還請求　　この場合に，他の共有者BあるいはCは，Aに対して返還請求権を行使することはできない。なぜなら，返還請求権を認めると，Aが有している持分3分の1の占有利用権（249条1項）の部分まで剥奪する結果となるからである（⇒本章4）。

　②　自己の持分を超える使用の対価の償還請求　　しかし，返還請求が認められないからといって，Aの持分を超えた使用

が容認されるわけではない。旧法下の判例は，Ａの超過部分の使用につきＢおよびＣは不当利得返還請求権あるいは不法行為損害賠償請求権を行使できるとしていたが，これに対して，令和3年改正では，249条に「共有物を使用する共有者は，別段の合意がある場合を除き，他の共有者に対し，自己の持分を超える使用の対価を償還する義務を負う」旨の規定が設置された（2項新設。その結果，ＢあるいはＣからＡに対する請求の訴訟物は，旧法下の判例のような不当利得あるいは不法行為請求権ではなく，249条2項の対価償還請求権ということになる）。

　（3）　**共有物の使用に関する注意義務**　　また，令和3年改正では，共有物の使用に関して，共有者が負う注意義務の程度を「善良な管理者の注意」義務（善管注意義務）とする旨の規定も設置された（249条3項新設）。

　◆249条の適用範囲　　249条は，共有者のうちの1人が共有物を単独使用している場合に関する規定なので，共有者が共有物を全員で共同利用している場合（例えばＡＢＣの3兄弟がお小遣いを出し合って買ったテレビゲームで一緒に遊ぶ場合）の，各人の注意義務の程度に関して，249条3項の規律は及ばない筋合いになる。

　その一方で，249条3項は，共有者の1人による使用が，自己の持分の範囲内での使用（1項）か，持分を超える使用（2項）かを区別していないので，共有者の1人の単独使用が，自己の持分の範囲内での使用であっても，その場合の注意義務の程度もまた善管注意義務になる。

　なお，判例・通説は，相続財産（遺産）共有のほか，夫婦財産共有の法的性質に関しても共有説をとっているので，249条は夫婦共有財産についても適用される。その結果，夫婦が費用を折半して購入したマイホームに一緒に暮らしている間は，249条の適用はないが，夫婦の一方が海外に長期単身赴任して，他の一方が単独で使用しているような場合には，249条が適用され，共有物を単独使用し

ている配偶者は，同条３項に基づき善管注意義務を負うことになる。

　(4)　処　分　　以上の使用・収益のほか，各共有者は，自己の持分（持分権）を，通常の単独所有権の場合と同様，自由に処分することができる。

　こうした持分（持分権）の自由な処分可能性に対して，共有者間の特約で処分禁止を定めても，通常の単独所有権における譲渡禁止特約と同様，債権的効力（他の共有者に対する債務不履行責任）しか生ぜず，それに反してされた持分（持分権）譲渡それ自体は有効となる。

②　共同所有物の管理に関する法律関係

管理行為（管理権）と
処分行為（処分権）

　以上に述べたように，各人の有する持分（持分権）が，単独所有権と同様，自由な使用・収益・処分をその内容とするのに対して，共同所有物の管理ないし利用に関しては，それが全共同所有者の利害に直接関係することから，種々の制約が加えられている。

　ここで，まず「管理」の用語について確認しておくと，一般に，(A)「管理行為」あるいは「管理権」という言葉は，(B)「処分行為」あるいは「処分権」と対置され，このうちの(A)「管理行為」は，①「保存行為」，②「利用・改良行為」（ⓐ「利用行為」・ⓑ「改良行為」），③「変更行為」の３種に分けられている。そして，このなかのⓑ「利用行為」は，さらに㋐「使用」行為（自己使用）と㋑「収益」行為（他人に賃貸して賃料収入を得るような行為）に分かれ，この㋐「使用」・㋑「収益」概念が，上記のうち(B)＝㋒「処分」概念と対置されることもある。

表4-3　民法典における「管理行為」「処分行為」の一般的用語法

(A) 管理行為	① 保存行為 〔⇒必要費償還請求〕		
	② 利用・改良行為 〔⇒有益費償還請求〕	ⓐ 利用行為	⑦ 使用
			ⓘ 収益
		ⓑ 改良行為	（改良）
	③ 変更行為		（変更）
(B) 処分行為			ⓦ 処分

共有物の管理の方法

　　表4-3に挙げた用語のうち，共有物の管理に関する条文で使われているのは，①保存行為，②利用・改良行為，③変更行為の区別である。

　(1)　変更行為　まず，251条1項は，共有物の変更行為（⇒表4-3③）は，「他の共有者〔全員〕の同意を得なければ」行うことができない旨を規定する。同条項に関しては，ⓐ「形状又は効用の著しい変更を伴わない」変更行為（軽微変更）が除外されていることと（251条1項かっこ書・後記(2)①252条1項かっこ書），ⓑ通常の賃貸借契約の設定については，共有者全員の同意を要する行為とされていることに（後記(2)④252条4項），注意を要する。

　　令和3年改正法は，ⓐ旧法の変更行為を⑦著しい変更とⓘ軽微変更に分け，また，ⓑ賃貸借契約の設定行為を⑦通常の賃貸借とⓘ短期賃貸借に分け，ⓘについては，後記(2)持分の価格の過半数で決することができるとしたのである。

　　一方，251条2項は，「共有者が他の共有者を知ることができず，又はその所在を知ることができないときは，裁判所は，共有者の請求により，当該他の共有者以外の他の共有者の同意を得て

共有物に変更を加えることができる旨の裁判をすることができる」旨を規定している。後記（2）②252条2項と同じく，所有者不明土地問題に対応した規定である。

◆持分（持分権）の処分の自由と共有物の変更の関係　各共有者には持分（持分権）の処分の自由が認められているが，しかし，持分（持分権）の処分が，共有物そのものの変更をもたらす場合には，各人の持分処分の自由に対して，251条の全員同意原則が優越する。

①　例えば，共同相続人ABCの1人Aが遺産に属する農地につき宅地造成を行って非農地化した場合は変更行為に当たり（物理的変更が法律的変更をもたらす事案），他の共同相続人BCはAに対して原状回復を請求できる（最判平10・3・24判時1641号80頁）。

②　一方，ABC共有の不動産につきAが自己の持分を第三者Dに譲渡する行為は変更行為に当たらないとされている（最判昭40・1・19裁判集民77号27頁）。

③　だが，上記②の不動産が共同相続財産であった場合，BCと第三者Dとの間で行う不動産の分割手続は，遺産分割ではなく共有物分割になる（最判昭50・11・7民集29巻10号1525頁）。

③の分割手続を遺産分割から共有物分割に変更する行為は，①の農地を非農地化する行為と同様，共有物の法的性質を変更する行為であるようにも思われる。しかし，判例・通説は，遺産分割前に遺産に属する特定の財産の持分（持分権）を第三者に譲渡する行為は，251条の変更行為に当たらないとし，平成30年相続関係改正法も，同説に立脚して，遺産分割前の持分の処分を有効とする立場に立った（⇒ Case 4-2 **2**）。

（2）　保存行為・変更行為以外の管理行為　次に，252条1項〜4項の共有物の「管理」（＝保存行為ならびに変更行為以外の管理行為）は，一般的な用語法に従えば，利用・改良行為（⇒表 **4-3** ②）ということになる（なお，103条2号参照）。この行為については，各共有者の持分の価格の過半数で決する。

①　252条1項　252条1項前段かっこ書は，ⓐ第1に，

共有物の管理者（252条の2）の選任および解任を，持分の価格の過半数で決する行為とし，ⓑ第2に，軽微変更（251条1項かっこ書）を，前記（1）共有者全員の同意を要求する行為から除外して，（2）利用・改良行為の規律（持分の価格の過半数で決することができる）に服するものとした。

一方，1項後段は，各共有者の持分に基づく単独使用に関する249条と連動した規定で，ⓐ共有者の1人が持分の範囲で共有物を使用している場合や，ⓑ249条2項にいう「別段の合意」に基づいて持分を超える使用をしている場合であっても，各共有者の持分の価格の過半数で，使用権限の変更を決定できるとする。

② 252条2項　252条2項は，ⓐ共有者の一部の氏名・所在が知れない場合（1号）およびⓑ多数決の賛否を明らかにしない場合（2号）につき，裁判所が，この者を除く共有者の持分の価格の過半数で決することができる旨の裁判をすることができるとする。

③ 252条3項　252条3項は，上記①1項および②2項の共有者の決定が，「共有物を使用する共有者に特別の影響を及ぼすべきとき」には，この者の承諾を得なければならない旨を規定する。

◆共有物を使用する共有者の承諾が必要となる場合　252条3項の要件である「特別の影響」とは，立法担当者の説明によれば，対象となる共有物の性質に応じて，決定を変更する必要性と，その変更によって共有物を使用する共有者に生ずる不利益とを比較して，共有物を使用する共有者に受忍すべき程度を超えて不利益を生じさせることをいい，その有無は，具体的事案に応じて判断される。例えばABCが各3分の1の持分で建物を共有している場合において，過半数の決定に基づいてAが当該建物を住居として使用している

が，Ａが他に住居を探すのが容易ではなく，Ｂが他の建物を利用することも可能であるにもかかわらず，Ｂ及びＣの賛成によって，Ｂに当該建物を事務所として使用させる旨を決定するケースについては，「特別の影響」があるとされ，Ａの承諾なき限り，多数持分権者ＢＣの賛成による決定の効力は発生しない。

④　252条4項　　252条4項は，短期賃貸借（602条）の設定を，持分の価格の過半数で決することができるとした。これは，通常の賃貸借契約の設定も，持分の価格の過半数で決することができるとしていた旧法下の判例（最判昭39・1・23裁判集民71号275頁）の立場を縮減するものである。なお，相続の法定単純承認に関する921条1号ただし書は，「保存行為」と「第602条に定める期間を超えない賃貸」を，同条1号本文の「処分」行為の反対概念と位置づけている。

（3）　保存行為　　252条5項にいう「保存行為」の意味は，103条1号・423条2項ただし書・607条・921条1号ただし書・1017条2項と同様であって，財産の価値の現状を維持する行為をいう（⇒表4-3①）。共有物の修繕のほか，判例によれば，共有物の侵害者に対する妨害排除請求や，不実の登記を経由した第三者に対する登記請求も，252条5項の保存行為に該当するとされており（⇒本章4），これらの行為については，各共有者が単独で行うことができる。

| 共有物の管理者 |

　　令和3年改正前規定では，共有物の管理は，共有者全員（保存行為に関しては各共有者）が行うことが前提となっており，それ以外の共有物の管理形態は想定されていなかった。

これに対して，令和3年改正で新設された「共有物の管理者」

の制度（252条の2）は，同じく令和3年改正で物権編・所有権の章に新設された「第4節　所有者不明土地管理命令及び所有者不明建物管理命令」「第5節　管理不全土地管理命令及び管理不全建物管理命令」や，相続編に新設された「相続財産の管理人」（897条の2）と同様，所有者不明土地の管理不全の問題を契機として整備された規定である。

（1）　**共有物の管理者の選任・解任**　共有物の管理者の選任および解任は，各共有者の持分の価格の過半数で決する行為とされている（252条1項前段かっこ書）。

なお，選任される管理者については，共有者の中の特定人でも，共有者以外の第三者でも差し支えない。

（2）　**共有物の管理者の権限**　共有物の管理者は，①保存行為，②利用・改良行為と，③変更行為のうち，ⓐ共有物の形状または効用の著しい変更を伴わない変更行為（軽微変更）をすることができるが，ⓑ形状・効用の著しい変更を伴う変更行為をすることはできない（252条の2第1項本文・ただし書）。

なお，③ⓑ形状・効用の著しい変更を伴う変更行為に関しては，共有者の中に氏名・所在を知ることができない者がいる場合には，裁判所は，共有物の管理者の請求により，上記の者を除く共有者全員の同意を得て共有物に変更を加えることができる旨の裁判をすることができる（252条の2第2項。251条2項や，252条2項1号と同趣旨の規定である）。

（3）　**共有物の管理者の義務**　共有者が，共有物の管理に関する事項（①保存行為，②利用・改良行為，③変更行為）について特段の決定をした場合には，共有物の管理者は，この決定に従って職務を行わなければならず，共有者の決定した内容から逸脱した

行為を管理者が行った場合，その行為は，共有者との関係では効力を生じない（252条の2第4項本文）。ただし，共有者は，共有物の管理者の行為が共有者の決定から逸脱している点について善意の第三者に対抗することができない（同項ただし書）。

共有物の管理から
生じた費用の負担

共有物の管理を行う際には，費用がかかることもある。この点に関しても，民法典は以下の規定を設置している。

(1) **費用負担義務** 各共有者は，その持分に応じて，管理の費用を支払い，その他共有物から生ずる公租公課等の負担を負う（253条1項）。これは，第1次的には，管理費用等を立替払した共有者Aが，他の共有者Bに対して，持分割合に応じた費用償還請求ができることを意味する。

(2) **負担義務違反の効果** さらに，もし共有者（上記の例でいえばB）が1年以内にこの負担義務を履行しない場合には，他の共有者（上記の例でいえばA）は，相当の償金を払って，Bの持分を取得することができる（253条2項）。

共有物から生じた債権
を有する共有者の保護

共有者の1人Aが他の共有者Bに対して管理費用の立替払債権その他を有しているときに，Bが(1)持分（持分権）の処分や(2)共有物の分割を行って共有関係から離脱すると，Aの上記債権が害される危険がある。そこで，民法典は，これら2つの場合にAを保護する規定を設置している。

(1) **持分（持分権）処分の場合** 「共有者の1人（A）が共有物について他の共有者（B）に対して有する債権」は，債務者であるBのみならず，その特定承継人（例えばBの持分〔持分権〕の譲受人）B'に対しても行使できる（254条）。

（2）　共有物分割の場合　　共有者の1人Aが他の共有者Bに対して「共有に関する債権」を有するときは，Aは，共有物の分割に際して，債務者である共有者Bに帰属すべき共有物の部分をもって，債務を弁済させることができる（259条1項）。

また，この弁済を受けるため，債務者である共有者Bに帰属すべき共有物の部分を売却する必要がある場合には，債権者である共有者Aはその売却を請求できる（同条2項）。

4　共同所有の主張

持分（持分権）の主張・共有権（共有関係）の主張

共同所有をめぐる紛争を，紛争当事者の側面から分類すれば，紛争の相手方が①他の共同所有者である場合と，②共同所有者以外の第三者である場合に分かれる。①は共同所有の内部関係（対内関係），②は外部関係（対外関係）などと呼ばれる。

このうち，①対内関係については，ⓐ共同所有者間に共同所有物の管理・利用方法について何か約束が存在していれば，相手方に対してその約定の遵守を求めればよい（債権的請求権）。

これに対して，①対内関係においてⓑ共同所有者間にそのような約定が存在していない場合，および，②対外関係の場合には，物権的請求権を行使することになるが，その具体的内容に関しては，（1）各人の有する持分（持分権）を主張する方法と，（2）共同所有者全員で有する共有権（共有関係）を主張する方法の，2種類が考えられる。

（1）　持分（持分権）の主張　　このうち，各人の持分（持分権）に基づく主張は，――それが①対内的主張であれ②対外的主張で

あれ――，各共有者が単独で行うことができ，共有者全員で行う必要はない。なぜなら，各共有者の有する持分は，共有の法的性質（⇒本章1）に関する単一説によれば，共有者全員が共同して有する1個の所有権（共有権）の一部ではあるが各共有者に自由な使用・収益・処分権能（管理処分権）が認められている部分であり，複数説によれば，そもそもそれ自体が独立した1個の所有権（持分権）だからである。しかし，その場合の請求の範囲は，各人の持分（持分権）の範囲に限られ，それを超えて共有物全体に及ぶことはない。また，この場合における判決の効力（既判力など）の及ぶ範囲は，訴訟当事者間に限られ，訴訟に参加していない他の共同所有者には及ばない。

(2) 共有権（共有関係）の主張　　以上に対して，ある物が共同所有物である旨の主張は，単一説によれば，共同所有者全員に帰属している1個の所有権（共有権）そのものに関する主張であって，共同所有者各人は，持分に関して有していたような単独での管理処分権を，原則として有さない。それゆえ，共有権に関する訴訟は，必要的共同訴訟（民訴40条。この訴訟形態においては共同訴訟人独立の原則が排除される）であり，また，固有必要的共同訴訟（全員を原告あるいは被告として訴えを提起しなければならない訴訟）であるとされる。

ただし，共同所有者の1人に管理処分権を付与する特約あるいは法律の規定が存在する場合には，この者は，単独で，共同所有物全体に関する主張を行うことができる。共同所有者の1人が他の共同所有者の任意代理人・法定代理人である場合などがこれに当たるが，このほか，「保存行為」については各共有者が単独ですることができるとする252条5項の規定も，当該請求の内容が

保存行為に該当する場合には，管理処分権の根拠となり得る。

　これに対して，複数説によれば，単一説にいう共有権なるものは，各人の有する持分権の単なる集合にすぎない。このことから，訴訟法学説の中には，複数説の立場を徹底させ，単一説にいう共有権に基づく訴訟なるものは，訴えの利益がない（各人がそれぞれ持分権に基づく主張をすれば足りる）として却下されるか，あるいは各人の持分権に基づく請求が合したものにすぎないとして通常共同訴訟になるとする見解も存在する（持分権一元説）。

　しかしながら，今日の学説の多くは，①判例が共有者各人の単独請求を認めていない場合については，単一説に立って共有権に基づく請求と解する一方，②単独請求を認めている場合については，複数説に立って持分権に基づく請求と解するという，それ自体矛盾した内容の折衷説をとっている（共有権・持分権二元説）。

　以下では，個々の請求内容ごとに，判例・学説の立場を見ていくことにしよう。

確　認　請　求

大正期から昭和初期にかけての判例は，共有物をめぐる確認訴訟を，①共有者全員で有する１個の所有権（共有権）に関する確認訴訟と，②各人の有する持分に関する確認訴訟に分け，①前者については必要的共同訴訟ないし固有必要的共同訴訟となるが，②後者に関しては共有者各人の単独請求が認められる，との定式を確立し（共有権・持分権二元説。大判大３・２・16民録20輯75頁，大判大６・２・28民録23輯322頁，大判大８・４・２民録25輯613頁，大判大11・２・20民集１巻56頁，大判大13・５・19民集３巻211頁，大判昭３・12・17民集７巻1095頁。なお，大判大５・６・13民録22輯1200頁，大判大８・５・31民録25輯946頁は，共有権に関する確認訴訟は252

条旧ただし書〔現行5項〕の保存行為には当たらないとして共有者の1人の単独請求を否定する), この立場は, 戦後の判例にも受け継がれた (最判昭40・5・20民集19巻4号859頁。持分に関する単独での確認請求を肯定した事案)。

　だが, 以上の確認請求と異なり, 以下に見る返還請求・妨害排除請求・登記請求については, 単独請求を認めるとの結論部分に関しては争いがないこともあって, 今日では, 複数説を前提とする各人の持分権に基づく請求説 (持分権一元説) が有力化している。

Case 4-3 ─────────────────────────────

　ABCの3人は, 山林を共同購入した (持分各3分の1)。

1　ⓐところが, 共有者の1人Aは, 山林への入口道路を封鎖するなどして, BCが山林に立ち入れない状態にした。BあるいはCは, 単独で, Aに対して, 山林の明渡しを請求することができるか。ⓑ共有者以外の第三者DがAと同様の行為を行った場合はどうか。

2　ⓐ共有者の1人Aは, 生育している立木を売却しようと伐採を始めた。BあるいはCは, 単独で, Aに対して, 伐採の差止めを請求することができるか。ⓑ共有者以外の第三者Dが立木の伐採を始めた場合はどうか。

─────────────────────────────────────

┌─────────┐
│ 返 還 請 求 │
└─────────┘
　　　　　　　(1)　内部関係　　Case 4-3 **1** の返還請求の事案のうち, ⓐ他の共有者Aが請求の相手方であった場合には, BないしCは, ①共有権に基づく請求であろうが, ②持分権に基づく請求であろうが, 返還請求権を行使して共有物の明渡しまたは引渡しを求めることはできない (多数持分権者による共有建物の明渡請求につき最判昭41・5・19民集20巻5号947頁)。なぜなら, 返還請求権を認めると, Aが

共有物について有している持分3分の1の占有利用権までも剥奪する結果となるからである（⇒本章*3*①）。この場合の多数持分権者BCとしては，まず252条1項後段に基づく共有物の使用方法に関する決定を行い，この決定を根拠にAに対して明渡し・引渡しを請求すべきことになる（⇒本章*3*②）。

(2) 外部関係　　これに対して，ⓑ共有者以外の第三者Dが相手方の事案のうち，㋐Dがまったくの無権利者であった場合に関して，判例・学説は，共有者の1人（設例ではBあるいはC）は単独で目的物全体の返還を請求できるとする。その理由づけにつき，判例は，①単一説を前提に，BないしCの請求は共有権に基づく請求であるが，無権利者に対して返還請求を行うことは，252条旧ただし書（現行5項）の「保存行為」に当たるとしている（大判大7・4・19民録24輯731頁，大判大10・6・13民録27輯1155頁）。一方，㋑共有者ABCが第三者Dに対して目的物に関する債権的な引渡請求権を有している事案につき，判例は，共有者の1人の単独請求の根拠を，ABCがDに対して有する債権が不可分債権に当たるとの点に求めている（Dが売渡担保の設定者であった事案につき大判大10・3・18民録27輯547頁，Dが使用貸借の借主であった事案につき最判昭42・8・25民集21巻7号1740頁）。

こうした判例の影響を受けて，かつての学説は，①単一説を前提に，㋐物権的請求権については共有権に基づく請求＋保存行為説，㋑債権的請求権については共有（債権の準共有）権に基づく請求＋不可分債権説に立っていた。だが，近時の学説においては，②複数説を前提に，単独請求を共有者各人の有する持分権に基づく請求と解する見解が多い。

| 妨害排除請求 | |

これに対して，Case 4-3 **2** の妨害排除請求の場合には，ⓐ他の共有者 A に対する請求・ⓑ共有者以外の第三者 D に対する請求のいずれに関しても，単独での共有物全体についての妨害排除が認められる。ⓐ共有者 A には，持分の範囲で共有物を使用・収益する権限はあるが（249 条 1 項），立木の伐採・売却といった共有物の変更・処分を共有者全員の同意なしに行う権限は認められていないからである（251 条 1 項）。

ただし，単独請求を肯定する法律構成に関しては，見解が分かれており，前掲大判大 7・4・19 は，返還請求のほか，妨害排除請求もまた，252 条旧ただし書（現行 5 項）の「保存行為」に当たるとしていた（＝返還請求・妨害排除請求のどちらについても，①単一説を前提とする共有権に基づく請求＋保存行為説）。だが，妨害排除請求の事案である大判大 8・9・27 民録 25 輯 1664 頁は，立木の共有者の 1 人が他の共有者の同意を得ないで行った立木伐採は，他の共有者の所有権を侵害するものであるから，他の共有者は自己の権利に基づき伐採者に対して伐採禁止を請求できると説示したことから，共有の法的性質につき②複数説に立つ学説は，同判決を，持分権に基づく請求説に立脚して A の単独請求を認めた判例と評価した。

| 登 記 請 求 | |

一方，ABC 共有の不動産に無効な登記が経由されている場合の**物権的登記請求権**の行使についても，判例は，共有者の 1 人（例えば B）による単独行使を認めているが，しかし，その場合に認められる是正の範囲 —— 登記の全部抹消（抹消登記）を認めるか，それとも B の持分の限りでの一部抹消（更正登記）しか認めないか —— に関し

て，判例は，(1) 他の共有者 A が不実登記を経由した事案（共有者登記型）と，(2) 共有者以外の第三者 D が不実登記を経由した事案（無権利者登記型）で，結論を異にしている。

Case 4-4 ━━━━━━━━━━━━━━━━━━━━━━━━━━━━━

ABC の 3 人は，土地を共同取得した（持分各 3 分の 1）。

１　ⓐ共有者の 1 人 A は，勝手に A 単独名義の登記を経由した。B あるいは C は，単独で，A に対して，A 名義の登記の抹消手続を請求することができるか。ⓑA が第三者 D にこの土地を自己の単独所有と偽って売却し，D が登記を経由した場合はどうか。

２　この土地は，ABC が父親から共同相続したものだったが，父親は生前，第三者 D と通謀して，この土地について D 名義の仮装登記を経由していた。ABC は，単独で，D 名義登記の抹消（全部抹消）手続を請求することができるか。

３　この土地につき，共有者の 1 人 A が，ABC の持分を正しく反映した共有登記を行ったうえ，自己の持分を D に譲渡し，D が持分登記を経由した。だが，この A→D の持分譲渡契約は虚偽表示により無効とされた。この場合，他の共有者 B あるいは C は，単独で，D に対して，A→D の持分移転登記の抹消手続を請求することができるか。

━━━━━━━━━━━━━━━━━━━━━━━━━━━━━━━━━━━━

（1）**共有者登記型**　Case 4-4 **１** は，共有者登記型の事案であるが，判例は，この場合の B ないし C に，自己の持分の限りでの一部抹消（更正登記）しか認めない（ⓐ他の共有者 A に対する請求につき最判昭 44・5・29 判時 560 号 44 頁，最大判昭 53・12・20 民集 32 巻 9 号 1674 頁，最判昭 59・4・24 裁判集民 141 号 603 頁，最判平 8・1・26 民集 50 巻 1 号 132 頁，最判平 16・4・20 家月 56 巻 10 号 48 頁。ⓑA からの転得者 D に対する請求につき最判昭 37・5・24 裁判集民 60 号 767 頁，最判昭 38・2・22 民集 17 巻 1 号 235 頁，最判

昭 39・1・30 裁判集民 71 号 499 頁, 最判昭 60・11・29 裁判集民 146 号 197 頁, 最判平 11・3・9 判時 1672 号 64 頁, 最判平 12・1・27 判時 1702 号 84 頁)。A→D の単独名義の移転登記は, A の持分 3 分の 1 の限りでは有効な登記だからである。しかも, この場合, 例えば B による更正登記請求の結果, 登記は D の単独名義から DB の共有名義 (D 持分 3 分の 2, B 持分 3 分の 1) になるだけで, C 名義は是正されない。つまり, この請求は, B 固有の持分 (持分権) に基づく請求である。

(2) 無権利者登記型　これに対して, 無権利者登記型の事案に関して, 判例は, 共有者の 1 人による単独での全部抹消 (抹消登記) を認める (最判昭 31・5・10 民集 10 巻 5 号 487 頁, 最判昭 33・7・22 民集 12 巻 12 号 1805 頁)。Case 4-4 **2** の事案に即していえば, 無権利者 D 名義の登記の全部抹消により, 登記は父親名義に戻り, その後, 共同相続人 ABC が共有名義の相続登記を経由することになる。

(3) 他の共有者の持分の無効登記　一方, Case 4-4 **3** の事案に関して, 最判平 15・7・11 民集 57 巻 7 号 787 頁は, 上記 **2** の事案に関する昭和 31 年判決・昭和 33 年判決を引用しつつ, B あるいは C は, 単独で, A→D の持分移転登記の抹消手続を請求できるとした。しかし, **2** の事案と違って, **3** の事案では, B および C の持分は, 登記に正しく反映されている。その場合に, B ないし C が, A の持分に関して生じた不実登記の是正に介入するのは, 他の共有者の持分 (持分権) の独立性への不当干渉であって許されないようにも思われる (前述したように, **1** 共有者登記型の事案においては, このような介入は認められていない)。

しかも, 共有者の 1 人の単独請求を認める根拠に関して, ①昭

和 31 年判決・昭和 33 年判決が，単一説を前提とする，共有権に基づく請求＋保存行為説に立っていたのに対して，②平成 15 年判決は，返還請求・妨害排除請求に関する近時の学説の影響を受けて，複数説を前提とする，持分権に基づく請求説を採用した。この説に立った場合に問題となってくるのは，他の共有者の持分に関する不実登記が，自己の持分（持分権）に対する侵害と認定できるか，という点であるが，平成 15 年判決の事案は，A の持分に関する不実登記のために，相続税の納付に関して，BC らが係争土地を物納できないという特殊事情が存在しており，この点が B ないし C 固有の持分（持分権）に対する侵害を認定した決定的要素だったようにも思われる。それゆえ，このような特殊例外的な事情がない場合には，前記（1）共有者登記型で示された原則に戻って，他の共有者の持分に関する不実登記は，自己の持分（持分権）の侵害に当たらないとするのが筋であるようにも見える。しかし，その後の下級審裁判例や学説の中には，同判決につき，およそ他の共有者の持分に関する不実登記は，常に自己の持分（持分権）の侵害に該当するとの一般理論を定立した判例と理解するものもある（東京地判平 28・8・1 平成 27 年（ワ）第 156 号）。

◆共有者に対する登記請求　　以上と反対に，共有者が登記請求権を行使された場合——例えば目的物の譲受人 D から譲渡人である共有者 ABC（譲渡人の共同相続人など）に対して債権的登記請求権が行使された場合——に関して，判例は，債務者である共有者 ABC の移転登記義務は不可分債務であるとして，共有者の 1 人（例えば A）だけを被告とする請求を認める（最判昭 36・12・15 民集 15 巻 11 号 2865 頁，最判昭 60・11・29 裁判集民 146 号 197 頁）。

> 不当利得返還請求・
> 損害賠償請求

（1）　内部関係　　共有者 ABC のうちの1人 A が持分を超えて共有物を使用している場合，他の共有者 BC には，返還請求は認められないが，それぞれの持分割合に応じた対価償還請求権（249条2項）が認められている（⇒本章3 $\boxed{1}$）。

（2）　外部関係　　これに対して，共有者以外の第三者 D が無権原で共有物を使用している場合には，各共有者 ABC は，D に対して不当利得返還請求権か不法行為に基づく損害賠償請求権を行使することになるが，これらの権利は，いずれも各共有者の持分割合に応じて分割帰属する可分債権であり，したがって，例えば共有者の持分割合が A：10分の6，B：10分の3，C：10分の1の場合に，全員で D に対して行う総額100万円の不当利得返還請求や不法行為損害賠償請求の共同訴訟は通常共同訴訟となり，判決主文は「D は，A に対して60万円，B に対して30万円，C に対して10万円を支払え」という形になる（最判昭51・9・7判時831号35頁）。

> 筆界確定訴訟・
> 所有権確認訴訟

（1）　筆界確定訴訟　　隣接する土地の一方または双方が共有である場合，筆界確定訴訟（かつては境界確定訴訟などと呼ばれたが，現行不動産登記法下で「筆界確定訴訟」の用語が明文化された。不登147条・148条）は，共有者全員が共同してのみ訴えまたは訴えられることを要する固有必要的共同訴訟であり，共有者の1人が単独で行うことはできない（最判昭46・12・9民集25巻9号1457頁）。

（2）　所有権確認訴訟　　なお，公法上の境界である筆界に対し，私法上の境界である所有権界に関しても，所有権確認訴訟の中で

も，隣接する共有地の間の所有権界が争われた事案については，筆界確定訴訟と同様，固有必要的共同訴訟となるであろう。

5 共同所有の消滅

共同所有の消滅原因 共同所有の消滅原因も，基本的には単独所有の場合と同様である（例えば共有建物が焼失すれば，共有関係も消滅する）。

ただし，共同所有に特有の消滅原因もいくつか存在する。その中から，以下では，① 共有者の1人が持分（持分権）を放棄した場合および相続人なくして死亡した場合（255条），② 共有物分割がされた場合（256条～262条）のほか，③ 令和3年改正で追加された所在等不明共有者の持分の取得および譲渡（262条の2・262条の3）について説明する。

① 持分（持分権）の放棄・相続人の不存在

まず，255条は，以下の2つのケース（1）（2）に関して，民法典の原則に対する例外規定となっている。

（1）持分（持分権）の放棄　単独所有の場合，所有権者が目的物の所有権を放棄した場合には，目的物は無主物となって，動産・不動産の区別に従い239条1項・2項の規律に服する。

となれば，共同所有の場合の各共有者が有する持分（持分権）についても，本来ならば，上記単独所有の場合に関する原則が適用されるはずである。だが，255条は，上記条文に対する例外として，共有者の1人がその持分を放棄したときには，その持分は他の共有者に帰属する旨を規定する。

(2)　相続人の不存在　　単独所有の場合，所有権者が死亡し，相続人が不存在の場合，相続債権者・受遺者に対する清算（957条・958条），特別縁故者に対する財産分与（958条の2）を経て，それでも処分されなかった相続財産は国庫に帰属する（959条）。

したがって，共有者の1人が相続人なくして死亡した場合にも，本来ならば，その持分（持分権）は最終的には国庫に帰属するはずである。しかし，255条は，これに対する例外として，相続人不存在の場合の持分が，他の共有者に帰属する旨を規定する（なお，特別縁故者がいる場合の持分の帰属に関して，判例は，特別縁故者に関する958条の2の規定が，共有者に関する255条に優先し，持分は共有者ではなく特別縁故者に帰属するとしている。最判平元・11・24民集43巻10号1220頁）。

②　共有物の分割

共有物分割請求権

(1)　分割自由の原則　　すでに述べたように，249条以下の共有（持分的共有）は，持分（持分権）の処分・行使の自由とならんで，共有物分割の自由を，その特色としており，256条1項本文は，各共有者が「いつでも」共有物の分割を請求できる旨を規定している。

(2)　分割の制限　　分割自由の原則に対しては，しかし，①当事者間の特約，あるいは，②法律の規定によって，分割が制限される場合がある。

①　不分割契約　　このうち，当事者間の不分割契約に関しては，5年を超えない期間内のものだけが有効である（256条1項ただし書）。この契約は更新することができるが（同条2項本文），更新された契約の期間に関しても，更新の時から5年を超えるこ

とができない（同条2項ただし書）。なお，こうした不分割契約は，持分（持分権）の承継人をも拘束するが，不動産に関しては，登記がなければこれを承継人に対抗できない（不登令3条11号ニ・20条5号。なお，254条も参照）。

② **法律の規定による制限**　一方，法律の規定による制限としては，民法の規定では，229条に掲げられた共有物——境界線上に設置された境界標・囲障・障壁・溝および堀——の分割請求を禁止した257条の規定や，組合財産の清算前の分割を禁止した676条3項，被相続人の遺言・共同相続人間の契約・家庭裁判所の審判による遺産分割の禁止（908条）などがある。

（1）**分割の手続——協議分割・裁判分割**

> 分割の手続・方法

共有物の分割は，①まず共有者間での協議によってこれを行い（協議分割），ⓐ協議が調わないときか，あるいは，ⓑ協議をすることができないとき（共有者の一部の者に協議に応ずる意思がないため協議を行えない場合〔最判昭46・6・18民集25巻4号550頁〕のほか，共有者の氏名・所在が不明な場合など）にはじめて，②裁判所に分割の方法を決めてもらう訴え（共有物分割の訴え）を提起し，この裁判に従った分割（裁判分割）をすべきものとされている（258条1項）。

また，共有物の分割は処分行為に属するから，①協議分割に全員が参加しなければならないのと同様，②共有物分割の訴えに関しても，共有者全員が原告ないし被告として参加しなければならない（固有必要的共同訴訟。⇒本章4）とされる（大判明41・9・25民録14輯931頁，大判大12・12・17民集2巻684頁）。

（2）**分割の方法——現物分割・賠償分割・代金分割**　協議分割は私的自治の原則に服するので，分割の方法は当事者の自由であ

る。

　一方，共有関係の発生原因が相続であった場合には（⇒表4-1⑪），共同相続財産（遺産）の分割の裁判は，家庭裁判所の非訟事件（「審判」手続）となるため，家庭裁判所は，**現物分割**（共有物それ自体を物理的に分割する方法）・**賠償分割**（共有者の1人が共有物全体を取得し，他の共有者に対して各自の持分の価格を支払う方法）・**代金分割**（競売その他の方法で共有物を第三者に売却し，その売却代金を分割する方法）のほか，共同相続人の一部の共有とする方法や，共同相続人の1人に用益権を設定する方法など，遺産分割の理念（906条）に沿うような分割方法を，融通無碍に選択できる。

　これに対して，249条以下の共有（持分的共有）に関する裁判分割の手続は，地方裁判所の訴訟事件（民事訴訟手続）になる。この裁判手続は，筆界確定訴訟や父を定める訴えなどと同様，**形式的形成訴訟**（口頭弁論および判決の方法を用いる限りで民事訴訟手続を利用したにすぎず，裁判所は原告の申立ての範囲に拘束されず，弁論主義の適用もない点において，実質は非訟事件とされる訴訟類型）であるが（大連判大3・3・10民録20輯147頁），しかし，分割の方法に関しては，民法典の規定する基本的な枠組みに拘束されている。

　　①　令和3年改正前　　裁判分割の方法に関して，令和3年改正前の258条2項は，ⓐ現物分割を原則とし，それが不可能であるか，あるいは，それによって著しく価格を減少させるおそれがある場合には，ⓑ競売による代金分割によるものとしていた。

　◆旧法下の判例理論　　旧258条2項は共有物分割につき，現物分割と異なり，ⓐ現物分割とⓑ代金分割の2種類の分割方法しか認め

ておらず，しかも@現物分割を原則としていたことから，旧法下の判例は，以下の2点（1）（2）に関して258条2項に修正を加えていた。

（1）現物分割の多様化　　まず，森林法違憲大法廷判決（最大判昭62・4・22民集41巻3号408頁。⇒第1章2[2]）は，@現物分割の一種として，以下の3つの方法⑦①⑦を認めた。

⑦　一括分割　　その1は，数個の共有物を一括して分割の対象とし，各共有者がおのおのの単独所有権を取得する方法である。

①　一部価格賠償　　その2は，各共有者が取得する現物の価格に過不足が生ずる場合に，超過分の対価を支払わせる方法である。

⑦　一部分割＝離脱型　　その3は，分割請求者だけが持分の限度で現物分割を行って共有関係から離脱し，残りの者については共有関係を維持する方法である。

なお，⑦に関しては，その後の最判平4・1・24家月44巻7号51頁が，一部分割＝排除型（分割請求者以外の共有者について持分の限度で現物分割を行って共有関係から離脱させ，残余について分割請求者らの共有のまま残す方法）も認めるに至った。

（2）全面的価格賠償の承認　　一方，最判平8・10・31民集50巻9号2563頁は，@現物分割の一種としての①一部価格賠償しか認めていなかった上記判例の立場を改めて，「〔種々の〕事情を総合的に考慮し，当該共有物を共有者のうちの特定の者に取得させるのが相当であると認められ，かつ，その価格が適正に評価され，当該共有物を取得する者に支払能力があって，他の共有者にはその持分の価格を取得させることとしても共有者間の実質的公平を害しないと認められる特段の事情が存するとき」という限定つきではあるが，共有物を共有者のうちの1名の単独所有または数人の共有とし，他の者についてはこれらの者から持分の価格を賠償させる方法（全面的価格賠償）も認めるに至った。

②　令和3年改正後　　旧法下の判例法理の進展を踏まえて，令和3年改正258条は，共有物分割の裁判手続を，第1次的には，現物分割（2項1号）または賠償分割（2項2号）によるものとし，

この2種の方法により，分割することができないときか，分割によって価格を著しく減少させるおそれがあるときには，第2次的に，競売による代金分割によるものとした（3項）。

258条旧2項とは，代金分割を第2順位とする点では同一ながら，第1順位の分割方法として，現物分割のほか賠償分割を同格で規定した点が新しい。現物分割の中には，旧法下の判例が認めていた一括分割や一部分割（離脱型および排除型）が含まれる。一方，賠償分割のうち全面的価格賠償は，旧法下の判例では持分を喪失する共有者に対する現物取得者の価格賠償支払不能のおそれがない場合にだけ認められる例外的方法であったが，改正法の規定にはそのような限定は加えられていない。この点に関しては，遺産分割審判に関する家事事件手続法196条（給付命令）を参考に新設された「裁判所は，共有物の分割の裁判において，当事者に対して，金銭の支払，物の引渡し，登記義務の履行その他の給付を命ずることができる」旨の規定（258条4項）を活用して，賠償分割の当事者に，持分の移転と価格賠償の支払との引換給付を命ずる運用が求められよう。

相続財産に属する
共有物の分割手続

（1）原則　共有物の全部またはその持分が相続財産に属する場合に，この共有物の全部またはその持分について遺産分割の手続をすべきときは，258条の裁判による共有物分割（裁判分割）をすることができないのが原則である（258条の2第1項）。

（2）例外　だが，この原則に対する例外として，共有物の持分が相続財産に属する場合（＝遺産共有と通常共有が併存する場合。例えばAとXがある財産を共有〔準共有〕していたが，Aが

死亡してBCがAの共有〔準共有〕持分を共同相続した場合など）において，相続開始から10年経過後は，従前からの共有者XあるいはAの共同相続人BCは，当該共有（準共有）財産につき，共有物分割訴訟を提起することもできる（258条の2第2項本文）。

　ただし，XあるいはBが258条の2第2項本文に基づいて共有物分割訴訟を地方裁判所に提起した場合に，遺産分割の請求を行っていた他の共同相続人Cが異議の申出をしたときは，共有物分割訴訟は認められなくなる（258条の2第2項ただし書）。この場合のCの異議の申出は，共有物分割訴訟の請求があったとの通知を裁判所から受けた日（＝共有物分割訴訟の訴状が送達された日）から2ヶ月以内に行わなければならない（258条の2第3項）。

　以上に対して，①相続開始から10年経過前の場合や，②異議の申出があった場合には，まず共同相続人BC間で遺産分割を行って遺産共有（準共有）の状態を解消した後，Xとの間で共有物分割の手続を行うことになる。

　◆共有物分割と遺産分割の相違個所　　258条の2第2項ただし書の異議の申出の制度は，共同相続人が遺産分割の手続を選択する機会を保障するためのものである。というのも，共有物分割と遺産分割では，以下の4点において大きな違いがある。(1) 第1は，分割の対象であり，共有物分割は個々の財産ごとに行われるのに対して，遺産分割は被相続人の有していた財産全部に関する包括的な分割手続である。(2) 第2は，分割の裁判の種類であり，共有物分割の裁判は地方裁判所の「訴訟」手続によるのに対して，遺産分割の裁判は家庭裁判所の「非訟（審判）」手続による。(3) 第3は，分割の基準ないし指導理念であり，共有物分割ではもっぱら財産法秩序に従った分割が行われるのに対して，遺産分割は，「各相続人の……一切の事情を考慮してこれをする」(906条) ものとされている。(4)

第4は，裁判分割の場合の分割の方法であり，遺産分割審判と異なり，共有物分割訴訟では，分割の方法および順序に制限がある。

　上記のうち，(1) 分割の対象に関しては，すでに触れたように，共有物分割においても，判例が一括分割の方法を認めている点で，遺産分割の処理に接近している一方，遺産共有の法的性質に関して判例・通説が共有説をとっていることから，遺産分割の対象財産から消極財産（物的負担や債務）が除外される点に関しては，共有物分割との間の差は生じてこない。しかしながら，(2) 分割の裁判は，遺産分割については，共同相続人全員の合意があれば，相続債務に関しても審判手続で処理することができるのに対し，所有権の章に設置された共有物分割の手続では，消極財産の分割を行うことが制度上不可能である。なお，遺産共有の法的性質に関して共有説に立った場合には，準共有の規定（264条）も適用されるため，積極財産のうち債権に関しても，共同相続人の準共有とならないために遺産分割の対象から外れるものが出てくる（⇒本章6）。

　一方，(3) 分割の基準（指導理念）につき，遺産分割は，各共同相続人の「一切の事情を考慮して」行われることから（906条），(4) 分割の方法についても，裁判官が適切と判断する分割方法を適宜選択できるのに対して，共有物分割で認められている分割方法は，現物分割・賠償分割・代金分割の3種類のみであって，共有者の1人に用益権を設定する方法は認められていないし（例えば配偶者居住権は遺産分割審判の場合にしか認められない。1029条），また，906条の理念に照らせば代金分割が適切と思われる事案であっても，共有物分割の訴訟手続では，現物分割または賠償分割ができないか，価格を著しく減少させるおそれがある場合でなければ，代金分割を言い渡すことはできない。

分割への参加　　　　共有物について権利を有する者（地上権者・地役権者・永小作権者・質権者・賃借人その他）や各共有者の債権者は，自己の費用をもって，協議分割ないし裁判分割に参加することができる（260条1項）。参加請求にもかかわらず，参加を待たないで分割が行われた場合には，

その分割を参加請求者に対抗できない（同条2項）。

　もっとも，これらの権利者に分割の通知はされないし，また，仮に分割に参加したとしても，彼らにできることは，意見を述べることと，詐害的な分割がされないように監視することができる程度であるから，この制度の実益は少ないといわれる。

```
┌─────────────┐
│  分割の効果  │
└─────────────┘
```

（1）　**分割部分の単独帰属**　　分割の主たる効果は，共有関係が終了し，目的物の一部（＝現物分割の場合）または全部（＝賠償分割における持分全部の取得者）あるいはこれにかわる賠償（＝賠償分割における持分の喪失者）または代金（＝代金分割の場合）が，各共有者に単独に帰属することである。しかし，これに付随して，さらに以下のような効果（2）〜（4）が認められる。

　（2）　**共有者間の担保責任**　　各共有者は，他の共有者が分割によって得た物について，売主と同様の（持分に応じた）担保責任を負う（261条）。分割が各共有者間における持分の売買ないし交換と同様の性質を有することから置かれた規定である。

　したがって，各共有者は，買主と同様，①追完，②代金減額，③損害賠償，④解除（＝分割のやり直し）の権利を有することになるが，ただし，④解除に関しては，裁判分割の場合には，裁判の結果が覆されるのは好ましくないから，認められない（通説）。

　なお，以上の共有物分割とは別に，遺産分割についても，共同相続人間の担保責任の規定（911条〜914条）が設置されている。

　（3）　**証書の保存義務**　　各共有者は，共有物を分割した後になって，他の共有者の取得した部分について，その権利関係を証明する必要に迫られることもある。だが，共有関係が終了してしまっている以上，各人を結ぶ法律関係はもはや存在しない。そこで，

民法典は，まず，①共有物に関する証書を保存すべき者を定め
（262条1項～3項），次に，②こうして決められた保存者は，他の
分割者の請求があるときは，保存している証書を使用させなければ
ならない旨を規定している（同条4項）。

　（4）　持分（持分権）上の担保物権　　共有持分（持分権）上に
設定されていた担保物権は，分割によって，どのようになってしま
うのだろうか。以下の事例で考えてみよう。

Case 4-5 ─────────────────────

　甲土地の共有者ABCの1人Aは，自己の持分（持分権）上にDの
ために抵当権を設定した。その後，以下のような形で共有物の分割が行
われた場合，Dの抵当権はどうなるか。

1　258条2項1号に基づいて甲土地が乙・丙・丁の3筆に現物
　　分割され，ABCがそれぞれを単独取得した場合。

2　258条2項2号に基づいて賠償分割（全面的価格賠償）がされ，
　　甲土地全部をAが単独取得した場合。

3　258条3項に基づいて競売による代金分割が行われ，買受人E
　　が甲土地の全部を取得し，代金をABCが取得した場合。

─────────────────────────

　結論的にいえば，ABCがどのような形で分割を行おうとも，
Dの権利が害されることがあってはならない。

　①　現物分割により土地の一部を取得した場合　　Case 4-
5**1**の現物分割による土地の一部取得の場合には，ABCが得た
乙・丙・丁の土地のそれぞれについてAの持分（持分権）が存続
し，この合計3つとなったAの持分（持分権）のそれぞれの上に，
Dの抵当権が共同抵当の形で存続する（大判昭17・4・24民集21
巻447頁）。

　②　賠償分割により土地の全部を取得した場合　　**2**の賠償

分割によりＡが土地全部を取得した場合についていえば，共有物そのものの所有権がＡに帰属したことで，Ａの持分（持分権）は混同により消滅するのが原則であるが（179条1項本文），しかし，Ａの持分（持分権）はＤの抵当権の目的となっているので，179条1項ただし書の類推により，Ａの持分（持分権）は消滅せず，持分（持分権）上にＤの抵当権が存続する。

③　代金分割により持分を喪失した場合　❸の代金分割の場合，Ｄの抵当権がなければ，共有物全部のＥへの譲渡（競売）によってＡの持分（持分権）は消滅する。しかし，Ｄの抵当権があることから，Ｅが単独取得した土地について，Ａの持分（持分権）は存続し，Ａの持分（持分権）上に存在していたＤの抵当権も存続する。この場合のＥは抵当不動産の第三取得者と同じ地位に立ち，他方，Ａは，Ｅに対して，競売による売主の担保責任を負うことになる。

③　所在等不明共有者の持分の取得・譲渡

共有者の持分を消滅さ
せる法制度

共有者の持分（持分権）が消滅する法制度には，①共有物に関する負担を履行しない場合（253条2項），②持分の放棄または死亡の場合（255条），③共有物分割の場合（256条〜262条）があるが，このほか令和3年改正では，④不動産の共有者の氏名または所在が不明の場合に，この者（「所在等不明共有者」という。262条の2第1項かっこ書・262条の3第1項かっこ書）の持分を，ⓐ他の共有者が取得し，あるいは，ⓑ他の共有者の持分と一括して第三者に譲渡することを認める規定が新設された（ⓐ262条の2・ⓑ262条の3）。

┌─────────────────────┐
│ 所在等不明共有者の持 │
│   分の取得   │
└─────────────────────┘

(1) 意義・制度趣旨　AB 共有の不動産につき B が時効期間を超える占有を継続した場合，B は単独所有権を時効取得できるか。令和 3 年改正の際には，A の所在等が不明の場合には，B の時効取得を認める条文の設置が検討された。しかし，この場合の B が単独占有者としての自主占有の要件を充たしているかにつき判例は分かれているため（肯定例：最判昭 47・9・8 民集 26 巻 7 号 1348 頁，否定例：最判昭 54・4・17 判時 929 号 67 頁），時効取得制度を用いた所有者不明問題の解消は見送られ，これに代えて，地方裁判所が非訟事件手続で，所在等不明共有者の持分を，他の共有者に取得させる裁判制度が創設された（262 条の 2，非訟 87 条）。

(2) 持分の取得の裁判　262 条の 2 の持分取得の裁判は，①不動産の共有者の 1 人 A が死亡して現在の共有者を知ることができない場合や，A の所在を知ることができない場合に，②他の共有者の請求があるときに行われる（262 条の 2 第 1 項前段）。

　請求した共有者が 2 人以上あるときは，所在等不明共有者の持分を，請求した各共有者の持分の割合で按分して取得させる（262 条の 2 第 1 項後段。例えば ABC 共有の不動産につき，所在等不明共有者 A の持分が 10 分の 5，他の共有者 B の持分が 10 分の 3，C の持分が 10 分の 2 の場合，A の持分のうち 10 分の 3 を B が，10 分の 2 を C が取得する）。

(3) 持分の取得の裁判ができない場合　①上記設例の B が本条 1 項の請求をした不動産について，ⓐすでに共有物分割あるいは遺産分割の裁判上の請求がされており，かつ，ⓑ所在等不明共有者 A 以外の他の共有者 C が本条 1 項の裁判をすることについ

て異議がある旨の届出をしたときは，裁判所は本条1項の裁判をすることができない（262条の2第2項）。

　②なお，本条の適用は，共有の発生原因が相続の場合と，相続以外の場合とを問わないが，そのうち，ⓐ所在等不明共有者Aの持分が共同相続財産に属するものであって，かつ，ⓑ遺産分割の対象財産である場合には，相続開始から10年を経過していないときには，本条1項の裁判をすることはできない（262条の2第3項）。

　(4)　**持分の時価相当額の支払請求権**　本条1項の裁判によって他の共有者が所在等不明共有者の持分を取得したときは，所在等不明共有者は，持分を取得した共有者に対し，持分の時価相当額の支払を請求することができる（262条の2第4項）。本条1項による持分取得は，時効取得の要件を備えてなくても認められるからである。

　(5)　**本条の適用される共有物**　本条は，不動産であれば，土地のほか，建物にも適用がある。また，不動産の所有権以外の財産権の準共有のうち，使用・収益権（地上権・賃借権など）の準共有の場合にも適用がある（262条の2第5項）。

所在等不明共有者の持分の譲渡

　(1)　**意義・制度趣旨**　上記262条の2・非訟事件手続法87条の持分の取得の制度は，共有物分割や遺産分割が協議分割の場合に，共有者間で行う賠償分割に相当するものであるが，一方，共有物を第三者に売却して行う代金分割に相当する制度が，262条の3・非訟事件手続法88条の持分の譲渡である。

　(2)　**持分の譲渡権限付与の裁判**　262条の3の持分の譲渡権限付与の裁判も，前条の持分取得の裁判と同様，①不動産の共有

者の中に所在等不明共有者がいる場合に，②他の共有者の請求があるときに行われる。ただし，この制度は，第三者への任意売却による代金分割を念頭に置いているので，所在等不明共有者から第三者への持分譲渡権限付与の裁判の内容は，③所在等不明共有者以外の共有者全員が第三者に対して持分の全部を譲渡することを停止条件とする（262条の3第1項）。

(3) 持分の譲渡権限付与の裁判ができない場合　ⓐ所在等不明共有者の持分が共同相続財産に属するものであって，かつ，ⓑ遺産分割の対象財産である場合には，相続開始から10年を経過していないときには，本条1項の裁判をすることはできない（262条の3第2項）。前条3項と同様の規定である。

(4) 不動産の時価相当額の持分按分額の支払請求権　本条は，所在等不明共有者がいる場合の代金分割に関する特則であることから，所在等不明共有者は，本条の裁判に基づいて不動産を譲渡した共有者に対して，譲渡不動産の時価相当額を自己の持分に応じて按分した額の支払を請求することができる（262条の3第3項）。

(5) 本条の適用される共有物　本条についても，前条と同様，不動産（および建物）の所有権の共有のほか，使用・収益権の準共有にも適用がある（262条の3第4項）。

6　準　共　有

| 準共有の意義 | 249条以下の共有（狭義の共有・持分的共有）は，数人で所有権を有する場合であっ |

たが，これに対して，数人で所有権以外の財産権（①制限物権・

②特別法上の物権・③無体財産権や④債権・形成権など）を有する場合を準共有という。なぜ「準」共有なのかといえば，この場合には，所有権に関する共有（狭義の共有・持分的共有）の規定が準用されるからである（264条本文）。

準共有にならない場合　ただし，「法令に特別の定め」がある場合には，共有の規定は準用されない（264条ただし書）。①制限物権については，地役権に関する284条など，②特別法上の物権については，共同鉱業権者に関する鉱業法43条など，③無体財産権については，共同著作物の著作者人格権に関する著作権法64条や，共有著作権に関する著作権法65条など，④債権については，債権編の「多数当事者の債権及び債務」の規定（427条以下）や，組合財産である債権に関する676条2項などが，準共有に対する「法令の特別の定め」になる。

◆債権の準共有　多数当事者の有する債権につき，264条本文が適用されて準共有になるか，それとも，ただし書の「法令の特別の定め」のうち「多数当事者の債権及び債務」の規定が適用されて，分割債権（427条）になるか，不可分債権（428条）になるか，連帯債権（432条～435条の2）になるかに関して，判例の立場は，債権の種類によって多岐に分かれる。

（1）金銭債権　判例は，被相続人の取得した①保険金支払請求権を共同相続した場合，②不法行為に基づく損害賠償請求権を共同相続した場合，③出資金返還請求権を共同相続した場合，④土地の売却代金債権を共同相続した場合については，分割債権として共同相続人各人に分割帰属するとしている（①大判大9・12・22民録26輯2062頁，②最判昭29・4・8民集8巻4号819頁，③最判昭32・9・20裁判集民27号969頁，④最判昭50・3・6民集29巻3号203頁）。

しかし，共同相続以外の事案では，⑤山林の共有者が不法伐採者に対する伐採木の引渡請求訴訟の係属中に，伐採木が執行裁判所によって換価され売得金が供託された場合に，売得金の引渡請求権は

不可分債権である旨を説示した判例がある（最判昭44・5・29民集23巻6号1034頁）。

　(2)　賃借権・使用借権　　判例は，①数名で不動産を借り受けた場合の賃借権や，②使用貸借の借主の共同相続人が相続した使用借権については，準共有になるとしているが（①大判大11・2・20民集1巻56頁，大判昭8・11・22判決全集1輯3号40頁，最判昭52・3・31金法843号26頁，②最判昭29・3・12民集8巻3号696頁），③共同相続した使用貸借・賃貸借の終了を理由とする明渡請求権を不可分債権とする判例（最判昭42・8・25民集21巻7号1740頁，最判昭44・7・24判時567号51頁）があるほか，④土地賃貸借の解除を理由とする明渡請求権を行使していた被相続人から土地所有権を共同相続した者は「建物収去並びに土地明渡の請求権という不可分債権の準共有者たる関係に立つに至った」との説示を行う判例もある（最判昭36・3・2民集15巻3号337頁）。

　(3)　株式　　会社法106条は「株式が2以上の者の共有〔＝準共有〕に属するときは，共有者は，当該株式についての権利を行使する者1人を定め，株式会社に対し，その者の氏名又は名称を通知しなければ，当該株式についての権利を行使することができない。ただし，株式会社が当該権利を行使することに同意した場合は，この限りでない」旨を規定しており，判例も準共有説に立っている（最判平26・2・25民集68巻2号173頁，最判平27・2・19民集69巻1号25頁）。

　(4)　預貯金債権　　被相続人の預貯金債権を共同相続した場合，①かつての判例は，前記(1)②不法行為債権に関する昭和29年最高裁判決を引用しつつ分割債権になるとしていた（最判平10・6・30民集52巻4号1225頁，最判平16・4・20家月56巻10号48頁）。だが，②預金契約上の地位に基づく預金口座の取引経過開示請求権を準共有とした判例（最判平21・1・22民集63巻1号228頁）の後，③最大決平28・12・19民集70巻8号2121頁は，上記②平成21年最高裁判決を引用しつつ，預貯金債権は「預貯金契約上の地位を準共有する共同相続人が全員で預貯金契約を解約しない限り，……各共同相続人に確定額の債権として分割されることはない」旨を説示するに

至った。

　そして，この判例変更を受けて，平成30年改正で，遺産に属する預貯金債権が共同相続人の準共有であることを前提としつつ，遺産分割前においても預貯金債権の一部（最高額150万円）に限って各共同相続人の行使（払戻請求）を認める例外規定（909条の2）が新設されるに至った（なお，払戻しを受けた分については，遺産分割〔払戻し部分に関する一部分割〕がされたものとみなされる。909条の2後段）。

7　建物の区分所有

①　区分所有建物の所有関係

民法の予定する
法律構成

　(1)　建物の全体を共有とする方法　　1棟の建物は，1個の所有権の客体である（一物一権主義。⇒第1章1）。そうなると，各種の分譲集合住宅なども，全体として1棟の建物であるから，例えばABCの3人が集合住宅を買った場合，その集合住宅という1棟の建物の全部分を3人の共同所有とし，ただし，自分の部屋の部分については，3人の取決めで各人の独占的な利用権を設定する，という方法も当然にあり得る（債権的利用権の設定）。

　(2)　建物の一部を単独所有＋残りを共有とする方法　　だが，民法は，その制定当初から，もう1つの法律構成を認めていた。それは，一物一権主義の例外として，ABCの各人に，1棟の建物の一部である自分の部屋部分に対する独立別個の単独所有権を認める方法である。

　一方，建物およびその附属物の「共用部分」については，民法

典は，これを共有と推定し，共用部分の修繕費その他の負担は各人の単独所有部分の価格に応じて分担する旨の規定をおいていた（旧208条）。

建物の区分所有等に関する法律（区分所有法）

しかし，第二次世界大戦後，大型・高層のマンションやオフィスビルが増えるにつれ，そこから生ずる複雑な法律関係を上記民法典の1か条のみで処理することが困難になったので，昭和37年，新たに特別法（昭和37年法律第69号「建物の区分所有等に関する法律」。「区分所有法」と略称される）が制定され，上記民法208条の規定は削除された（現在は空条になっている）。

区分建物・区分所有建物

区分所有法の用語によれば，マンションの一室のように，1棟の建物の一部に認められた独立所有権のことを「区分所有権」といい（区分所有2条1項），区分所有権を有する者のことを「区分所有者」という（区分所有2条2項）。

区分所有権が認められるためには，当該建物部分が「〔①〕1棟の建物に構造上区分された数個の部分で〔②〕独立して住居，店舗，事務所又は倉庫その他建物としての用途に供することができるもの」でなければならない（区分所有1条）。

一方，不動産登記法は，「〔①〕1棟の建物の構造上区分された部分で独立して住居，店舗，事務所又は倉庫その他建物としての用途に供することができるもの〔＝上記区分所有法1条の要件を充たすもの〕であって，〔②〕建物の区分所有等に関する法律（……）第2条第3項に規定する専有部分であるもの」を「区分建物」と呼んでいる（不登2条22号）。これに対して，区分建物を含む1棟の建物の側は「区分所有建物」と呼ばれる（「阪神・淡路

大震災の被災者等に係る国税関係法律の臨時特例に関する法律」〔平成7年法律第11号〕38条,「被災区分所有建物の再建等に関する特別措置法」〔平成7年法律第43号〕2条)。なお,「〔①〕2以上の区分所有者が存する建物で〔②〕人の居住の用に供する専有部分のあるもの」を「マンション」という(「マンションの管理の適正化の推進に関する法律」〔平成12年法律第149号〕2条1号イ,「マンションの建替え等の円滑化に関する法律」〔平成14年法律第78号〕2条1項1号)。

区分所有建物の
構成部分

上記「区分建物」あるいは「マンション」の定義から知られるように,区分所有権が成立するのは,区分所有建物の構成部分のうち「専有部分」と呼ばれる部分である。

区分所有建物は,(1) 専有部分,(2) 共用部分,(3) 建物の敷地の3つの要素から成り立っている。

(1) 専有部分　専有部分とは,「区分所有権の目的たる建物の部分をいう」(区分所有2条3項)。

(2) 共用部分　共用部分は,民法旧208条にも存在していた用語であるが,区分所有法では,「〔①〕専有部分以外の建物の部分,専有部分に属しない建物の附属物及び〔②〕第4条第2項の規定により共用部分とされた附属の建物をいう」(区分所有2条4項)。

①のうち,「数個の専有部分に通ずる廊下又は階段室その他構造上区分所有者の全員又はその一部の共用に供されるべき建物の部分」は,そもそも区分所有権の目的とならない(区分所有4条1項)。構造上専有部分となりえない建物の附属物(電気・ガス・水道の配電設備・配管など)についても同様であり,これらは法定共

用部分と呼ばれる。

これに対して，②は，区分所有法1条の要件を充足しており，したがって専有部分とすることは可能であるが，規約によって共用部分とされたものである（区分所有4条2項）。管理人室や集会室などがこれに属し，規約共用部分と呼ばれる。

これら共用部分は，原則として区分所有者全員の共有になるが，ただし，一部の区分所有者のみの共用に供されることが明らかな共用部分（一部共用部分。区分所有3条）については，これを共用すべき区分所有者だけの共有になる（区分所有11条1項本文・ただし書）。

なお，規約によって，以上と異なる定めをすることは妨げられないが，区分所有者および管理者以外の者の所有とすることはできない（区分所有11条2項本文・ただし書）。

(3) 建物の敷地　　建物の敷地とは，「〔①〕建物が所在する土地及び〔②〕第5条第1項の規定により建物の敷地とされた土地をいう」（区分所有2条5項）。このうち，②は，建物および建物が所在する土地と一体として管理または使用をする庭，通路その他の土地であって，規約により建物の敷地とした土地のことで（区分所有5条1項），規約による建物の敷地という。

一方，区分所有者が専有部分を所有するため建物の敷地に対して有する権利を敷地利用権という（区分所有2条6項）。敷地利用権が区分所有者の共有または準共有にかかる所有権・地上権・賃借権等である場合には，区分所有者は，規約に別段の定めがない限り，敷地利用権の持分を専有部分と分離して処分することができない（区分所有22条）。なお，この専有部分と分離処分できない敷地利用権の中でも，とくに登記された権利を，不動産登記法

は敷地権と呼んでいる（不登44条1項9号）。

②　区分所有建物の管理

管理組合・規約・
集会・管理者

区分所有者は，全員で，区分所有建物・建物の敷地・附属施設の管理を行うための団体を組織し，集会を開き，規約を定め，管理者を置くことができる（区分所有3条前段）。なお，一部共用部分につき，これを共有する区分所有者が管理を行う場合についても，同様である（同条後段）。

（1）　管理組合　　区分所有建物等の管理を行うための団体について，区分所有法3条の見出し書では「区分所有者の団体」という用語が使われているが，この団体を法人とした場合の名称は「管理組合法人と称する」とされている（区分所有47条2項）。一方，マンションの管理の適正化の推進に関する法律2条3号は，「マンションの管理を行う区分所有法第3条若しくは第65条に規定する団体又は区分所有法第47条第1項（……）に規定する法人」を「管理組合」と呼んでいる。

この団体の法的性質は，民法上の組合の場合もあれば，社団（権利能力なき社団・社団法人）の場合もあるが，いずれの形態においても，区分所有法の規定が，民法の狭義の共有や組合に関する規定，あるいは一般社団法人に関する規定に優先する。

（2）　規　約　　区分所有建物等の管理に関する規律には，以下の3つのものがある。第1は，区分所有法が直接規定しているもの（専有部分と共用部分の範囲〔区分所有2条〕，共用部分の持分の分離処分の禁止〔15条〕など），第2は，規約により定められたもの，第3は，集会の決議により定められたものである。

このうち，規約とは，区分所有建物等の管理・使用に関する事項をあらかじめ包括的に定めた約定をいい，分譲マンション等では，分譲業者の作成した規約案につき，分譲契約の際に個別に書面での合意を取りつけ，全員分の合意が調ったところで規約が成立する方式をとることも多い（「原始規約」などと呼ばれる）。

規約で定めることのできる事項は，「建物又はその敷地若しくは附属施設の管理又は使用に関する区分所有者相互間の事項」（区分所有 30 条 1 項）に限られる。また，これらの事項は，規約によらなければ定めることのできない事項（絶対的規約事項）と，集会の決議で定めることも可能な事項（相対的規約事項）に分かれる。

(3)　集　会　集会は，管理組合の最高意思決定機関である。集会の決議事項は，区分所有者および議決権の各 5 分の 4 以上あるいは 4 分の 3 以上の多数を要する**特別決議事項**と，過半数で決する**普通決議事項**に分かれる。

(4)　管理者　共用部分等の共有者は，その管理のため，管理者を選任することもできる。管理者を設置するかどうかは任意的であり，管理者の設置の可否および管理者の選任・解任は，集会の普通決議により決する（区分所有 18 条・25 条）。

管理者は，共用部分等の保存・集会の決議の実行・規約所定の行為を行う権限（区分所有 26 条 1 項），区分所有者の代理権（同条 2 項）・訴訟追行権（同条 4 項・5 項）を有するほか，規約に特別の定めがある場合には，共用部分を所有することができ（管理所有。区分所有 27 条），また，集会の普通決議により，共同利益背反行為者に対して訴訟を提起する権限を有する（区分所有 57 条 3 項）。

復旧・建替え・
再建・敷地売却

区分所有法は，区分所有建物の管理のう
ち，建物が一部滅失した場合の復旧と建
替えの2つの選択肢につき，独立の節を

設けている（第1章「第8節　復旧及び建替え」。61条～64条）。

　一方，災害により区分所有建物が全部滅失した場合の**建物再建**
あるいは**敷地売却**に関しては，阪神・淡路大震災後の平成7年に
「被災区分所有建物の再建等に関する特別措置法」が制定された。

　(1)　復　旧　　建物の一部が滅失した場合に，復旧の選択肢
を選んだときの手続は，①建物の価格の2分の1以下に相当する
部分が滅失した場合（小規模一部滅失）と，②建物の価格の2分
の1を超える部分が滅失した場合（大規模一部滅失）で異なる。

　　①　小規模一部滅失　　小規模一部滅失の場合には，各区分
所有者は，滅失した共用部分および自己の専有部分を単独で復旧
することができ（区分所有61条1項本文），共用部分を復旧した
場合には，他の区分所有者に対して，持分の割合に応じて復旧費
用の償還を請求することができる（同条2項）。なお，共用部分
については，集会での復旧の決議（普通決議）があれば，当初よ
り共有者全員の費用をもって復旧することもできる（同条3項）。

　　②　大規模一部滅失　　大規模一部滅失の場合には，各区分
所有者は，共用部分については単独で復旧することができず，集
会での復旧の決議（区分所有者および議決権の各4分の3以上の特
別決議）が必須となる（同条5項）。なお，この場合に，復旧の決
議に賛成しなかった区分所有者は，復旧の決議に賛成した区分所
有者に対して，建物およびその敷地に関する権利を時価で買い取
ることを請求できる（同条7項）。他方，決議賛成者は，その全
員の合意により，**買取指定者**を指定することができ，その旨の通

知を受けた区分所有者は，買取指定者に対してのみ買取請求権を行使できる（同条8項）。

（2）　建替え　　建替えを行うためには，現在の建物をいったん取り壊さなければならないが，それは建替えに反対している者の区分所有権・共有持分の客体を消滅させることでもある。そのため，現在の区分所有建物を取り壊し，新たな区分所有建物を再建するには，集会での建替え決議（区分所有者および議決権の各5分の4以上の特別決議）が必要とされている（区分所有62条，団地内建物の一括建替え決議につき70条）。

なお，建替え決議の賛成者・建替えの参加者・買受指定者（決議賛成者・建替え参加者全員の合意により区分所有権および敷地利用権を買い受けることができる者として指定された者）は，建替えに参加しない区分所有者に対して，区分所有権および敷地利用権を時価で売り渡すよう請求できる（区分所有63条5項，団地内建物の一括建替え決議につき70条4項）。

（3）　再建・敷地売却　　大規模な火災・震災その他の災害により，区分所有建物が全部滅失した場合，滅失した建物に区分所有権を有していた者は，もはや単なる敷地利用権の共有者ないし準共有者にすぎない。そして，更地と化した土地上に建物を再建し，あるいは土地を売却することは，共有（準共有）物である土地の変更・処分行為にあたるから，共有者全員の同意を必要とする，というのが民法典の原則である。

だが，それでは，反対者がいると再建・敷地売却が常に不可能となってしまう。そのため，被災区分所有建物の再建等に関する特別措置法は，敷地共有者等は，その集会（敷地共有者等集会）における議決権の5分の4以上の特別多数で，再建決議あるいは敷

地売却決議をすることができ（同法4条1項・5条1項），再建あるいは敷地売却に賛成しなかった敷地共有者等に対し，敷地利用権の売渡しを請求できる（同法4条9項・5条3項）。

8 入 会 権

入会権の意義・種類

(1) **入会権の意義**　入会権とは，一定の地域の住民集団（入会団体あるいは入会集団という）が山林原野など（入会地という）を支配し，入会団体（入会集団）の構成員（入会権者という）が入会地を農業生産や生活のために使用・収益する権利のことをいう。

なお，入会権の用語は，狭義では，土地（山林原野など）を客体とする権利に限られるが，広義では，水利権・温泉権・漁業権といった一定の水流（河川など）を客体とする権利で，それが慣習に基づき村落共同体に認められている場合（慣行水利権・慣行漁業権など）にも用いられることがある。

(2) **入会権の種類**　入会権は，民法典の定める10種の物権の1つであるが，他の物権のように独立の章をもたず，①所有権の章の共有の節中に共有の性質を有する入会権（共有入会権）が，また，②地役権の章中に共有の性質を有しない入会権（地役入会権）が，各地方の慣習に従うほかは，おのおのの節・章の規定を適用ないし準用する，という形で規定されているにとどまる（①263条・②294条）。

①・②の区別は，入会地に対して入会団体が所有権を有しているか否かの違いである（大連判大9・6・26民録26輯933頁）。①**共有入会権**における入会権者全員による入会地の共同所有（村持

などといわれる）が，総有といわれる共同所有形態である。これに対して，②地役入会権の法的性質は，他人の土地に対する地役権（⇒第1章3③）類似の用益物権を入会団体の構成員全員で有している状態である。

| 入会権の発生 |

入会権は，旧慣に対して認められた権利であるから，この権利の新規発生という事態は従来考えられてこなかった。だが，学説の中には，入会権の新規発生を肯定し，地域住民の海浜や河川の利用権を，新たな利用慣行が形成されたことで新規に発生した一種の入会権と構成する見解もある（入浜権の主張など）。

　なお，これと同様の問題として，入会権の時効取得が認められるかという議論があり，学説は否定説と肯定説に分かれる。

| 入会権の内容 |

（1）入会権者の使用収益権能　　個々の入会権者は，入会地に対して慣習上認められた使用収益をする権利ないし法律上保護すべき利益（法益）を有する。典型的な入会権においては，入会権者に持分の譲渡や分割請求は認められておらず，そのため入会権者には持分（持分権）はないといわれ，入会団体の共同所有は総有であるとされる結果（最判昭41・11・25民集20巻9号1921頁，最判平6・5・31民集48巻4号1065頁），個々の入会権者が入会地に対して有する使用収益権能は，権利まで至らない単なる自由使用の利益（法益）か，あるいは，せいぜい入会団体との間の債権的な権利にすぎないとされてきた。

　ただし，入会権の内容は慣習によって千差万別で，中には，持分譲渡が認められたり，入会地が個人に分割されたり，転出のため入会団体から外れる者に対して相当額の対価ないし保証金が支

払われたりする例もある。

(2) 入会団体の管理処分権　一方，入会権それ自体の権利主体は，入会団体（入会集団）である。ただし，この共同体は，その構成員である個々の入会権者の総体であって，入会権者と別個の権利主体ではなく，独立の法人格をもたない。その法的性質は，民法上の組合か，あるいは権利能力なき社団である（ただし，管理形態が組合型の場合であっても，団体所有は合有ではなく総有になるとされている）。

なお，入会権者の範囲・入会地の管理方法・入会権者の使用収益権能の内容などは，すべて慣習で定まるが，しかし，これらの点に関して入会団体に広汎な意思決定を委ねる旨の慣習が存在している場合も多く，その意味において，入会団体は入会地に対する管理処分権を有しているといわれる。

入会権の公示　不動産登記法は，入会権に登記能力を認めていない（不登3条参照）。しかし，民法がこの権利を物権として規定している以上，第三者効力を認めなければならないから，結局，入会権は，登記がなくても第三者に対抗できると解さなければならない（判例・通説）。なお，とくに共有の性質を有する入会権（共有入会権）に関しては，入会権者の一部の者の共有名義，代表者（総代など）の個人名義，寺社名義の登記がされている場合があるが，こうした入会権者全員の共有（総有）名義でない登記があるからといって，入会権を第三者に対抗できなくなるわけではない。また，それら実体関係と異なる登記名義を信頼した第三者が，94条2項によって保護される余地もない（最判昭57・7・1民集36巻6号891頁）。

ただし，権利能力のない社団である入会団体において，規約等

に定められた手続により，構成員全員の総有に属する不動産につきある構成員個人を登記名義人とすることとされた場合には，この者は，入会団体の代表者でなくても，自己の名で不動産についての登記手続請求訴訟を追行する原告適格を有する（前掲最判平6・5・31。なお，判旨は，「任期の定めのある代表者を登記名義人として表示し，その交代に伴って所有名義を変更するという手続を採ることなく，別途，当該入会団体において適切であるとされた構成員を所有者として登記簿上表示する場合であっても，そのような登記が公示の機能を果たさないとはいえない」ともいう）。

入会権の主張 入会権をめぐる紛争もまた，(1) 各入会権者に認められた個々の使用収益権能に関する紛争と，(2) 入会団体が総有的に支配・管理する入会権それ自体に関する紛争とに分かれるが，その取扱いは，通常の共有における，(1) 持分（持分権）の主張・(2) 共有権（共有関係）の主張（⇒本章4）と若干相違する個所がある。

　(1)　各入会権者の使用収益権能の主張　　入会団体の構成員に認められた使用収益権能に関しては，入会権者は，各自単独で，妨害者に対して訴えを提起できる（大判大7・3・9民録24輯434頁。なお，前掲最判昭57・7・1は，①各人は自己の使用収益権の確認および妨害排除に関しては単独で請求できるが，②入会地に設定された地上権仮登記の抹消手続は単独では請求できないとする）。

　ただし，各入会権者は，それ自体物権であるところの持分（持分権。単一説に立てば所有権・地役権の一部，複数説に立てば独立の所有権・地役権）を有していないから，上記主張のうち，①各人の使用収益権能の主張は，単なる自由使用の利益（法益）あるいは入会団体との間に存在する債権的な権利を主張するものにほか

ならず，そのため，他の入会権者や入会団体あるいは外部の第三者に対して，妨害排除等を請求した場合に，権利性や第三者効力が否定されるケースも，しばしば存在する。

(2) 入会権そのものの主張　　これに対して，入会権確認訴訟その他入会権それ自体の存否を争う訴えは固有必要的共同訴訟とされ，入会権者の一部の者がこれを提起した場合には不適法却下となる（前掲最判昭41・11・25）。

しかし，そうなると，入会団体の一部の構成員が訴えの提起に同調しない場合には，入会権に関する訴訟の途が完全に閉ざされてしまう。そこで，判例は，訴え提起に同調しない構成員を訴訟に参加させる手段として，彼らを被告に加える形で訴えを提起する方法を認めている（最判平20・7・17民集62巻7号1994頁）。

| 入会権の消滅 |

入会権は，(1) 権利が処分あるいは放棄された場合，(2) 入会慣行が消失した場合のほか，(3) 特別法の規定に基づいて消滅する。

(1) 入会権の処分・放棄　　入会団体に入会権の処分権まで認める慣習が存在している場合に，この慣習に基づき，入会団体が入会権を処分すれば，入会権は消滅する。例えば，入会団体が入会地をリゾート開発業者等に譲渡するような場合である。

(2) 入会慣行の消滅　　入会権は慣習を基礎とした権利であるから，入会慣行が消失した場合にも，入会権は消滅する。例えば，入会規制の解体——すなわち，入会団体の入会地に対する管理支配や構成員に対する団体的統制が喪失し，反面，各人の使用収益権が次第に単独所有権化した場合などである（地役権の性質を有する入会権の解体消滅を肯定した判例として，最判昭42・3・17民集21巻2号388頁）。

（3）　特別法の規定　　第3に，入会権は，特別の法律の規定によって消滅することがある。入会林野整備事業に関する「入会林野等に係る権利関係の近代化の助長に関する法律」（昭和41年法律第126号）がそれであり，入会権者全員の同意および関係権利者（市町村議会など）の同意を要件として，入会権は消滅し，所有権や地上権その他の使用収益権に置き換えられる。

■ *PART 2* 占 有 権

　民法典は，占有権を物権の1つとして規定している。しかし，そこでは，物を事実上支配しているという事実に一定の効果を付与し，権利として保護しているにすぎない。占有権という1個の権利があって，そこから権利の内容として一定の効果が認められているわけではない。物の価値そのものを支配する権利である所有権などの物権と占有権とが性質を異にしているのは，このためである（⇒第1章図1–1）。

　民法第2編物権第2章「占有権」は，占有権の取得（180条〜187条），占有権の効力（188条〜202条），占有権の消滅（203条・204条），準占有（205条）の4つの節からなるが，種々の内容を含んでいる。占有に付与されている効力は多様である。また，ある効力を付与するために，物に対する誰のどのような事実的支配状態が必要であるかが常に問われることになり，占有ないし占有権の意義も一義的には決まらない。そこで，*PART 2* では，180条〜191条，196条〜205条までの条文を占有の訴え（第5章），占有と本権との関係（第6章），不適法占有者と所有者間の法律関係（第7章）に分けて学ぶことにする。192条〜194条については公信の原則（第12章1），195条については所有権の原始取得（第3章2②）にゆずる。

MAP
PART 2：占有権

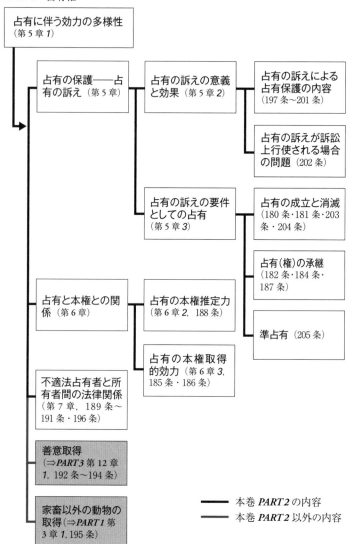

占有に伴う効力の多様性
（第 5 章 *1*）

占有の保護——占有の訴え（第 5 章）

占有の訴えの意義と効果（第 5 章 *2*）

占有の訴えによる占有保護の内容（197 条～201 条）

占有の訴えが訴訟上行使される場合の問題（202 条）

占有の訴えの要件としての占有（第 5 章 *3*）

占有の成立と消滅（180 条・181 条・203 条・204 条）

占有（権）の承継（182 条・184 条・187 条）

準占有（205 条）

占有と本権との関係（第 6 章）

占有の本権推定力（第 6 章 *2*, 188 条）

占有の本権取得的効力（第 6 章 *3*, 185 条・186 条）

不適法占有者と所有者間の法律関係（第 7 章, 189 条～191 条・196 条）

善意取得（⇒*PART3* 第 12 章 *1*, 192 条～194 条）

家畜以外の動物の取得（⇒*PART 1* 第 3 章 *1*, 195 条）

——— 本巻 *PART2* の内容

——— 本巻 *PART2* 以外の内容

第5章 占有の保護 —— 占有の訴え

前章で学んだ所有権と比べながら，物に対する事実上
の支配が，いかなる場合に，どのように保護されている
か学ぶことにしよう。

1 占有に伴う効力の多様性

民法典第2編第2章第2節は，「占有権の効力」として以下の
規定をおいている。大別すると次の5つの効力に分類することが
できる。このうち①〜④の効力については，物に対する事実上の
支配から生じる効力と考えるべきかどうかについて疑問がある。

本権推定規定
—— 効力①

まず，188条は占有していれば本権が存
在するものと推定するという規定をおい
ている。この規定は，経験則上，所有者
など占有を法律上正当化する権利（＝本権）をもつ者が，物を占
有している蓋然性が高いことを基礎にしている。しかし，盗人な
ど物を占有する者が，本権者でない場合もある。そこで，本書で
は，188条を占有自体から生じる効果とは区別し，第6章で「占
有と本権との関係」として取り扱うことにする。

ところで，第2章で学んだように，占
有者に占有を法律上正当化する権利がな
い場合，所有者は所有権に基づいて物の

**不適法占有者の権利・
義務──効力②**

返還を求めることができるが，この点について民法典には明文の
規定がない。そこで，占有者が，所有物の返還に伴って，果実や
使用利益の返還，損害賠償および物に対して投下された費用の償
還について，どのような権利を取得し義務を負うかだけを189条
以下で規定している。つまり，189条〜191条・196条は，不適
法占有者と所有者の利害関係をどのように調整すべきかを定めた
規定といえる。そこで，本書では，これらの規定についても，占
有それ自体から生じる効力としてではなく，第7章で「不適法
占有者と所有者間の法律関係」として取り扱うことにする。

善意取得──効力③

192条〜194条についても，今日では，
所有権その他の処分権限をもたない動産
の占有者を正当な権利者であると信頼して取引関係に入った第三
者を保護するための制度であると解されている。したがって，第
三者が取得した占有から，完全な権利を取得するという効果が生
じると考えられているわけではない。そこで，192条〜194条に
ついては，第12章で公信の原則に基づく制度として取り扱うこ
とにする。

**家畜以外の動物の取得
──効力④**

195条は，逃走した家畜以外の動物を善
意で占有するに至った者に所有権を帰属
させ，他方で逃失から1ヶ月以上たった

場合に，飼主からの所有権に基づく回復請求を認めない旨を規定
している。飼主は逃げたものとあきらめ，拾った者は野生の無主
物と考えやすい。そこで，195条は，遺失物の拾得（240条）と

無主物の帰属（239条）の中間的保護を占有者に与えている。第3章で学んだように，195条はむしろ所有権の取得原因の1つと解すべきである。

| 占有の訴え──効力⑤ |

①から④の効力に対して，197条〜202条は，物に対する事実上の支配秩序を維持するために，占有に対する侵害を排除して完全な占有状態を回復することができる権利が占有者にあることを定めている。結局，物に対する事実的支配から法的効果が生じていると考えられるのは，これらの規定だけである。そこで，本章では，占有の訴えをまず取り上げることにする。

2 占有の訴えの意義と効果

1 占有の訴えとは

Case 5-1 ────────────────

　海外赴任することになったAは，帰国するまで自分が所有する自転車を友人Bに安く貸した。ところが，Bは駐輪場でこの自転車をCに盗まれた。BはCにどのような権利を主張することができるか。

────────────────

　上のケースではAB間に賃貸借契約（601条）が成立している。この契約に基づいて，Bには自転車を使用する権限がある。しかし，Bは，賃借権に基づいてCに自転車の返還を求めることはできない。Bが自転車の使用権限があることを主張できるのは，賃貸借契約の相手方であるAだけである。なぜなら，契約の効力は契約した相手方との関係でしか主張できないからである（⇒

第14章**4**)。

　もちろん，Aは自転車の所有者であるから，Cに対して所有権に基づく返還請求権を行使することができる。しかし，Bのために，アメリカにいるAに，このような権利行使を期待することは必ずしも現実的ではない。Bからすると，占有を正当化する権利（＝本権）に基づいてではなく，物に対する事実的支配（＝占有）が他人によって侵害されていることだけを根拠に，自己の占有を防御することができる権利があると都合がよい。そこで，占有に対する侵害を排除して完全な占有状態を回復するための権利が認められている。これが占有の訴えである。

② 占有の訴えによる占有保護の内容

占有の訴えの種類　　（1）　占有の訴えには，占有に対する侵害の態様に応じて，①占有保持の訴え（198条），②占有保全の訴え（199条），③占有回収の訴え（200条1項）の3つの種類がある。占有の訴えという用語からすると，特別の訴訟類型が用意されているように思われるが，所有権に基づく請求権と同様，占有者に占有を保護するための実体法上の請求権を与えるものであり，占有を回復するのに訴訟を起こさなければならないというわけでもない。また，占有の訴えは，所有権に基づく請求権と同様に，物に対する支配権を根拠としているが，物に対する支配状態が，あるべき権利関係に適合的かどうかを問題とせずに，物に対する事実上の支配を保護する点で，所有権に基づく請求権とは異なる。占有権も物権の一種であるとすれば，占有の訴えは物権的請求権の特殊形態であることになる（通説）。

　（2）　なお，占有回収の訴えと占有保持の訴えとは，占有が侵

表 5-1　占有の訴えの種類

	種　類	要　件	効　果
①	占有保持の訴え	占有を侵奪以外の方法で妨害されたこと	占有物の妨害停止請求権
②	占有保全の訴え	占有が妨害されるおそれがあること	占有物の妨害予防請求権
③	占有回収の訴え	占有の侵奪があること	占有物の返還請求権

奪という方法によって妨害されているか，それ以外の方法で妨害されているのかによって区別される。両者の区別が実際上重要な意味をもつのは，占有保持の訴えの場合に出訴期間（201 条 1 項ただし書）について，占有回収の訴えの場合に占有の訴えの行使の相手方（200 条 2 項）について，それぞれ制限がある点にある。

占有の侵奪の意味 ── 占有の侵奪といえるのは，①占有者がその意思に反して物の所持を失った場合で，かつ②侵害者が当初から占有者の占有を妨害して占有侵害の状態が開始していた場合に限定される。

したがって，他人に欺罔(ぎもう)されて物を詐取された場合には，占有者が自分の意思に基づいて物を引き渡しているから，占有回収の訴えを起こすことはできない（大判大 11・11・27 民集 1 巻 692 頁）。また，Case 5-1 の場合，A も B を介して自転車を占有していると考えられるが（⇒本章 3 ①），賃貸借契約終了時に B が自転車を返還しない場合，A は占有権に基づいて B に物の返還を求められない。契約期間の終了時まで A の意思に基づいて B の占有が認められている以上，たとえ契約期間が終了しても B は A の占有を侵奪したとはいえないからである（最判昭 34・1・8 民集 13 巻 1 号 17 頁）。

占有の訴えができる者 ）占有の訴えができるのは占有者である（197条）。もっとも，Case 5-1 では，C に占有を奪われた時点で，B はもはや自転車を所持していない。そこで，占有回収の訴えを提起したときには，占有が失われなかったと同一に扱うとする規定がおかれている（203条ただし書）。これは，占有回収の訴えを提起して勝訴し，占有者が占有を回復したときに，現実に占有していなかった間も占有を失わず，占有が継続していたものと擬制するためである（最判昭44・12・2民集23巻12号2343頁）。したがって，占有回収の訴えを提起した原告が，敗訴した場合や勝訴判決確定後も占有を回復しない場合には，占有の継続を認める必要はない。

占有の訴えの相手方 ）占有の訴えの相手方は，現に占有を侵害している者，あるいは，そのおそれがある者（占有保全の訴えの場合）である。

Case 5-2 ───────────────

Case 5-1 において，B が自転車の返還を求めたとき，すでに C は D に自転車を売却し，引き渡してしまっていた。B は D に対して占有権に基づいて自転車の返還を求められるか。

────────────────────

（1）C はすでに自転車を事実上支配していないから，B は C に対して占有回収の訴えを起こすことはできない。占有侵害を惹起した者でも，現に占有を侵害していなければ，占有の訴えの相手方にはならない。

これに対して，D は C から自転車を購入したにすぎないが，自転車を事実上支配している以上，原則として，占有回収の訴えの相手方となる。占有の訴えは占有していることを根拠として認

められる権利であり，占有侵害につき占有の訴えの相手方に故意・過失がある必要はないからである。

(2)　ただし，占有侵奪につき善意である特定承継人に対しては占有回収の訴えを起こすことはできない（200条2項）。したがって，Case 5-2の場合，DがCによる占有侵奪の事実を認識していないときには，BはDに対して占有回収の訴えができない（最判昭56・3・19民集35巻2号171頁）。

これは，Dによって物が事実上支配されている状態を保護するための措置といえる。善意の承継人であるDを保護するとともに，善意の承継人に占有が移るときには占有状態がもはや攪乱しているとはいえないからである。しかし，自転車は盗品であり，Aは盗難の時から2年間，所有権に基づいて自転車の返還をDに求めることができる（193条）。したがって，Dが占有回収の訴えを受けないといっても，暫定的な処置にとどまる。

占有の訴えの期間制限

(1)　占有の訴えには201条で短期の出訴期間が定められている。しかし，占有の訴えは実体法上の占有保護請求権にほかならないから，201条は除斥期間を定めた規定と解されている。

(2)　占有の訴えは物に対する事実上の支配を保護する制度であるから，他人による占有の妨害またはその危険がある間は，占有の訴えができなければ意味がない（ただし，201条1項ただし書・2項後段に例外規定がある）。

これに対して，占有の妨害が止んだとき，または占有を侵奪されたときに速やかに占有の訴えができなければ，妨害者ないし侵奪者によって物が事実上支配されているという状態を前提とした新たな法律関係が生じる可能性がある。そこで，占有保持の訴え

については，占有妨害が消滅したのち1年内に，占有回収の訴え
については，占有侵奪の時から1年内にしなければならない。

| 損害賠償請求権等 |

（1）占有の訴えの規定には，占有の回
復のほか損害賠償または損害賠償の担保
を請求しうるとする規定が含まれている（198条〜200条）。しか
し，損害賠償を請求するためには，占有回復請求の場合とは異な
り，占有侵害の事実だけでなく，不法行為の要件を充たす必要が
ある。すなわち，相手方の故意・過失ある行為によって占有が侵
害されていること，また侵害によって占有者が目的物を占有しえ
なかったために損害を被っていることが必要となる（大判昭9・
10・19民集13巻1940頁）。

（2）Case 5-1のように，Cが自転車を盗んだためにBが賃借
していた自転車を利用できなくなったときには，自転車を使用収
益する利益の帰属が妨げられたことが損害と解される。しかし，
Aのように占有者に本権がある場合には，本権侵害を理由とし
て損害賠償請求をすればよい。したがって，占有侵害自体を理由
とする損害賠償請求が問題となるのは，実際にはまれである。占
有侵害を理由とする損害賠償請求権を占有の訴えの規定の中で定
める意味があるとすれば，損害賠償請求権にも短期の除斥期間を
定めた201条が適用される点にある（724条参照）。

③　占有の訴えが訴訟上行使される場合の問題

Case 5-3 ────────────────────────
　Aは，購入したばかりの自転車をスーパーの駐輪場にとめておいたと
ころ，Bによって盗まれた。AはBにいかなる請求ができるか。
────────────────────────

自転車の占有者であり所有者である A
は，本権である所有権に基づく自転車の
返還請求権と占有に基づく自転車の返還
請求権のいずれを行使しても，両者を同時に行使してもよい。両
者は別の権利であり，一方の主張が他方の主張を妨げるものでは
ない。

　問題は，実体法上 A に帰属するこの 2 つの請求権を訴訟上行
使する場合にも，別個独立したものとして取り扱うことができる
のかという点にある。民法 202 条が本権の「訴え」ないし占有の
「訴え」という文言を使用していることから問題となる。

通説・判例

　民法学の通説は，202 条 1 項を根拠に，
以下のように解している。① A は本権
の訴え（所有物返還請求訴訟）と占有の訴え（占有回収の訴え）を
同一の裁判所に同時に提起してもよい。また，両請求のうち一方
を主張して訴訟を行っている A が，さらに他方を主張して別に
訴えを提起することも認める。また，②一方のみを主張して敗訴
した A が，さらに他方を主張して訴えを提起しても，争いの蒸
し返しとはいえない（これを前訴判決の既判力に抵触しないという。
民訴 114 条）。

　判例は，実体法上の個別的・具体的な請求権を基準に，訴訟上
の請求を特定し識別する立場（旧訴訟物理論）にたって，本権に
基づく請求権と占有権に基づく請求権が，実体法上，別個の権利
である以上，訴訟上も，別個の請求として取り扱うべきであると
解しており，上に述べた民法学上の通説と同じ結論をとっている
ものとみられる。

◆本権の訴えと占有の訴えが別々の訴訟手続で行われる不都合

請求ごとに別々の訴訟手続で審理が行われると，それぞれ期日が指定され弁論が行われることになる。しかし，Case 5-3 のような場合，所有物返還請求訴訟と占有回収の訴えで共通する事項は多い。それにもかかわらず，別々に審理がなされることは無駄であるし，内容の矛盾する判決がなされる危険もある。そこで，同一の訴訟手続で複数の請求を審判することにしている。このように，同一の原告が同一の被告に対して1つの訴え提起行為をもって複数の請求をなすことを請求の併合（民訴136条）という。

新訴訟物理論からの批判

上の結論に対して，民事訴訟法学の有力説（新訴訟物理論）からは，強い批判がある。202条1項は，実体法上，2つの請求権があることを認めているにすぎず，訴訟上も，本権に基づく請求と占有に基づく請求を別個に取り扱うべきかどうかについては，訴訟法の立場から決定すべきであるとする。

◆民法202条1項と新訴訟物理論の考え方　新訴訟物理論は，実体法上2つの請求を認めるとしても，物の返還が2回認められるわけではないから，その物の返還を求め得る法的地位自体を訴訟物＝訴訟上の請求と解すべきであり，占有物返還請求権と所有権に基づく返還請求権とは，その訴訟上の請求を理由づけるための異なる視点にすぎないと解している。

すなわち，占有物返還請求権と所有権に基づく返還請求権が訴訟上同時に主張された場合には，両者はいずれも同一物の返還請求権を理由づけるための攻撃・防御方法にすぎず，それぞれの請求権を基礎づける事実さえ弁論で主張されていれば，裁判所は占有に基づいてであれ，本権に基づいてであれ，物の返還請求権を認めることができる。一方，Aが所有権に基づく返還請求権と占有物返還請求権のうち一方を主張して，訴訟を行っている間に，さらに他方を主張して別に訴えを提起した場合には，裁判所に係属している事件について，さらに，訴えを提起することはできない。民事訴訟法

142条に基づき，後訴は不適法として却下される（二重起訴の禁止）。また，一方の請求のみを主張して敗訴すれば，物の返還を求めるべき原告の法的地位がなかったことになるから，前訴判決の既判力により他方の請求権は訴訟上行使することはできなくなる（民訴114条）。

対立点はどこか　(1)　民法学の通説と新訴訟物理論との間で結論が大きく分かれるのは，まず，Aが両請求のうちの一方を主張して訴訟を行っている間に，さらに他方を主張して別に訴えを提起する場合である。新訴訟物理論は，物の返還を求めるAの利益のために，国民の負担によって維持される民事訴訟制度を二重に利用させる必要はないと批判している。

いま1つ結論が対立している点は，Aが占有に基づく請求権のみを主張して敗訴した後に，所有権に基づく返還請求訴訟を提起した場合，またはその逆である。この場合にも，新訴訟物理論からは，両請求権を共に主張しえたのに，一方しか主張しないで敗訴したAは怠慢であり，もはや他方の訴えを起こせないという不利益は甘受すべきであると批判されている。

(2)　問題は，訴訟制度の効率的利用および再度の応訴・防御を強いられるBの煩雑さという点から，訴訟上は，本権に基づく請求と占有に基づく請求を別個に取り扱うべき必要性はないと結論づけてよいかどうかである。

民法学の通説は，「社会の事実関係の平面において，一定の占有が侵害されたかどうかを決定する占有の訴えと，実質的権利関係の平面において，その者の所有権の完全な支配を回復させるかどうかを決定する本権の訴え」は，訴訟においても実現しようと

する利益の点で違いがあると考えている。つまり，占有の訴えは
「あった状態への復帰」，本権の訴えは「あるべき状態の実現」を
求めるための訴訟であり，訴訟上も，本権秩序に対して占有の訴
えの独自の存在意義を認める必要があると理解している。

　ただし今日では，占有の訴えの存在意義は極めて限定されてお
り，民法学の通説が主張する，両請求を訴訟上も認めておく実益
は，それほど大きくはないことに注意する必要があろう（⇒ 4）。

Case 5-4 ──────────────────────────────

　Aの自宅のすぐ前の路地に，鍵をかけないまま2ヶ月近く，自転車
が放置されていた。Aは，誰かが捨てたものと思い込み，この自転車を
利用していた。数ヶ月して自転車の所有者Bが実力でこれを奪い返し
た場合，AはBに対して占有回収の訴えができるか。これに対して，
Bはどのような反論ができるか。

────────────────────────────────────

| 民法202条2項の意味 | Aは占有を正当化する権限をもたない |

不適法占有者である。しかし，BはA
の占有を侵奪しているのであるから，AはBに対して占有回収
の訴えができる。これに対して，Aに占有権があるという主張
を排斥するために，Bは202条2項により，自己に所有権がある
ことを防御方法（＝抗弁）として持ち出せない。また，裁判所は
Bの所有権の有無を理由として裁判をしてはならない。

　ただ，Aの占有回収の訴えが勝訴に確定した後も，もちろんB
は所有者であるから，Aに対して所有権に基づいて自転車の返
還を求めることはできる。そうすると，202条2項は無駄な規定
といえなくもない。しかし，正当な権利者であっても，他人の意
思を排除してその権利を実現するためには，裁判・強制執行の手

続を経るべきであり，自力による権利の実現は，原則として禁じられている。本権者であるBに対してAの占有回収の訴えを認め，しかも，Bが本権者であることを理由としてAの請求を棄却できないのは，Bの自力行使の不当を裁判所が宣言するためである。

| 本権反訴の場合 |

もっとも，判例・通説は，占有の訴えに対して，本権に基づく「反訴」の提起は許されると解している（最判昭40・3・4民集19巻2号197頁）。Case 5-4に即して説明すると，AのBに対する占有回収の訴えに対して，この訴訟手続を利用してBがAに対して所有物の返還請求の訴えを提起することはできることになる。

①占有の訴えと本権の訴えには関連性があり，請求の併合が認められていること，②防御方法（＝抗弁）と独立の請求（＝反訴）とは異なることを理由とする。反訴の場合には，同一の訴訟手続を利用できるといっても，AのBに対する占有物返還請求権とBの所有物の返還請求権は別個の請求であるから，AのBに対する占有物返還請求訴訟においてBに所有権があることは考慮されないからである。このように解すると，202条2項は占有の訴えに対して本権があることを防御方法として持ち出すことのみを禁止しているにすぎないことになる。上の見解に対しては，自力救済を抑制するためには，本権に基づく反訴提起を認めるべきではないとする少数説がある。

◆両請求認容後の後始末　Case 5-4では，AのBに対する占有物返還請求権もBのAに対する所有権に基づく返還請求権も共に認容される可能性がある。双方がそのまま認容されると，強制執行手続上，調整の困難な矛盾が生じることが多い（例えば，BのAに

対する所有物返還請求権が執行された後に，AのBに対する占有物返還
請求権が執行された場合）。そこで，このような困難を回避するため
に，①占有者に現在の給付判決を与え，本権者には将来の給付判決
を与えることにより，執行機関に執行の順序を明示する見解，②本
権勝訴判決が確定したときは，これと抵触する占有保護請求権は消
滅すると解する見解が主張されている。

Case 5-5 ─────────────────────────────

Aから借りていた自転車を盗まれたBは，返却期限までに何とか自
転車を見つけ出そうと懸命に捜していた。盗難から数ヶ月後，Cが犯人
らしいとの情報を入手したBは，Cの隙をみてCの家の前にあった自
転車を自宅に持ち帰った。CはBに自転車の返還を請求できるか。

───────────

> 交 互 侵 奪

（1）　Cが自転車を盗む際にBがそれを
発見したのであればBは自己の占有を
防御するために自力行使ができるものと解されている。①直ちに
自力を行使しないと，後の訴訟で権利を実現することが，少なく
とも実際上きわめて困難となること，かつ②自力行使が緊急の権
利確保に必要な限度を超えないこと，以上の要件を充たす場合に
は，例外的に自力救済が認められている。

しかしCase 5-5では，Cの占有状態が数ヶ月継続しており，
Cによる占有状態が安定した後であるから，Bがこれを取り戻す
には占有の訴えによるべきであり，Bの実力行使は違法である
（大判大13・5・22民集3巻224頁）。

（2）　しかし，学説上は，Bの行為は正当な自力救済であると
する見解が有力である。①BがCに対して占有回収の訴えを請
求できる期間内（1年内）はBの占有が継続しているとみるべき
こと（203条ただし書），②Cの占有回収の訴えを認容しても，B

もさらに占有回収の訴えで取り戻しうるから，訴訟経済上，Cの訴えを認めるべきでないことを理由とする。

　上の学説に立つと，結局，Cによる侵奪後，1年間はBによる自力救済を認容する結果となる。しかし，自力救済の禁止の実現に占有の訴えの意義を認めるとすれば疑問が残る。

④　占有の訴えの今日的意義

意義をめぐる
見解の対立

　Case 5-1，Case 5-3，Case 5-4 から明らかなように，占有の訴えの存在意義は様々である。Case 5-1 からすると，賃借人のように，第三者に対してその権利を主張しえない債権的権利者が，第三者の占有侵奪を排除するための制度であるということになる（債権的利用権者保護説）。Case 5-3 からは，本来，権利の救済は本権によるべきであるが，証明がしやすい占有に基づいて本権者が救済を受けやすくする制度が占有の訴えであるともいえる（本権保護説）。また，Case 5-4 からは，占有の訴えは現在の占有状態が正当かどうかを問うことなく，現在の占有状態そのものが私人の実力によって乱されることを阻止するという目的をもつ制度，つまり，自力救済の禁止に主眼があると捉えることもできることになる（法秩序維持説）。

　もっとも，対抗力のある不動産賃借権の場合に，債権（＝本権）に基づいて妨害の停止及び占有の返還請求権を認めており（605条の4），また賃借人は所有者の侵害者に対する物権的請求権を代位行使できると解されている（⇒第14章 4，第4巻）。したがって，債権的利用権者の保護という観点からみるかぎり，占有の訴えを認める意義は必ずしも大きいとはいえない。また，次

章で学ぶように，占有ないし登記には本権推定力（188条）がある。そうすると，本権者が救済を受けやすくするために，占有の訴えを持ち出す必要は少ない。

| 残された意義 |

わが国の占有の訴えの場合，訴訟上，簡易・迅速な手続が用意されているわけではない。それにもかかわらず，占有の訴えが実際に意味をもつ場合を考えてみると，①対抗力がない賃借権など第三者に対して債権的権利を主張して占有状態を回復できない場合，②所有物を奪取されたため，占有者に対する関係で占有の本権推定力が期待できない結果，所有者であることの証明が困難を伴う場合（203条により占有回収の訴えを提起する場合には，占有が消滅していないと取り扱われるため占有物の返還が可能となる），③自力救済を抑制する必要がある場合などがあげられる。結局，占有の訴えの意義を一元的に説明することは困難であり，その意義も大きいとはいえないことになる。

3 占有の訴えの要件としての占有

1 占有の成立と消滅

占有それ自体の保護のために，占有者に与えられている占有の訴えがどのような制度であるかを見てきたが，このような効果は，物を事実上支配していると，誰にでも認められるのだろうか。以下では，占有保護請求権という効果を発生させる要件として，どのような占有が必要なのかを検討することにしよう。

Web 占有が要件となっている他の制度 ❖❖❖❖❖❖❖❖❖❖❖❖❖❖❖

　民法上，占有が要件となっている制度は占有の訴え以外にもある。例えば，取得時効（162条），家畜外動物の取得（195条），無主物の帰属（239条），遺失物の拾得（240条），埋蔵物の発見（241条），即時取得（192条）において，占有していることが要件となっている。また，引渡し＝占有の移転が動産の物権変動（178条）の対抗要件となっており，占有は留置権の成立要件（295条）・存続要件（302条）・対抗要件，質権の成立要件（342条〜345条）・動産質の対抗要件（352条）でもある。工作物の占有者には，工作物から発生した損害について責任が負わされている（717条）。

　しかし，「占有」という同一の用語が使われていても，それぞれの制度の趣旨との関係で，その意味は異なり，180条以下の規定によって占有の意義が一義的に定まるわけではない。

❖❖❖❖❖❖❖❖❖❖❖❖❖❖❖❖❖❖❖❖❖❖❖❖❖❖❖❖❖❖❖❖❖❖❖❖❖

Case 5-6 ──────────────────────────────

　A所有の建物を賃借して，Bは，妻Cと共に居住していた。アメリカで暮らしている娘を訪問するために，BとCが2ヶ月ほど家を留守にしているうちに，土地と建物の一部に浮浪者Dが住みついてしまった。ABCはそれぞれDに対して占有回収の訴えを提起できるか。

──

　Case 5-6において，ABCがそれぞれDに対して占有の訴えができるのかどうかは，ABCが本件土地・建物を占有しているといえるかどうかによる。民法180条によると，ある人が物を占有しているというためには，①自己のためにする意思をもって，②物を所持することが必要である。民法203条は，占有の意思を放棄し占有物の所持を失うことによって占有が消滅すると規定しているが，この規定からも，①と②が占有の成立要件であることは明らかである。

	ところで，土地・建物の所有者である
自己のためにする意思 ── 要件①	A とは異なり，B には土地と建物を所有する意思はない。

しかし，Case 5-1 において見てきたように，賃借人に占有の訴えを認めないと，現実に物を支配しているのに保護されなくなるおそれがある。

そこで，180 条は「自己のためにする意思」をもって所持することを占有の要件として要求している。これは，所有者として所持する意思までの必要はなく，自分が当該物件から事実上の利益を受ける意思をもって所持すれば足りることを示すためであると解されている（判例・通説）。また，事実上の利益とは，B のように当該物件を使用・収益できるという積極的なものだけでなく，物の保管を依頼された受寄者・受任者・財産管理人などのように，所持をしていれば責任を負わなくてすむという消極的なものであってもよいと解されている。

◆占有の成立要件と所持者の意思　　所持者に何らかの意思を要求するかどうか（主観説か客観説か），また，どのような意思を要するかについては，国・時代により違いがある。フランス民法典（1804年）・オーストリア一般民法典（1811年）は「所有者として所持する意思」を要求しており，「自己のためにする意思」をもって所持することを要するとする日本民法典（1898年）は，主観説の最後の立法例に属するといわれている。このように意思を要求するのは，19世紀における自由主義の思想の影響を受けたものであるが，実質的な違いは賃借人に占有の訴えを認めるかどうかという点にある。これに対して，ドイツ民法典（1900年）・スイス民法典（1907年）は所持のみで足りるとして主観的要件を占有成立の要件としていない。

| 意思の客観的判定 |

ただ，「意思」自体を証明することは簡単ではない。そこで，物の所持を生じさせた原因が，客観的にみて，そのような意思を伴う性質のものであれば，それだけで自己のためにする意思があると解されている。

Case 5-7

Case 5-6 において，Bが交通事故にあい意識不明の状態が続きアメリカ滞在が長引いているうちに，Dが住みついてしまった場合はどうか。

Dが住みついた時点で，Bにはすでに意思能力がない。通説は，一般的・潜在的に当該物件から事実上の利益を受ける意思があればよいと解している。これに対して，ここまで主観的要件を緩和するのであれば，もはや所持のみで占有の成立を認めるべきであるとする見解（客観説）が有力に主張されている。

しかし，客観説のように解すると，占有補助者（後述）も物を所持していることから，占有補助者と占有者を区別し，前者に占有の訴えを認めない理由が説明できなくなる。そこで，賃借人であれば，賃借権の客観的性質からして，本件土地・建物を使用・収益する利益を受ける意思で所持していたと考えられることから，占有を放棄するなど，自己のためにする意思を失ったと判断することができる特段の事情がないかぎり，賃借人として事実上の利益を受ける意思は持続しているものと解すべきである（203条参照）。このように解すると，実質的には訴訟においてBの意思の不存在につき反証が許される余地はほとんどないことになる。

| 所持——要件② |

占有のもう1つの成立要件は所持である。Bは借家人であるから，建物はともかく，

敷地を所持しているといえるのであろうか。また，AはBに本件建物を賃貸しており，自らは建物を使用することができないが，その場合にも建物を所持しているといえるのであろうか。

　確かに，占有は物の事実的支配に基づいているが，占有があるかどうかは，単に物に対して物理的な力を及ぼしているかどうかという問題ではない。一定の法的効果を与えるべき社会関係があるかどうかという評価の問題であり，物がその人の事実的支配下にあると認められる客観的関係があればよいと解されている。

　このような観点からすると，建物は敷地を離れて存在しえないことから，借家人Bは建物の占有を通じて恒常的に敷地についても支配しているものと解すべきである（最判昭34・4・15訟月5巻6号733頁）。

　また，Aは，借家人であるBを介して間接的にではあるが建物を支配していると解される。Aに観念的な占有取得を認めるのは，建物所有権の実現をAに保障するためには，所有権に基づいて物権的請求権を行使するだけでなく，Aにも占有の訴えによってDの妨害を排除する方法を認めることが必要であると考えられているからである。181条が，占有は，占有代理人に物を所持させることによっても取得できると規定しているのは，保護すべき占有者の範囲を拡大するためである。このように，B（占有代理人）が所持をなし，A（本人）がこれに基づいて占有を取得するという関係を代理占有といい，占有者自らが所持する自己占有と区別している。なお，占有代理人は直接占有者，本人は間接占有者，本人固有の占有は間接占有にほぼ対応しているといってよい。

代理占有の要件	民法典には，代理占有がいかなる場合に成立するかを定めた規定がない。しかし，

代理占有の消滅原因を定めた 204 条からすると，①本人のためにする意思をもって，②占有代理人が物を所持すること，③占有代理人と本人との間に一定の関係（占有代理関係）があることが必要である。もっとも，①については，所持を取得した原因（権原）の性質によって外形的・客観的に決定されるべきものとされており，③の占有代理関係が認められれば，それに対応した意思はあるものと考えられる。

Case 5-8

Case 5-6 において，B 夫婦が渡米する以前に，賃料の滞納を原因として A が賃料の支払を催告した上で賃貸借契約を解除したが，B が立ち退かずにいた場合はどうか。

占有代理関係	占有代理関係があるといえるためには，AB 間の関係が有効である必要はない。

占有を保護するのは，事実上の支配関係を保護するためであるから，外形的にみて支配関係があれば足りる。本人 A が外見上占有を正当化すべき権原を有し，所持者 B がこの権原に基づいて物を所持するため，外見上，所持者が本人に対して物を返還すべき地位にあるといえれば，占有代理関係があるといってよい。したがって，Case 5-8 の場合にも，AB ともに D に対して占有回収の訴えができる。

ただ，A は，B の占有を介して占有を取得していることから，A の占有は B の占有について生じた事由から一定の影響を受けることになる。具体的には，占有侵奪の有無などは占有代理人の

占有態様によって決せられる。また，占有の善意・悪意についても占有代理人を基準とすることになる。ただし，占有代理人が善意であっても本人が悪意の場合には，本人の占有については悪意占有とみるべきであろう（101条3項参照）。

Web　代理と代理占有 ✤✤✤✤✤✤✤✤✤✤✤✤✤✤✤✤✤✤✤✤✤✤✤✤✤✤✤
　　代理占有という用語が使われているのは，物を直接支配している者（占有代理人）が自分以外の者（本人）のためにする意思をもって本人に占有の効果を帰属させている点が，民法99条以下の代理に類似しているからである。しかし，法律行為の代理と代理占有との間には多くの点で違いがある。
　　代理占有の場合，通説は本人のためにする意思があったかどうかを本人と占有代理人間の関係から外形的・客観的に決定しており，本人に占有の効果が帰属するのは，占有代理人による意思表示の効果ではない。また，たとえ占有代理人と本人との間の内部関係（賃貸借契約・寄託契約など）が有効に成立していなくとも，代理占有は消滅しない（204条2項）。さらに，代理の場合には代理人の意思表示の効果は全部本人に帰属するのに対して，代理占有の場合には占有効果は本人だけでなく，占有代理人にも帰属する点で違いがある。

✤✤✤

占有代理人と
占有補助者

　　　　　　　ところで，Bの妻Cも建物に居住している。この点からすれば，AはCを介して建物を所持しているといってよいようにも思われる。しかし，BがDに対して占有の訴えをすれば，Cに占有の訴えを認める必要性は乏しい。そこで，一般的には，CはBの手足として所持するにとどまり，独立した所持がないと解されている。このようなCを占有補助者という。雇主とその従業員についても，BC間の関係と同様の扱いがなされている。
　　占有補助者には独立の所持者たる地位が認められないことから，AはCを介して建物を所持しているとはいえないことになる。

したがって，代理占有は独立して物を所持する占有代理人との間でしか成立しないことになる。

◆占有補助者であることの効果　Cが占有補助者であるということは，占有者としての責任を負わないことも意味しており，Aからの建物の明渡請求や損害賠償請求の相手方にもならないと解されている（最判昭35・4・7民集14巻5号751頁）。しかし，占有補助者である点から占有者としての責任もないことが，あらゆる場合に演繹的に認められるわけではなく，紛争の争点がいかなる点にあるかによる。

◆法人の理事・取締役と占有　法人の理事・取締役についても占有代理人か占有補助者かが争われている。法人実在説に立つと，理事・取締役による物の現実支配は法人の所持そのものであり，理事・取締役は法人の占有補助者（占有機関）と解されることになる（最判昭32・2・15民集11巻2号270頁）。一方，法人擬制説に立つと，理事・取締役は法人の代理人であり，法人は代理占有（間接占有）を取得することになる。

② 占有（権）の承継

占有の譲渡性

占有権が占有，すなわち物の事実的支配に基づいて成立するとすれば，本来，占有権は原始取得されるだけで承継取得されることはないはずである。しかし，民法は182条以下で前主の占有が当事者間の合意により同一性を保ちながら新占有者に移転すること，つまり占有の譲渡性を認めており，占有権も承継取得されることが認められている。

占有取得の方式

占有取得の方法には，以下の4つの方式がある（⇒図5-1）。①現実に物に対する現実的支配を移転することによって占有を移転する現実の引渡し（182条1項），②占有を移転する旨の合意だけで前主の占有の移

図 5–1　占有移転の態様と占有の観念化

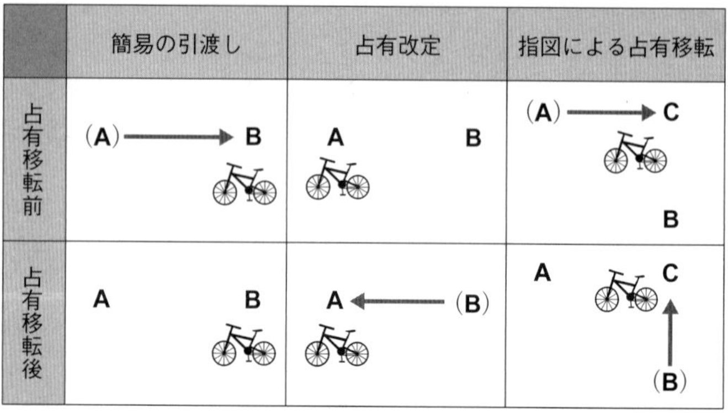

	簡易の引渡し	占有改定	指図による占有移転
占有移転前	(A)━━━▶ B 🚲	A　　　　B 🚲	(A)━━━▶ C 🚲 　　　　　　B
占有移転後	A　　　　B 🚲	A ◀━━━ (B) 🚲	A　　C 🚲 　　　▲ 　　(B)

(A)━━▶ B　A が B を占有代理人として代理占有していることを示す

転を認める**簡易の引渡し**（182条2項。例えば，A から借りていた自転車を B が買い取る場合に占有移転の合意をすれば，B は占有を取得する），③物を所持している者が，以後，他人のために占有する意思を表示すれば占有の移転を認める**占有改定**（183条。例えば，A が所持している A 所有の自転車を B に売却し，以後，B のために A が占有代理人として占有するという意思を表示すると，B は占有を取得する），④占有代理人によって物の占有をする場合に，本人が占有代理人に対して，それ以後第三者のために，その物の占有をすることを命じ，第三者がこれを承諾することによって占有の移転を認める**指図による占有移転**（184条。例えば，A が C に貸していた自転車を B に売った場合に，A が C に対して以後 B のために占有するように命じ，B がこれを承諾した場合には，B は占有を取得する）である。

　②～④は当事者間の合意のみで占有が移転する。前述したよう

に，現実に物を直接支配していなくとも占有の成立を承認する，いわゆる占有の観念化が容認されていることに基づいている。

なお，後述する動産所有権の移転など動産の物権変動は引渡しを対抗要件としており，引渡しとは占有を移転することであると解されている。このことから，上に述べた占有の承継取得の方式は動産の物権変動との関係でも重要となる（⇒第11章 *1* ②）。

占有（権）承継の効果 占有権が承継される場合，占有承継人には，前の占有者（前主）の占有と同一性を有する占有が継続している。反面，占有承継人は自らも物に対する現実の支配を取得しているから，新たな占有を始めたとも考えられる。民法は，このような占有承継人の占有の二面性を承認し，占有承継人は，その選択に従って，自己の占有のみを主張することも，自己の占有に前主の占有を併せて主張することもできるとしている（187条1項）。

ただし，前主の占有に併せて自己の占有を主張する場合には，前主の占有の瑕疵も承継することになる（同条2項）。

Case 5-9

Aは1985年に死亡した。アメリカ放浪の旅に出ていた息子Bが，その事実を知ったのは，2年後のことであった。唯一の肉親を失ったBは，親不孝を後悔して，Aが生前居住していた土地で古い建物を改築して家業を再開することにした。ところが，取り壊す予定の建物に浮浪者Cが住みついてしまった。アメリカにいるBはCに対して占有回収の訴えを提起できるか。

相続による占有（権）の承継は可能か Bはアメリカに居住しているから，土地・家屋に対して現実的な支配を及ぼしているわけではない。この場合にBが

占有を相続できないとすると，Cが本件土地・建物を不法占拠したとしても，Bは占有回収の訴えができないことになってしまう。

　BがAの死亡後直ちに帰国し，Z建物で居住を始めたとすれば，Bは本件土地・建物を占有したということになり，Cに対して占有回収の訴えができるのに，たまたまBが相続開始を知らなかった場合や相続財産の実際の所持が遅れた場合など，偶然の事情によって占有の訴えができなくなることは不都合である。

　すでに見てきたように，民法は現実の所持を離れた観念的な占有の取得を認めている。そこで，判例・通説は，①被相続人の事実上の支配の中にあった物は，原則として当然に相続人の支配の中に承継されるとみるべきであるから，その結果として，占有権も承継されること，②被相続人が死亡して相続が開始するときは，特別の事情のないかぎり，従前その占有に属していた物が当然相続人の占有に移るものと解している（最判昭44・10・30民集23巻10号1881頁）。

③　準　占　有

　物の支配を伴わない財産的利益を事実上支配する場合にも，物を事実上支配している場合と同様の保護が必要な場合がある。そこで，民法205条は，このような場合を準占有と呼んでいる。準占有が成立すると解されている具体例としては，債権，鉱業権・漁業権のような準物権，著作権・特許権などの知的財産権があげられる。準占有と解する最大の効果は，占有の訴えの準用によって，これらの権利に対する侵害の排除・現状の保全が可能になる点にある。

第6章 占有と本権との関係

> 占有があれば，本権があるものと推定されたり，本権
> の取得が認められたりする場合がある。本章では，占有
> と本権との関係を考えてみることにしよう。

1 占有と本権

　所有権や地上権・賃借権など占有を正当化する権利（＝占有すべ
き権利）は本権といわれる。所有者が自分の物を使用する場合や
賃借人が他人の物を利用する場合など，占有者が本権者であるこ
とは，日常の生活の中では多い。そこで，この蓋然性を基礎に，
占有と本権との間に密接な関係があることを認める規定が存在す
る。

　以下では，①占有が本権の存在を徴表するものと取り扱われて
いる場合（188条）と，②占有に他の要件が加わって本権を取得
する効果が認められている場合とに分けて，占有と本権との関係
を考えてみることにしよう。

2 占有の本権推定力

① 188条の推定とは

Case 6-1

AはBから建物を購入し居住していたが，まだ所有権移転登記をしていなかった。

❶ ある日，AはCから建物の明渡しを求められた。Cによれば，本件建物の所有者はCであり，Bは空き家であった本件建物をCから買い受けたように書類を偽造して，勝手にB名義の移転登記を経由した上で，Aに転売し引渡しをしたとのことであった。AはCに対して自分が所有者であることの確認を求める訴訟を提起することにしたが，どのような事実を主張したらよいだろうか。

❷ Bは，あたかも自分がCであるように装って，本件建物をAに売却し，代金を持って逃走してしまった。AがCに対して移転登記請求訴訟を提起した場合はどうか。

(1) 所有者であると主張する者は，所有権が自分にあることを証明しなければならないのが原則である。Case 6-1 ❶ の場合，売買契約書を示してBとの間で売買契約が締結されたことをAが証明しても，売主＝前主であるBに建物の所有権が帰属していなければ，Aが建物の所有権を取得したことを立証したことにはならない。本権の証明は悪魔の証明であるといわれるが，Aが所有者＝本権者であるとする証明は簡単ではない。

(2) そこで，民法は，占有者が本権者であることが日常生活の中では多いことを前提として，占有者は，占有することを正当

化する権利を有し適法に占有するものと推定するという規定（188条）をおいている。この規定によって，本来の権利者は本権証明の負担が軽減され，本権行使に対する妨害が取り除かれる。占有を要件として所有権・地上権・質権・賃借権など占有を正当化する権利＝本権があることを推定していることから，188条は法律上の権利推定規定であると解されている。

1では，Aが建物に居住している事実を証明すると，Aが本権者＝所有者であると推定されることになる。この推定を覆すためには，Aが所有権を取得した原因となりうる，あらゆる事実がないと裁判官が確信する程度（本証）まで，Cが立証しなければならないことになる。

◆188条の推定の意味　推定には，法律上の推定規定以外に事実上の推定がある。188条が，事実上の推定規定であるなら，占有しているAは所有者らしいということにとどまり，Cとしては，本権ありとの裁判所の心証を動揺させる程度（反証），すなわちAが所有者かどうか不明であるという状態まで証明すれば，推定は覆ることになる。しかし，これでは，占有していることは本権らしく思われるその他の徴表と同列の意味しかなくなり，あえて188条をおく意味はないことになる。そこで，通説は188条を法律上の推定規定であると解している。

② 占有の推定力の制限

しかし，このように解すると Case 6-1 **1**において C の証明は極めて困難な作業となる。現実には本権者でない占有者もいるから，占有の推定が一般的・包括的に認められると，真実の権利者を害するおそれがある。そこで，学説上は188条の推定力を制限すべきであるとする見解が多い。

| 証明の程度の軽減 | まず，占有者が占有開始のときに本権をもっていなかったことが立証されれば |

まず，占有者が占有開始のときに本権をもっていなかったことが立証されれば（例えば，占有者が所有者から目的物を奪ったこと，占有者が無権利者から譲渡を受けたことなど），188条の推定は破れると解する見解である。このように解すると，占有者がなお本権者であると主張するためには，占有の開始後に本権を取得したことを積極的に立証しなければならないことになる。Case 6-1 **1** においても，Bが無権利者であったことをCが証明できれば，推定は覆り，Aは自分が所有者であることを主張するために，積極的に所有権を取得したことを立証しなければならないことになる。

| 適用範囲の限定 | もう1つは，188条の適用範囲を制限しようとする見解である。 |

もう1つは，188条の適用範囲を制限しようとする見解である。例えば，Case 6-1 **2** で，Aの占有に本権推定力を認めると，Cが所有者であることを公示するために登記を経由した意味がなくなる。

　そこで，登記済みの不動産の場合には，登記にまず推定力を与え（最判昭34・1・8民集13巻1号1頁。詳しくは⇒第10章 **4** 5），登記簿上の所有名義人は，反証がないかぎり，当該不動産の所有者と推定され，この推定が破られて初めて，188条によって不動産の占有者が所有者であるという推定が働くものと解されている。

Case 6-2 ————————————————————————

　Aレストランは B 所有の絵画を賃借していたが，B は A に対して賃貸借期間の終了を原因として絵画の返還請求訴訟を提起した。B は A に賃借権がないことを立証しないかぎり敗訴は免れないか。

————————————————————————————————————

　Case 6-2 の場合にも，188条を適用すべきではない。上の場合には，絵画の所有者が B であることが前提とされ，A に賃借

権があるかどうかが争われている。それにもかかわらず，Aが絵画を占有しているというだけで，Aに賃借権＝本権があることが推定されると，所有者であるはずのBの権利が実現されなくなるおそれがあるからである。

　同様のことは，Aが，Bから絵画を購入し引渡しを受けたが，売買契約の無効を原因として，Bが所有権に基づいて絵画の引渡しを求める場合にも生じる。この場合にも，Aが絵画を占有していることから，Aに所有権があることを推定すべきではなく，売買契約が有効である点についてAが立証責任を負担すべきである。

　このように，所有者との関係や占有が伝来した前主との関係では，現占有者が188条の推定を援用すべきではなく，自ら本権の存在を立証すべきであると解される（最判昭35・3・1民集14巻3号327頁）。

3 占有の本権取得的効力

① 取得時効の成立要件としての占有

　無主物の帰属，遺失物の拾得，家畜以外の動物の取得（⇒第3章2），取得時効（⇒第1巻）など，占有には他の要件と結びついて占有者に本権を取得させる効力がある。このうち取得時効は，占有を要件として本権の取得を認める制度の中で最も重要な制度である。以下では，取得時効の成立要件である占有の意味を考えてみることにしよう。

Case 6-3

　ＡとＢは兄弟であり，隣接した土地に居住していた。Ａは売れない画家で，長年にわたり有機野菜を栽培して生計を立てながら創作活動を続けてきた。ところが，Ｂが急死したことから，Ｂの長男ＣがＡの土地に隣接するＢの土地・家屋を相続し，家屋を改築するために，Ａが現在耕作している土地を明け渡してほしいと申し入れてきた。本件土地の登記名義はＢとなっているが，Ｂの生存中，ＡはＢから本件土地の使用につき文句を言われたことはない。また，Ａは本件土地について固定資産税を負担したことはない。Ａはいかなる事実を主張すると，Ｃの請求を拒めるか。

取得時効と186条
の意義

　（1）　たとえ本件土地の所有者がＢであったとしても，Ａとしては取得時効により本件耕作部分の所有権を取得したことが立証できれば，Ｃの請求に応じる必要はない。

　民法は，占有が一定の態様をとる場合に限って，占有者に本権の取得を認めている。取得時効が成立するためには，①20年間，②所有の意思をもって，③平穏，かつ④公然に，⑤他人の物を占有していることが必要であり，⑥占有の始めに善意・無過失である場合には，占有期間が10年であっても所有権を取得することができる（162条）。

　（2）　これらの要件のうち，今日では取得時効の対象物は他人の物であることを要しないと判例・通説は解している。また，②③④⑥については，186条1項によって，占有者は所有の意思をもって，善意（自分が本権者であると信じたこと），平穏かつ公然に占有をなすものと推定されている。また，186条2項によって，占有の開始時と時効期間の満了時の占有を主張すれば，占有がそ

の間継続しているものと推定されている。

したがって，Case 6-3ではAの占有期間が20年間を超えていれば，占有の開始時と時効期間の満了時点でのAの占有の事実だけを，また，占有期間が20年に満たない場合には，上記の占有の事実と併せて，占有の始めに自己に所有権があるものと信じた点について過失がないことを主張・立証し（186条1項により無過失は推定されない。最判昭46・11・11判時654号52頁），かつ，援用の意思表示をすればよい。これに対して，CがAの取得時効を阻止するためには，Aの占有が所有の意思をもって平隠かつ公然になされなかったこと，Aの占有が継続していなかったこと，Aの占有期間が20年に満たない場合には，さらに，Aの占有が悪意で開始されたこと，以上いずれかの点について主張・立証すればよいことになる。

◆186条の推定の意味　　186条1項では所有の意思をもって，善意，平隠かつ公然に占有をしていることについて何ら前提事実を証明する必要がない。占有の事実だけを主張・立証すれば，当該占有が平隠かつ公然に善意であることが推定される。186条1項は暫定真実を定めた規定であると解されており，この結果「20年間他人の物を占有した者はその所有権を取得する。ただし，その占有が所有の意思をもって平隠かつ公然になされなかったときはこの限りではない」と定めたのと同じことになる。これに対して，同条2項では，占有の前後を証明すれば占有が継続していたことが推定されるから，法律上の事実推定規定であると解されている（判例・通説）。

———————————
自主占有と他主占有
の区別
———————————

取得時効の成立要件のうち「所有の意思」に基づく占有は自主占有と呼ばれており，賃借人や受寄者による物の占有のように，限定された目的のためにする，所有の意思のない占有＝

他主占有と区別される。

　判例（最判昭45・6・18判時600号83頁）・通説は，占有者の内心の意思によってではなく，占有取得の原因たる事実，すなわち権原の客観的な性質によって，所有の意思の有無を判断すべきであると解している（客観説）。したがって，自主占有者に本権が実在する必要はなく，無効な売買により所有権を取得したと誤信している買主や盗人も自主占有者である。また，解除条件付売買で解除条件が成就したときでも，それだけでは買主の占有が他主占有に変わるわけではない（最判昭60・3・28判時1168号56頁）。

他主占有から自主占有への転換

　もっとも，賃借人が借りた物を買い取る場合など，他主占有者が，新たな権原に基づき所有の意思をもって占有するに至った場合（最判昭51・12・2民集30巻11号1021頁，最判昭52・3・3民集31巻2号157頁）や，賃借人が賃貸人に対して賃貸借契約を解消し「これは俺の物だから返さぬ」といった場合など，他主占有者に占有させた者に対して，他主占有者が所有の意思があることを表示した場合には，他主占有から自主占有への転換の可能性を認めている（185条）。しかし，このような転換が生じないかぎり，他主占有者が占有を継続しても他主占有のままであり，取得時効が成立する余地はない。

他主占有権原

　Case 6-3の場合，186条1項により本件土地を占有しているAは自主占有者であることが推定されるから，CとしてはAが他主占有者であることを主張・立証しなければならない。外形的・客観的にみてAB間に使用貸借契約（593条）が成立していたとCが立証できれば，使用貸借は貸主が借主に使用権限のみを認めるものだから，

Ａの占有は他主占有権原に基づく占有ということになり，Ａの取得時効は成立しないことになる。

（1）　しかし，Case 6-3 では AB 間に使用貸借契約が締結されていたかどうかははっきりしない。そうすると，もはやＡが所有の意思をもって占有していたことは覆らないのだろうか。この点，判例（最判昭58・3・24民集37巻2号131頁）は，他主占有権原だけでなく，「占有者が占有中，真の所有者であれば通常はとらない態度を示し，若しくは所有者であれば当然とるべき行動に出なかったなど，外形的客観的にみて占有者が他人の所有権を排斥して占有する意思を有していなかったものと解される事情」（他主占有事情）が証明されるときにも，所有の意思をもって占有したとはいえないと解している。

（2）　具体的には，登記簿上の所有名義人に対して固定資産税などの公租公課が賦課されていることを知りながら，占有者がこれを負担しようとしなかった場合や，当該土地が他人名義になっていることを知りながら，所有権移転登記の請求を求めなかった場合などは，他主占有事情にあたる事実として考慮されている。通常，不動産の所有者であれば，所有者として移転登記を経由し，公租公課を負担するのが一般的だから，このような態度や行為をとらない者は，所有者のごとき外形のもとに占有していたとはいえないからである。

（3）　しかし，Case 6-3 の場合に，ABは隣接した土地を所有しているところから，Ａが本件土地を含めて公租公課を負担していたと誤信していた可能性もある。また，長年にわたり本件土地の登記名義人がBであったのは，本来Ａが所有する係争土地

他主占有事情

部分の公租公課を B が負担して A を経済的に援助するためであったとも考えられる。通常の取引における経験則に基づけば公租公課の負担や移転登記請求をすることは他主占有事情となるが，具体的事案において常にこれらの事実が他主占有事情の判断に際して決定的な事実となるわけではない（最判平 7・12・15 民集 49 巻 10 号 3088 頁）。

> **悪意との関係**

　A の占有期間が 10 年を超え 20 年に満たない場合には，占有者が占有の始めに善意・無過失でなければ取得時効は成立しない。所有権移転登記手続を求めないことや公租公課を負担しないという事実は悪意，すなわち自分が所有者であると信じていないことを推断する事実としても考慮される。したがって，上の事実が仮に他主占有事情として考慮されない場合にも，A の取得時効の成立が妨げられる可能性は残ることになる。

② 相続と取得時効の成立要件としての占有の特殊性

Case 6-4 ────────────────────────

　A の子 B は，1960 年に A から土地・家屋につき管理をゆだねられ，妻 C と共に当該家屋に居住し，家屋の一部を賃貸して賃料収入によって生計を立てていた。1972 年に B が事故死した。C は，B が生前に本件土地・家屋を A から贈与され，B の死亡により自分が相続したとばかり思っていた。C は本件不動産の登記済証を所持しており，B 死亡後も固定資産税を納付し，従前どおりの生活を続けていた。

■　B が死亡して 10 年目に A が死亡した。C は，B の兄 D から本件土地・家屋を A より相続したとして突如明渡しを求められた。C は D に本件土地・家屋を時効取得したと主張することができるだろうか。

❷ **❶**において，CがDより明渡しの請求を受けたのが，Bが死亡してから9年目であった場合はどうか。

　Bが本件土地・建物の占有を取得した原因は，本件不動産の管理のためになされた使用貸借契約であったと考えられる。したがって，Bの占有は他主占有であると解される。そうすると，Cが相続により承継した占有も他主占有であるから，たとえBの死後Cが善意・無過失で占有を継続しても，Cは時効取得することはないのであろうか。

　すでに見てきたように，相続により被相続人の占有は相続人に当然承継されるが（⇒第5章3②），占有は事実的な支配を基礎として認められる。したがって，相続人が自ら事実上の支配を開始した場合には，相続人固有の占有を否定すべきではないはずである。もちろん，相続人の占有に常に被相続人から承継した承継的・観念的占有と相続人固有の現実的占有の二面性があるわけではない。しかし，Case 6-4のように，居住を継続しているような場合には，相続人の占有に二面性があると解してよいであろう。

相続は新権原となるか

　Cの占有に二面性が認められるとしても，Cによる時効取得が認められるためには，自主占有であることが必要である。確かに，Bの死亡前後で，本件土地・家屋について外形的な支配状態には変化がない。それにもかかわらず，相続があったというだけで他主占有から自主占有への転換を認めると，所有者は相続人に引き続き貸していると思っていたため，何ら異議を述べなかったのに，所有権を失ってしまうおそれがある。

　しかし，相続によって被相続人の占有を承継すると同時に，独

自に開始した固有の現実的占有が相続人に認められる場合には，相続人固有の占有について「所有の意思」がある場合もありうる。そこで，判例（最判昭46・11・30民集25巻8号1437頁）・通説は，相続によって他主占有から自主占有への転換を認めるべき場合があると解している。このような転換が認められるときには，相続も新たな占有取得の原因たる事実，すなわち新権原にあたることになる（185条）。

自主占有事情とその証明責任

このように解すると，C固有の占有にも186条1項の自主占有の推定が及ぶ余地がありそうである。しかし，判例（最判平8・11・12民集50巻10号2591頁）は，他主占有者Bの相続人Cが，独自の占有に基づき取得時効の成立を主張する場合には，186条1項の推定は及ばないと解している。上の場合には，相続人が新たな事実的支配を開始したことによって，従来の占有の性質が変更されたものであるから，相続人Cにおいて，その事実的支配が外形的・客観的にみて，独自の所有の意思に基づくものと解される事情（自主占有事情）があることが必要であり，この事情についての証明責任は相続人が負うものと解している。

　Case 6-4の場合についてみると，CがBを相続し，本件土地・家屋に居住しているというだけでは，Cに所有の意思があるとはいえない。Cが登記済証を所持していること，固定資産税を納付していること，不動産を管理し収益を独占していること，AやDが本件不動産に対するCの支配を認識しながら，これに長年にわたって異議を述べていないこと等をCが主張・立証することができれば，Cの占有を自主占有と解する余地はある。このような場合には，Cは187条1項に基づき自己固有の占有のみを

主張して，善意・無過失で所有の意思をもって10年間占有を継続しているとして本件土地・建物を時効取得できることになる。

187条と185条との関係

これに対して Case 6-4 **2** の場合には，Cが相続人固有の占有を主張しても，自主占有を開始してから9年しか経過していない。そこで，この場合には，Cが自己固有の9年の占有と相続によってBより承継した12年の占有を併せて主張することができるかが問題となる。

確かに，占有期間を合算すると20年を超えるが，Cが相続により承継したBの占有は悪意・他主占有である。他主占有を承継しても取得する占有の性質は変わらない。したがって，**2**の場合，Cは本件土地・建物を時効取得することはできないことになる。187条1項によって，相続人は自己固有の占有に被相続人から承継した占有を合算して時効を主張できるといっても，意味があるのは，被相続人が自主占有者である場合に限られることになる。

◆187条により承継した前主の占有の態様と10年の取得時効

187条2項に関連して，判例（最判昭53・3・6民集32巻2号135頁）は，162条2項が占有の開始時点で善意・無過失であればよいとしていることから，2個以上の占有を併せて短期取得時効の完成が認められるためには，前主が善意・無過失であれば，後の占有者がたとえ悪意であってもよいものと解している。

しかし，学説上は，占有者全員について，占有の開始時点で善意・無過失であることを要すると解する見解が有力である。187条2項の文言からは，前主の占有に瑕疵がないことが承継されるのかどうかは，はっきりしない（⇒第5章3**2**）。判断の決め手は，短期取得時効によって，どの程度不動産取引の安全を図るべきなのかという点にある（⇒第1巻）。

第7章

不適法占有者と所有者間の法律関係

> 所有者から占有者に対して所有物返還請求権が行使された場合には，物から生じた果実の返還義務・損害賠償義務も同時に問題となる。以上の占有者の責任に関して，民法は特別なルール（189条〜191条・196条）を定めている。

1 所有者＝占有者関係

　本章で取り上げるのは，所有者が占有者に対して所有物返還請求権を行使した場合に，所有物返還請求に付随して発生してくる問題である。ただし，以下にも見るように，適法占有者と所有者との関係は，物自体の返還義務も含めて適法占有者の占有を基礎づける法律関係の中で規律されている。したがって，本章の中心は，それ以外の部分，すなわち不適法占有者と所有者の間の法律関係である。しかし，問題の在り方をはっきりさせるためにも，まずは適法占有者と所有者の間の関係を一瞥しておくこととしよう。

1 適法占有者の場合

Case 7-1 ————————————————————

　AはBに自己所有の家屋を賃料月額10万円，期限3年で，賃貸した。期間が1年経過したところで，Aはその所有権に基づいてBに家

屋の返還を請求できるか。

適法占有者と所有
物返還請求権

所有者は物の事実上の支配である占有を
含む物に対する包括的な支配権（使用・
収益・処分権。206条）をもっているから，
所有権に基づいて物を「占有すべき権利」（占有を根拠づけ正当化
する権利。「本権」）がある。したがって，所有者が占有を失って
いるときは，所有者は占有者に対して所有物返還請求権を行使し
て物の占有を回復することができる。

　しかし，占有者がその占有を正当化する権利，すなわち「占有
すべき権利」をもつときは（適法占有者），所有者は占有者に対し
て所有物返還請求権を行使できない。例えば，上記の Case 7-1
では，占有者Bは A から家屋を賃借しているから，BがAと締
結した賃貸借契約（601条）に基づく賃借権がBの占有すべき権
利である。

適法占有者の
使用・収益権

（1）　物の使用・収益権は本来は所有者
に帰属すべきものであるが，占有者は物
を使用し，かつ場合によっては物を収益

していることがある。しかし，適法占有者が占有中に取得する使
用利益・果実（収益）に関しては，適法占有者の占有すべき権利
を基礎づける契約関係の中で規律されている。例えば，Case 7-1
ではBは賃借権に基づいて A 所有の家屋の使用ができる。また，
Bが果実を収取できるか否かは，A との賃貸借契約の内容によっ
て決まる。すなわち，BがA から賃借した家屋をCに転貸して
（法定果実にあたる）転借料を取得できるかどうかは，転貸へのA
の承諾の有無による（612条）。

（2）　加えて，Bが賃借期間中に家屋を損傷した場合は，Bの賃貸借契約上の義務違反であり（616条・594条1項），BはAに対して債務不履行による損害賠償義務を負う（415条）。

（3）　反対に，今度はBが賃借期間中に家屋を修繕するなどして支出した費用を，Aに対して償還請求できることについても，規定がおかれている（608条）。

（4）　このように，所有物返還請求権の行使を受けない適法占有者と所有者の関係は，すべて占有者の占有すべき権利を基礎づける具体的な契約関係のルールによって規律されている。

② 不適法占有者の場合

Case 7-2 ━━━━━━━━━━━━━━━━━━━━━━━━━

■ BがAの家屋にAの許可なく住みついているとき，すなわちAの家屋を占有侵奪して不適法に占有する場合，AはBに対してどのような請求ができるか。

② ■の例でBがCに家屋を売却していたとき，あるいはDに家屋を賃貸していたときは，AはCDに対してどのような請求ができるか。

━━━━━━━━━━━━━━━━━━━━━━━━━━━━━━

┌─────────┐
│ 不適法占有者と　│
│ 所有物返還請求　│
└─────────┘

適法占有者とは反対に，占有者が占有すべき権利をもたない場合，つまり不適法占有者に対しては，所有者は所有物返還請求権を行使できる。例えば，Case 7-2の，Aの家屋を占有侵奪して不適法に占有するB，さらにBからその土地を買い受けたCや賃借したDに対しては，Aは家屋の返還を請求できる。というのも，他人の物の売買も契約当事者BC間では有効だが

（561条），処分権のないBから買い受けてもCはAの家屋の所有権を取得できない。したがって，占有すべき権利をもたないCは不適法自主占有者である。同様に，Aの家屋を賃貸する権限をもたないBから賃貸されたDも，不適法他主占有者だからである（自主占有・他主占有に関して⇒第6章3①）。

不適法占有者・所有者間の利害調整

（1）　Case 7-1の適法占有者の場合と違って，Case 7-2の不適法占有者Bおよび CDには占有すべき権利はもとより，物の使用・収益をする権利もない。それゆえ，Aは所有物返還請求とともに，BあるいはCDに対して使用利益・果実の返還請求ができるはずである。

（2）　さらに，BあるいはCDによって家屋が滅失・損傷されていれば不法行為を根拠とする損害賠償請求（709条）が原則として可能なはずである。

（3）　また，BあるいはCDが家屋の修繕をしていれば，反対にAに対して物に支出した費用（修繕費）の償還を請求できる。占有物を回復した所有者Aに修繕による利益が帰属すれば，それはAの法律上の原因のない利得（703条）だからである。

（4）　こうした所有者・占有者間，正確にいえば所有者と不適法占有者の間の利害調整は，所有者から所有物返還請求権が行使された場合に同時に問題となる。しかし，民法は，所有物返還請求権自体については直接の法規定をおいておらず，所有物返還請求の被告となる（不適法）占有者の権利・義務という視角から，占有権の箇所で以上の問題につき規律を与えている（189条〜191条・196条）。しかも，この所有者＝占有者関係の規定は，使用利益・果実収取および損害賠償に関しては，善意の不適法占有者を

優遇する内容となっている。それゆえ，以下ではまず特別な優遇の与えられていない悪意の占有者について見ていくこととしよう。

2 悪意の占有者の場合

Case 7-3 ─────────────────────────

1 Ａの農園とその附属建物をＢが自分に所有権，その他の本権がないと知って（悪意で）占有・使用し，かつ農園のリンゴの木を手入れしてリンゴ（果実）を収取し，さらに，Ｂは建物をも損傷してしまった。ＡはＢに対して，農園・附属建物の返還請求のほかに，どのような請求ができるか。

2 **1**で，ＢがＡの農園と建物の登記を勝手に自分名義にして，Ｂに所有権がないことについて悪意のＣに売却して引き渡した。Ｃが**1**のＢと同じように果実を収取し建物を損傷した場合，ＡはＣに対してどのような請求ができるか。

3 **2**で，Ｂに賃貸権限がないことにつき悪意のＤに，Ｂが農園と建物を賃貸し，Ｄが果実を収取し建物を損傷した場合はどうか。

────────────────────────────

使用利益・果実の
返還義務

1のＢは不適法占有者であるから，所有者Ａに農園・建物を返還する義務があるのは当然である。もちろん，Ｂは農園等の使用・収益権ももたないから，使用利益・果実はそれを正当化する根拠がないのに（「法律上の原因なく」。703条参照）Ｂに帰属している。それゆえ，所有者Ａに帰属すべき物の使用・収益をＢが侵害することで得た利益は，不当利得（703条・704条）としてＡに返還する必要がある。具体的には，使用利益は農園等の賃料相当額の支払であり，果実は現物返還，それが不能なら

価値賠償すべきことになる。もちろん，Bに故意・過失があれば，Aは不法行為による損害賠償（709条）を請求することもできる。また，民法は悪意の占有者には収取した果実は現物で，費消した果実はその価値賠償を命ずるほかに，「過失によって損傷し，又は収取を怠った果実の代価」の償還義務を課している（190条1項）。しかし，これは悪意の占有者にとっては，少しも酷ではない。占有物を所有者に返還すべき義務のあることは，占有の始めから悪意の占有者には十分にわかっているからである。

2　**3**でも，**1**で述べたことが当てはまる。ちなみに，**2**でCがAからの使用利益・果実の返還義務を免れるのは，Cが土地を時効取得したとき（162条1項）だけである。**3**では，Dの賃借権の時効取得の場合（163条）である（時効の効果は遡及するから，不適法な占有期間についても所有権または賃借権という占有すべき権利があったことになるからである。144条）。

損害賠償義務

1　**2**　**3**で，BまたはCDがAの建物を滅失・損傷し，かつ帰責事由（故意・過失）があった場合には，BまたはCDの行為は不法行為を構成するから，所有者Aに対して損害賠償義務を負うのは当然である。民法もその旨を定めている（191条）。

3 善意の占有者の場合

① 善意占有者の優遇

Case 7-4

1　BはAの農園と附属建物の登記を勝手に自分の名義にして，C

に売却して引き渡した。Cは農園がB所有の登記名義ゆえにBを所有者と信じて（善意），売買代金をBに支払って使用・収益してきた。AはCに使用利益・果実の返還請求ができるか。Cが建物を損傷した場合はどうか。

2 **1**で，DがBから善意で賃借して，農園等を使用・収益し，建物を損傷した場合はどうか。

使用利益・果実の
返還義務

Case 7-4の**1**でも，Cは不適法占有者であり，Aから所有物返還請求を受ければ，土地・建物の占有を失う。かつ，本来Cは土地・建物の使用利益，および収取した果実をAに返還しなければならないはずである。ところが，189条1項は善意の占有者の収取した果実の返還義務を免じている。果実すら返還の義務がないのだから，使用利益も同様と解されている。これは，一見すると不合理な規定である。Cには使用・収益はもとより，そもそも占有すべき権利すらないからである。しかし，善意の占有者は自分に果実収取権があると信頼して占有物を利用する。しかも，その場合には所有者も怠慢であることが多いし，果実の返還を命じられることは善意占有者に酷だからである，と同条の意味は一般に説明されている。果実には，天然果実のみならず法定果実も含まれる。

さらに，近時の不当利得法の学説は，189条1項の趣旨をより具体化して次のように説明している。善意の自主占有者Cは，Bを所有者と信じて（善意），かつBに農園の買受けの対価を払って（有償），農園を使用・収益している。確かに，Cは土地所有権それ自体は取得できない。しかし，使用・収益の範囲では，B

から所有権を取得したというＣの信頼を，使用利益・収取した果実の返還義務を免れさせるという形で，同条は保護している。つまり，Ｃには所有権取得にまでは至らない使用利益・収取した果実という限られた範囲内での「部分的な」取引の安全が与えられていることになる。

　以上で説いたことを，より具体化すると次のとおりである。仮にＡに対して果実を返還する義務をＣに課しても，Ｃは売主Ｂに対して，売買契約を解除して支払った代金の返還・損害賠償の請求をすることができる（Ｂの権利の不適合に関する責任。561条・540条・415条）。しかし，Ｂが無資力なら，Ｃの代金返還請求，損害賠償請求は実際上は無価値である。ところが，189条1項によると，ＡはＣではなくＢに使用利益・果実の返還を請求すべきこととなる。したがって，Ｂの無資力の危険はＣではなく，Ａが負担する。その結果，Ａの犠牲においてＣには部分的に取引の安全が実現されることとなる。

　■1では，ＣはＢから所有権を取得したと信じていたから，善意の自主占有者である。■2では，ＤはＢに賃貸権限ありと信じていたから，善意の他主占有者である。しかし，189条1項は，果実収取に関しては自主占有者と他主占有者とを区別していない。それゆえ，■2でもＤはＡに対して使用利益・果実の返還義務を負わない。

| 損害賠償義務 |

善意の占有者が占有物を減失・損傷した場合に関しても，占有者は損害賠償義務を免れると191条は規定している。すなわち，使用・収益に関して与えられた取引の安全を，物の滅失・損傷にも及ぼしている。しかし，ここで Case 7-4 の■1の自主占有者と■2の他主占有者と

の違いがはっきりとする。すなわち，所有の意思のない占有者（他主占有者）は善意であっても，物の滅失・損傷の損害賠償の責めを負うからである（191条ただし書）。もっとも，この規定は当然である。**❷**の賃借人Dは占有物を自己の物と誤信して占有していたわけではなく，賃貸人Bという他人の物として使用・収益している。つまり，賃借人Dは帰責事由があって物を滅失・損傷すれば，賃貸人Bに対する契約上の義務違反により損害賠償義務を負うはずであった（616条・594条1項・415条参照）。したがって，ここでは，所有権も賃貸権限もないBではなく，Aが不法行為を根拠にDに対して損害賠償請求ができるのは当然である。

占有者による
占有物の費消

注意しておかなければならないのが物の滅失・損傷とは異なり，占有物自体を費消したときは善意の自主占有者といえども，191条のルールとは別に不当利得法のルール（703条）によって価値賠償の義務を負うことである。例えば，BがAの牛を盗んで善意のCに売却して引き渡し（192条・193条参照），Cが牛を費消して（食べて）しまった場合である。189条・191条は，善意の自主占有者が物を使用・収益するかぎりで，所有権取得の信頼を保護して使用利益・果実の返還義務を免れしめ，かつ使用・収益に伴う物の滅失・損傷の損害賠償責任を問わないとしたが，物の所有権（の価値）自体を占有者に帰属させているわけではないからである。191条が物の滅失・損傷の後に現存利益があれば善意の自主占有者にその返還を命じているのも，その理を明らかにしたものである。

② 善意占有者の例外

暴行・強迫・隠匿
の占有者

善意の占有者も所有者から所有物返還請求の訴えが提起され訴訟係属した後は，悪意の占有者とみなされる（189条2項）。もちろん，その訴訟で敗訴した場合である。善意の占有者といえども所有者からの訴え提起後は，後に使用利益・果実の返還を請求されることは計算に入れておかなくてはならない。物の滅失・毀損に関しても同様である。いずれは物の返還を覚悟しなければならないのであるから，善意の占有者も他人の物の保管者と同じであり，他主占有者と変わらないことになる。

以上の理は，占有が暴行もしくは強迫または隠匿によって取得されたときも同じである（190条2項）。ここでも，善意の占有者の占有すべき権利を取得したという信頼保護の基礎は存在しないからである。

無償契約による
占有取得の場合

加えて，善意の占有者といえども，無償で占有取得した場合は問題である。例えば，Case 7-4 ❶でCがBから農園を贈与（549条）されたとき，❷でDがBから使用貸借（593条）していた場合である。ここでは，CもDも物の使用・収益に対する対価を支払っていない。先にも述べたとおり，近時の不当利得法の学説は，善意占有者を優遇する根拠をより具体化して，部分的な「取引の安全」を善意の占有者に与えるためであると説明している。取引の安全は善意・有償の取引にだけ与えられると考えるなら，無償で占有取得したCDはAに果実の返還義務を負う，と解すべきことになる。

Case 7-5 ─────────────────────────────────────

　BはAの農園を自分の土地と誤信して，これを占有・使用し，かつ農園のリンゴの木を手入れして果実を収取した。AはBに対し，農園の返還とともに果実の返還も請求できるか。

─────────────────────────────────────

─────────────
取引によらない
占有取得
─────────────

　確かに，Case 7-5でのBは，善意の不適法占有者であるようにもみえる。しかし，結論として，BはAに果実の返還義務を負う，と解すべきである。その理由は，第1にBの善意性に関する疑問である。善意の占有者というのは，自分が所有権なりその他の占有すべき権利なりを取得したと誤信して占有している。それゆえ，善意の前提とは，自分に権利を譲渡した者（前主）にそのような権限があったと誤信していることである。ところが，設例のBは前主の権限を証明できない。したがって自己の善意の根拠を証明できず，悪意者として取り扱われることとなる。第2は，最近の不当利得法の学説の説明である。このような学説によると，民法が善意占有者に果実の返還義務を免れしめるのは，その限りでは善意・有償取得を保護するためであった。そうなると，189条・191条で保護されるのは，取引による対価を支払った占有者である。しかし，Case 7-5のBは取引の介在なく，したがって無償で占有取得している。それゆえ，Bは取引の安全と無縁であり，果実の返還義務を免れることはない，と解すべきであろう（大判昭7・5・18民集11巻1963頁も参照）。

4 不当利得法との関係

Case 7-6

　AはBに自己所有の農園を売却し，Bは代金を払って引渡しを受け使用・収益していた。ところが，AB間の売買契約は無効または取り消された。AはBに農園の返還を請求し，BはAに代金の返還を求めている。Bの農園の使用利益・果実の返還義務に関して，所有者＝占有者関係（189条～191条）の規定が適用されるのか。

所有者＝占有者関係と
不当利得の規定の齟齬

　　　　　　　　　　　　　AB間の売買契約が無効の場合はもとより，これが取り消されたときも取消しは遡及効をもつから（121条），Bには占有の始めから農園の所有権は帰属していなかったことになる。そうすると，Bの農園の使用利益・果実の取得は法律上の原因を欠き，不当利得（703条・704条）として返還義務を負うことになる。反対にAも代金を不当利得しており，これには受領時から法定利息を付して（404条）返還しなければならないはずである。しかし，他方でBは占有開始から占有すべき権利をもたないから，不適法占有者であったことになる。ところが，所有者と不適法占有者の間に適用される所有者＝占有者関係の規定によると，善意の不適法占有者は使用利益・果実の返還義務を免れる（189条1項）から，Bが善意（占有者）の場合には不当利得法と所有者＝占有者関係の規定との間に矛盾が生じる。そこで，かつてはこの双方の規定の適用の優劣をめぐって争いがあった。

しかし，例えばＢが未成年を理由に契約を取り消した場合を考えてみよう。Ｂが自分が未成年者（制限行為能力者）であると知って契約し（悪意），しかる後に売買契約を取り消したときも，121条の２第３項は未成年者に現存利益の返還を命じてその返還義務を減ずることで，制限行為能力者の保護を図っている。それゆえ，このように契約の巻戻し（原状回復。121条の２第１項）の内容を決定する際に重要なのは，契約を無効・取消しならしめた原因に対して法規定が与えている評価（無効・取消規範の保護目的）である。したがって，ここでは所有者＝占有者関係の基準とする占有者の善意・悪意は意味をもたず，したがって所有者＝占有者関係の規定は契約の巻戻しには適用されない，というのが現在の一致した学説である。

◆給付利得と侵害利得の区別　　今ひとつ付加しておけば，Case 7-6 ではＡＢは無効・取消し原因があったといえども表面的（表見的）には存在した契約上の債務の履行のために「給付」している。つまり，ＢはＡの給付によって利得（給付利得）している。他方で，所有者＝占有者関係の規定が適用される場合 Case 7-4 では，ＡＢ間，ＡＣ間ないしＡＤ間には契約関係は存在せず，ＢまたはＣＤはＡの所有権を「侵害」することで使用利益・果実を利得している（侵害利得）。近時の不当利得法の学説は，給付による不当利得（給付利得）と侵害による不当利得（侵害利得）とを区別して，189条〜191条（所有者＝占有者関係の規定）を侵害利得の特則と位置づけている。その特則のゆえんは善意の不適法占有者の保護であり，より具体的には善意・有償取得への部分的な取引の安全の保護である。それゆえ，以上いずれの観点からも，Case 7-6 で所有者＝占有者関係の規定が適用される余地はないことになる（不当利得の問題について⇒第６巻）。

5 占有者の費用償還請求権

適法占有者の場合　適法占有者が占有中に物に支出した費用の償還に関しては，その占有すべき権利を基礎づける法律関係で規律されている（⇒本章1①）。他方で，不適法占有者の支出した費用の償還請求は，196条が定めている。物の回復とともに所有者には占有者が物に支出した費用も帰属するが，これは所有者の法律上の原因のない利得（703条）だからである。

Case 7-7

❶ BはAの農園の登記を勝手に自己名義にして，Cに売却して引き渡した。Cは農園に植えられていた木の果実を収取したが，土地（農園）の税金も支払っていた。CはAから所有物返還請求されたときに，税金の償還をAに求められるか。

❷ ❶でCが農園の排水工事を行った場合に，Aに対して工事費用の償還を請求できるか。

不適法占有者の場合（必要費）　費用とは，占有者が物を保存したり改良するために物に支出した任意の出捐である。196条は，必要費と有益費を区別している。**必要費**とは，物の現状を維持するための保存や管理のための支出であり，家屋の修繕費や租税の支払などがこれに当たる。**有益費**とは，物の改良・利用のために支出した物の価値を増加させる出捐であり，土地の排水工事，道路の舗装等である。196条は，占有者はその善意・悪意にかかわらず，所有者に対し

て必要費の償還を請求できると定めている。ただし、善意の占有者が果実を取得していたときは、通常の必要費は占有者が負担しなくてはならない、とされている。善意の自主占有者が所有権を取得したと信頼しているがゆえに果実を収取できるなら、反対にその信頼を基礎にするなら、所有者として物の通常の必要費も負担するのは当然であろう。したがって、Case 7-7 **1**では、悪意のCは果実の返還義務を負うが、Aに租税の求償を請求できる。善意のCは果実収取しても返還義務は負わないが、租税を負担することになる。果実収取していた善意の占有者Cが償還請求できるのは、通常ではない必要費(例えば、土地が崩落した場合の工事費用)に限られることになる。さらに、占有者に必要費の償還が認められれば、占有者はその償還を受けるまでは占有物を留置できる(留置権〔295条〕。⇒第3巻)。

不適法占有者の場合(有益費)

他方で、**2**でCが支出した排水工事の費用は、有益費に当たる。ところが、必要費は物の現状を維持するためには不可欠の費用であるが、有益費はそうではない。いつ、どのような有益費を支出するのかは、物の所有者が決定すべきものである。占有者が所有者に有益費の償還を請求するのは、「利得の押しつけ」にもつながりかねない。そこで、196条は必要費と異なり、有益費の償還には2つの制限を設けた。第1に、有益費は増価が現存するかぎりで、かつ回復者(所有者)の選択によって支出額または増価額が償還される(回復者はその安価なほうを選択するであろう)。第2に、悪意の占有者の償還請求に対しては、回復者の請求によって裁判所は相当の期限を付すことができる。すなわち、悪意の占有者は物を留置できず、回復者Aが有益費による増価

を現実化させる（例えば，占有者Ｃの有益費の支出ゆえに高価となった物を第三者に賃貸して，高い賃料を取る）までは償還請求は認められないことになる。

Case 7-8

Case 7-7で，Ｂが農園をＤに賃貸していたときは，Ａから所有物返還請求権を行使されたＤは，Ａに対して税金・土地改良費の償還が請求できるか。

他主占有者の場合

Case 7-7で述べたルールは，Case 7-8でのＤにも当てはまる。確かに，Case 7-7の自主占有者Ｃと異なり他主占有者の賃借人Ｄは，仮にＢが無権利者ではなく賃貸権限があったときにも，費用の償還請求は賃貸人Ｂに対してだけ可能なはずであった（608条）。しかし，196条は，所有者であるＡの利得を重視して，ここでも果実収取と同様に自主占有者と他主占有者とを区別していない。つまり，ＤはＡに対しても費用の償還を請求できる。

不当利得法との関係

最後に，Case 7-6で，Ｂが農園の引渡しを受けて占有中に費用支出した（農園の排水工事をしていた）ときは，ＢはＡに対して費用償還請求できるかも問題となる。ここでも，*4*で果実について述べた理が当てはまり，Ｂの費用償還もＡＢ間の契約の巻戻しのルールに則して行われるべきである。しかし，民法は契約が無効・取消しの場合の費用償還に関する具体的なルールを持ち合わせていない。それゆえ，196条をそこでも類推適用していく余地は十分ありえよう。

■ *PART 3* 物 権 変 動

　物権変動とは，物権の得喪・変更であり，物権に関する権利変動の総称である（第8章）。物権変動をその原因によって大別すると，添付，無主物の帰属，相続等の法律行為によらない物権変動と，売買，贈与等の法律行為による物権変動がある（第8章5）。また，物権は（有体）物を全面的に支配（使用・収益・処分）する権利だから，その存在および権利変動を誰にでもわかるように公示しておかなくてはならない。特にそのことは，物権変動の当事者ではない第三者との関係で大きな意味をもつ。なぜなら，第三者は公示がなければ，物権変動の事実もその内容をも知る手段がないからである。公示手段は，不動産では登記であり，動産では引渡しまたは動産譲渡登記である。

　このような公示手段の違いから，物権変動に関して問題となることも不動産と動産とでは相当にその様相が異なっている。具体的には，不動産取引では，登記名義を信頼して不動産を買い受けても，必ずしも不動産の権利を取得できるとは限らない。民法は登記を対抗要件と定めているにすぎないからである（対抗要件主義）。したがって，不動産の物権変動では，対抗要件主義の評価をどこまで第三者保護のために拡大していけるのかが，問題の中心となる（第10章）。他方で，動産取引では引渡しまたは動産譲渡登記が対抗要件であるが（第11章），同時に占有を信頼して取引したときは，無権利者からでも権利取得できるという法制度（善意取得）がある。したがって，取引の安全は，動産取引の方

がより強く守られていることになる（ただし，不動産でも，例外的に 94 条 2 項の類推適用によって，同様の結果が得られる場合がある。⇒第 12 章）。以下では，物権変動に関する様々な問題を不動産，動産の各々について順次見ていくこととしよう。

MAP
PART 3：物権変動の構造

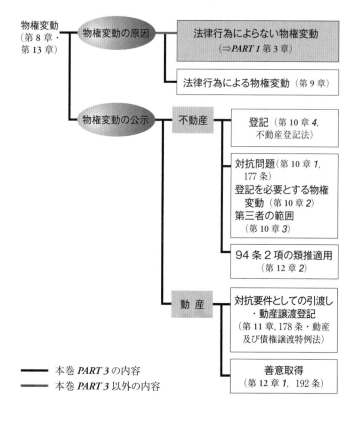

物権変動
（第 8 章・
第 13 章）

物権変動の原因

法律行為によらない物権変動
（⇒*PART 1* 第 3 章）

法律行為による物権変動（第 9 章）

物権変動の公示

不動産

登記（第 10 章 *4*，
不動産登記法）

対抗問題（第 10 章 *1*，
177 条）
登記を必要とする物権
変動（第 10 章 *2*）
第三者の範囲
（第 10 章 *3*）

94 条 2 項の類推適用
（第 12 章 *2*）

動産

対抗要件としての引渡し
・動産譲渡登記
（第 11 章，178 条・動産
及び債権譲渡特例法）

善意取得
（第 12 章 *1*，192 条）

―――― 本巻 *PART 3* の内容
―――― 本巻 *PART 3* 以外の内容

第 8 章 物権変動とは何か

物権の発生・変更・消滅を物権変動という。本章で
は，この物権変動に関する共通の問題をまとめて取り上
げることとする。

1 物権変動とは何か
●物権の発生・変更・消滅のプロセス

物権変動の定義

物権変動を定義すると，物権の発生・変
更・消滅ということになる。つまり，物
権変動とは，物権の権利客体である物から見た，物権の権利状態
の変化の総称である。例えば，建物が新築されれば建物所有権が
発生し，建物に設定された抵当権の被担保債権の利率が変更され
れば物権内容が変更され，建物が火災で焼失するとその権利客体
を失った建物の所有権は消滅する。しかし，重要なのは，権利主
体から見た物権変動である。具体的な権利主体への帰属を捨象し
て物権変動を観察しても，あまり有意義ではないからである。権
利主体にとっての物権変動とは，人が権利を取得し変更し喪失す
るプロセスである。民法も，「物権の設定及び移転」（176条），
「不動産に関する物権の得喪及び変更」（177条）というように，

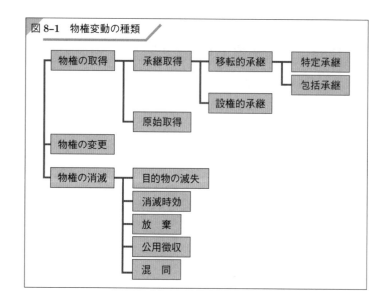

図 8-1　物権変動の種類

```
物権の取得 ─┬─ 承継取得 ─┬─ 移転的承継 ─┬─ 特定承継
　　　　　　　│　　　　　　 │　　　　　　　└─ 包括承継
　　　　　　　│　　　　　　 └─ 設権的承継
　　　　　　　└─ 原始取得
物権の変更
物権の消滅 ─┬─ 目的物の滅失
　　　　　　　├─ 消滅時効
　　　　　　　├─ 放　棄
　　　　　　　├─ 公用徴収
　　　　　　　└─ 混　同
```

権利主体の側から物権変動について規定している。まずは，これ
を簡単に整理しておこう。

2 物権の取得

　物権の取得は，承継取得と原始取得とに大別できる。

承継取得
　　　　　　売買によって，所有権が売主 A（前主）
　　　　　　から買主 B（後主）に移転するように，
物権がその同一性を保って移転する場合である。それゆえ，前主
A が物権に課した負担や権利の瑕疵は，そのまま後主 B に引き
継がれる。例えば，A が C のために地上権を設定した土地を B
に売却すれば，B は C の地上権の負担付きの土地を取得する。
また，A が他人物（D の土地）を B に売却すれば，B は原則とし

て物（D所有の土地）の所有権を取得できない。

(1) **移転的承継**　前主の物権が同一性を保って後主に引き継がれる場合であり，承継取得の主なケースである。

　① **特定承継**　Aが自己所有の土地をBに売却するように，特定の物権を個別的に承継する場合。

　② **包括承継**　被相続人Aが死亡して，相続人BがAを相続すると，相続財産に含まれる土地もBに移転する（896条）。つまり，特定承継とは異なり，前主Aの権利・義務が後主Bに包括的に移転する場合である。会社の合併，包括遺贈（990条）も，同様である。

(2) **設権的承継**　例えば，Aが自己所有の土地にBのために地上権を設定したときのように，既存の物権（Aの所有権）を基礎としてその内容を制限する物権（Bの地上権）を設定することである。つまり，BはAの物権（所有権）の一部（使用・収益）を取得していることになる。

　　　　　　　　　　　前主の権限とは無関係に，全くあらたに
　原 始 取 得　　　物権を取得する場合である。それゆえに，
原始取得によって前主の権利は消滅する。したがって，物権に関する負担・瑕疵は引き継がれない。

　具体的には，第3章で取り上げた，無主物の帰属（239条），遺失物の拾得（240条），埋蔵物の発見（241条），添付（242条〜246条）による所有権取得がそれである。加えて，前主の権利の瑕疵を引き継がないという意味では，時効取得（162条），動産の善意取得（192条。⇒第12章）も原始取得とされている。

3 物権の変更

物権の同一性が失われない限度で，物権の客体や内容が変わることである。例えば，建物の増築や，地上権の期間を延長するような場合である。

4 物権の消滅

目的物の滅失

物権は有体物を支配する権利であるから，権利の客体である有体物が消滅すれば物権も消滅せざるを得ない。例えば，Aの家屋が火災で消滅すれば，Aの建物所有権も消滅する。もちろん，焼け残った石材があれば，Aの石材への所有権は存続する。

消滅時効

所有権以外の物権は，原則として20年の消滅時効に服する（166条2項）。所有権も他人に時効取得されれば，その反射的効果として消滅することになる。

放棄

権利者Aが自己の有する物権を放棄する意思表示をすれば，原則として物権は消滅する。放棄の意思表示は単独行為ではあるが，所有権・占有権を除いて，放棄により直接に利益を受ける者（地上権の放棄はその負担を受ける土地の所有者）に対してなされなければならない。つまり，相手方のある単独行為である。

ただし，放棄が他人の権利を害するときには，自由に物権を放棄することは許されない。

Case 8-1

BはA所有の農地に永小作権（270条）の設定を受けたが，借財したCのためにその永小作権に抵当権を付した（369条2項参照）。BがAに対して永小作権を放棄する意思表示をすれば，Cの抵当権はその対象を失って消滅するのか。

398条は，このような放棄は抵当権者に対して効力がない，と定めている。同条は永小作権と地上権の放棄（268条1項）についてだけ，第三者を害する放棄はできないと定めているが，その趣旨は一般化されるべきだと解されている。例えば，借地上に建物を所有するBが，Cのために抵当権を設定した後に，借地権を放棄した場合である。

公用徴収 ）公共の利益のために，所有権などの財産権を国等が強制的に取り上げる場合（憲29条3項，収用1条，農地9条等）である。徴収者は権利を原始取得し，被徴収者は権利を失う。

混同 ）2つの法律上の地位が同一人に帰属して，双方を存続させておく必要がなくなれば，一方が他方に吸収されて消滅することを混同（179条）という。

Case 8-2

1　AはB所有の土地に地上権の設定を受けて，建物を所有していた。しかし，Aは後にBから土地を買い受けた。Aの地上権は，その所有権とともに存続するのか。

2　1で，BがAに地上権を設定した後に，Cのためにその土地に抵当権を設定していた場合，Aの地上権は存続するか。

3　1で，AがEのために地上権に抵当権を設定していたときはどうか。

| 所有権と制限物権の
同一人への帰属 | （1）原　則　　Case 8-2 **1** で土地所有
権を取得した A には，土地の使用・収
益・処分権がある。したがって，A は |

その土地上に建物を建てるために，もはや地上権を必要とせず，
地上権は土地所有権に吸収されて消滅する（179 条 1 項本文）。

（2）例外 1　　ただし，同一人に所有権と制限物権が帰属し
ても，その物が第三者の権利の目的となっているときは，混同は
生じない（179 条 1 項ただし書）。Case 8-2 **2** では，A が土地所有
権を取得しても，A の地上権は混同により消滅しない。A の地
上権が混同で消滅すれば，C が抵当権を実行して D が土地を競
落したときに，A は土地の買受人 D に対抗できる利用権をもた
ないことになるからである。

（3）例外 2　　制限物権が第三者の権利の目的であるときも，
混同は生じない（179 条 1 項ただし書）。Case 8-2 **3** では，A が土
地所有権を取得しても，A の地上権は混同により消滅しない。A
の地上権が土地所有権と混同して消滅すると，E の抵当権もその
客体を失って消滅するからである。

Case 8-3 ────────────────────────────────

1　A は B 所有の土地に地上権の設定を受け建物を建築したが，C
のために地上権に抵当権を設定した。しかし，その後 A は地上権と建
物を C に譲渡した。C の抵当権は存続するか。

2　**1** で，A が地上権に C の 1 番抵当権を設定しただけでなく，D
のために 2 番抵当権も設定していた場合，C の抵当権は存続するか。

3　**1** で，C が抵当権を E に転抵当（抵当権を目的として抵当権を設定
することを転抵当という。376 条）に供していたときはどうか。

────────────────────────────────

制限物権とこれを目的
とする他の権利の同一
人への帰属

(1) 原 則　　Case 8-3 **1**でＣの抵当
権の目的は，地上権の価値から優先弁済
を受けることであるが，その地上権自体
がすでにＣに帰属している。したがって，地上権を目的とする
Ｃの抵当権は，Ｃの取得した地上権と混同して消滅する（179条
2項前段）。

　(2) 例外1　　ただし，制限物権が第三者Ｄの権利の目的で
あるときは，混同は生じない（179条2項後段）。Case 8-3 **2**では，
ＣがＡから地上権の譲渡を受けても，Ｃの抵当権は消滅しない。
仮に，Ｃの抵当権が消滅すればＤの2番抵当は1番抵当になる。
しかし，それでは地上権の交換価値が優先的にＤに帰属し，Ｃ
の1番抵当権者としての地位が害されるからである。

　(3) 例外2　　混同すべき権利が第三者の権利の目的である
ときも，同様に混同は生じない（179条2項後段）。Case 8-3 **3**に
おいて，Ｃの抵当権が混同で消滅すると，Ｅの転抵当権もその客
体を失って消滅するため，Ｅにとって不都合だからである。

占有権は混同の例外

占有権は物の事実上の支配を保護する権
利だから，それ自体が独自の意味をもっ
ており，同一人に他の物権が帰属しても消滅しない（179条3項）。

5　法律行為による物権変動と法律行為によらない物権変動

　上記のように，物権の得喪・変更（物権変動）は様々な原因に
よって生じるが，それを大別すると法律行為による物権変動と，
法律行為によらない物権変動に分けることができる。

　(1) 法律行為による物権変動には，遺言・所有権の放棄等の

単独行為による場合と，売買・贈与・地上権の設定等の契約による場合がある。

（2）　法律行為によらない物権変動とは，時効取得・遺失物の拾得・法定相続等である。

契約による物権変動
の意義

　以上のような物権変動の中でも，最も問題となるケースの多いのが契約による物権変動であり，民法も主にその場合を想定して物権変動を規定している（176条・177条・178条参照）。さらに，単独行為・法律行為によらない物権変動も，契約による物権変動のルールを用いてできるかぎり規律していこうというのが，判例・学説の考え方である。というのは，次の理由による。すなわち，物権は（有体）物（の使用・収益・処分）を全面的に支配する強力な権利であるから，その存在および権利変動を誰にでもわかるように公示しておく必要がある。この権利変動の公示（登記名義の書換え，物の引渡し等）を，最も無理なく要求できるのは契約（例えば，売買）の当事者間においてである。そこで，物権変動に関する法的規律，ないしは公示の要請は，契約による物権変動をモデルにして行われている。

　しかし，公示手段の違いゆえに，物権変動に関して問題となることは，不動産と動産とで相当に異なっている。

物権変動の公示

　（1）　不動産　　不動産（土地・建物）に関する物権の公示手段は，「登記」である。登記は，登記官が磁気ディスクによって調製された登記簿（多数の登記記録を集合的に記録した媒体）に登記事項を記録することによって行われる（不登11条・2条9号）。なお，平成16年の不動産登記法の改正によって，土地登記簿と建物登記簿の区別は

廃止された。登記簿が電磁的記録媒体化されたことから，不動産ごとのデータを登記記録として編集し，出力すれば足りることになったからである（不動産登記制度について⇒第10章 *4*）。

　(2)　動　産　　動産に関する物権の公示手段は引渡し，すなわち占有の移転である。また，動産及び債権譲渡特例法に基づき，動産譲渡登記がなされた場合には，当該動産について引渡しがあったものとみなされている（動産物権変動の公示について⇒第11章）。

第9章 法律行為（契約）による物権変動

法律行為（契約）による物権変動に関して，契約に瑕疵があった場合の後始末の方法などをめぐって，各国でいくつかの立法の方針がある。このような立法の方針の違いは，わが国の解釈論にも影響を及ぼしている。本章では，そのような問題を整理しておくこととする。

1 物権変動のために必要な行為

●意思主義と形式主義

Case 9-1

Aは自己所有の甲土地をBに代金5000万円で売却する契約を4月1日に締結した。約定によると，5月1日に代金支払とともに登記（名義）をAからBに移転し，6月1日に引き渡すことになっていた。

意思主義と形式主義 　Case 9-1 では，AB 間で A 所有の甲土地の売買契約が4月1日に締結されている。しかし，その時点では土地は A から B に引き渡されておらず，登記も移転されていない。すなわち，売買契約の当事者 AB 間の約定では甲土地の所有権は買主 B に移転することになっているが，外形的に見れば甲土地の所有権は B に移転しているようには見えない。

そこで，比較法的に見ると，当事者の意思を重視するのか，それとも第三者から見た権利状態の外形を重視するのかで，物権変動の規律には2つの考え方がある。すなわち，フランス法のとる**意思主義**と，ドイツ法の**形式主義**である（わが国の民法の説明でフランス法とドイツ法にしばしば言及されるのは，わが国の民法が主にこの両国の制度を参照して作られたからである。加えて，異なった制度と比べることで自国の制度の意味・方針もより鮮明に理解できるからである）。意思主義の下では，物権変動は当事者の意思表示だけで効力が発生する，とされる。それゆえ，登記や引渡しのような外形的行為は，契約の当事者以外の第三者に対して物権変動の効力を主張するための「対抗要件」にすぎないことになる。他方，ドイツ法では，不動産は登記の移転，動産は引渡しがあってはじめて物権変動が効力をもつとされ，形式主義がとられている。もちろん，その目的はドイツ法が物権変動における公示の要請を重視していることにある。

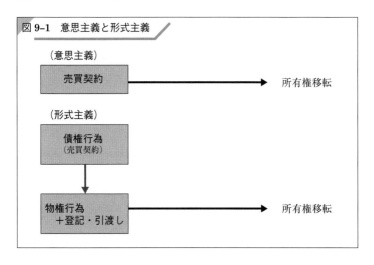

図 9-1　意思主義と形式主義

（意思主義）

売買契約　→　所有権移転

（形式主義）

債権行為
（売買契約）
↓
物権行為
＋登記・引渡し　→　所有権移転

わが国の民法176条は，「物権の設定及び移転は，当事者の意思表示のみによって，その効力を生ずる」と定めている。すなわち，民法は明示的に意思主義を採用している。かつ，この点までは，学説も一致している。

2 物権行為（処分行為）と債権行為（債務負担行為）の区別

Case 9-2 ─────────────────────────────────
Case 9-1 でＡがＢに売ると約束したのが，Ｃ所有の乙土地であったらどうであろう。

─────────────────────────────────

| 物権行為と債権行為 | Ａが「乙土地を売ろう」と意思表示し，Ｂが「乙土地を買おう」と意思表示して |

も，ＡにはＣ所有の乙土地の所有権を移転することはできない。それでは，ＡＢ間の売買契約は不能であり無効かといえば，そうではない。561条は，他人の権利の売主はその権利を取得して買主に移転する義務を負うと定めている。上のケースの場合，ＡがＢにＣ所有の乙土地の所有権を移転する義務を負うことになる。そのためには，ＡＢ間の契約＝他人物売買も有効でなければならないことになる。

したがって，同条を前提にすると，直接に権利の変動をもたらす行為（処分行為）と，権利変動をもたらす義務（債務）を負担する行為（債務負担行為）を区別できることになる。他人物売買（ＡがＣの乙土地をＢに売却するという契約）の場合，処分行為（Ｂへの所有権の移転）は効力をもたず，債務負担行為（Ａが乙土地の所有権をＢに移転する義務）だけが有効であることになる（さらに，

他人物売買も売買であるとすれば，売買は単に債務〔所有権を移転する義務〕負担行為であるにすぎないと考えることも可能である）。物権変動については，処分行為を**物権行為**，債務負担行為を**債権行為**と呼ぶことが多い。物権変動での処分行為は，物権変動をもたらすからである。そうすると，例えば，それだけでは物権変動を生じさせない他人物売買は，債権行為であるということになる。したがって，他人物売買を有効とすることで，わが国の民法は，一応は物権行為と債権行為を区別しているといえる。

　ちなみに，先に述べたフランス法は物権行為と債権行為とを区別せず，他人物売買を無効としている。他方，ドイツ法では物権行為と債権行為を区別し，他人物売買も有効である。もっとも，それだけならこの両者の区別はさほど有意味とはいえない。例えば，他人物の所有権を移転する契約も，売買ではなく委任契約（643条。⇒第5巻）と構成すれば有効である。すなわち，売買は所有権移転を目的とする契約であると考えれば，確かに他人物売買は不能を約しており無効である。しかし，契約相手方のために法律行為を行う（他人から物の所有権を取得して，これを契約相手方へ移転する）ことを目的とする契約，つまり委任契約としてなら，有効であるといえる（ただし，その場合は，他人物であることを相手方が知っているのが前提である，という点に注意されたし）。そうすると，結局は同じ事態をどう名づけるのかという，言葉の使い方の問題になってしまう（あるいは，いわゆる法律関係の性質決定の問題である）。さらに，自己所有の物を売買するという通常のケースでは，売買契約とともに所有権は移転可能であるから，独自に物権行為を意識する必要もないであろう。

　ところが，わが国では，特に第二次世界大戦終戦まではドイツ

法の影響が強く，何でもドイツ法に倣って法解釈しようとしてきた。物権行為と債権行為を区別するにとどまらず，自分の所有物を売るときも債権行為である売買契約とは別に，独自に物権行為がされなければ所有権は移転しないと説く学説も，その遺物のひとつである。そういった学説によると，176条の意思表示は物権を移転させる意思表示（物権行為）であり，売買契約とは別物であるということになる。これを，物権行為の独自性という。

　しかし，物権行為に独自性を認めるドイツ法では，先に見たとおり同時に形式主義がとられており，不動産の物権変動では物権行為は登記の移転とともに行われなくてはその効力を生じない。つまり，物権行為は外形的行為，すなわち公示の要請と結びついている。ところが，たとえ物権行為の独自性を認めても，意思主義を採用した176条からは，物権行為に外形的行為を要求するわけにはいかない。そう考えると，わが国でも物権行為の独自性を認めるのは不可能ではないが，その意義は非常に乏しいことになる。加えて，物権行為の独自性が本当に意味をもつのは，次に取り上げる物権行為の無因性と結びついてである。しかし，物権行為の独自性を説くわが国の学説も，無因性までも認めている者は（少なくとも現在では）存在しない。判例は一貫して物権行為の独自性を認めていない。

3 物権変動の原因である契約が無効・取消しとなったとき

Case 9-3

　AはBに自己所有の丙土地を売買する契約を結び，代金を受領し登記移転・引渡しも終わったが，後にその契約が虚偽表示で無効であるこ

とが判明したとき，Bへの所有権移転はどうなるのか。

無因原則と有因原則

　　AB間の売買契約が無効なら，AからBには所有権は初めから移転していなかったことになるというのが，わが国の法制度である。Aが契約を取り消した場合でも，取消しには遡及効があるから（121条）同じである。それゆえ，AはBに対して所有権に基づく請求権を行使して，土地および登記の回復を求めることができる。Bが第三者Cに土地を転売していても，Bには所有権がなく，有効に土地の処分はできないから，Cは土地所有権を取得しない。したがって，Aは原則としてCに対して所有権に基づく請求権を行使できる。

　以上と対照的なのが，ドイツの法制度である。すなわち，ドイツ法は物権行為の独自性を認めた上に，債権行為（契約）が無効・取消しとなっても物権行為は原則としてその効力を失わない，としているからである。つまり，物権行為はその原因である債権行為から抽象され無関係なものとされている。これを，物権行為は債権行為とは因果関係にないという意味で，**物権行為の無因性**という。そうなると，AB間の契約が無効または取消しとされても，依然として所有者はBである。しかし，Bの所有権取得には（有効な契約がないから）法律上の原因がなく，したがってAは不当利得返還請求権によってBから所有権を回復できる。もっとも，これだけではAがBから物を回復する根拠を所有権に基づく請求と呼ぶか，不当利得と呼ぶかの違いで，ほとんど言葉の言い換えにすぎない。無因性の意味が明らかになるのは，例えばBが第三者Cに土地を転売していたときである。というのは，無因原則をとれば契約が無効・取消しされてもBは所有者であ

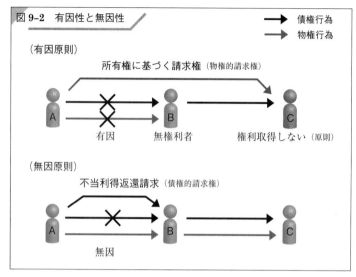

図 9-2　有因性と無因性

凡例:
→ 債権行為
→ 物権行為

（有因原則）

所有権に基づく請求権 (物権的請求権)

A —— 有因 ——✕—→ B（無権利者）—→ C（権利取得しない）(原則)

（無因原則）

不当利得返還請求 (債権的請求権)

A —— 無因 ——✕—→ B —→ C

るから，AB 間の契約の無効または取消可能性に対する善意・悪意とは無関係に C は B から有効に所有権を取得でき，A からの所有権に基づく請求に曝されることはないからである。

　ドイツ法と比べると，わが国（および，フランス）の法制度では，債権行為（契約）の無効が物権行為の無効をももたらすという意味で，両者は因果的に結びついている。それゆえ，あくまでもドイツ法から見てのことであるが，これを物権行為の有因性という。この 2 つの立法主義を比べると，ドイツの法制度のほうが第三者の取引の安全にかなっており優れているようにもみえる。しかし，ドイツ法でも，AB 間の契約の無効について悪意の第三者 C も有効に所有権を取得するという結論の妥当性については疑われている。さらに，ドイツ法でも例えば A が意思無能力なら物権行為も無効となり，A は BC に所有権に基づいて請求ができる。つまり，取引の瑕疵が重大なら，取引の安全も絶対的に支

持されているわけではない。また，わが国でも，第三者の取引の安全は（後に第10章・第12章で詳述するが）様々な制度によって守られており，無因性が絶対に優れているというわけではない。

4 物権変動の時期

Case 9-4

　AはBと自己所有の不動産（土地・建物）の売買契約を，7月1日に締結した。その売買契約では，Bは代金を8月1日に支払い，Aは同日登記の移転をし，引渡しは9月1日とする，と定められていた。不動産の所有権は，いつAからBに移転するのか。

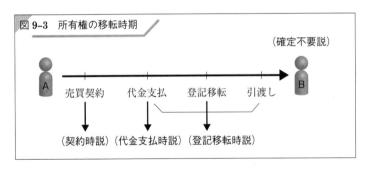

図9-3　所有権の移転時期

（確定不要説）

売買契約　　代金支払　　登記移転　　引渡し

（契約時説）（代金支払時説）（登記移転時説）

　以上の問題をめぐって，大別すると3つの考え方がある。

契約時移転説

　契約時移転説とは，176条を素直に読めば，意思表示によって物権（所有権）は移転するのであるから，契約による意思表示があったときに所有権は移転するという考え方である。Case 9-4では，7月1日に所有権はAからBに移転する。判例（最判昭33・6・20民集12巻10号1585頁）は，一貫してこの立場である。

ただし，このルールには例外がある。

（1）　**当事者の特約**　　Case 9-4 でも AB が移転登記・代金支払と同時に所有権は移転するという特約を結んだとしたら，これを排除する理由はない（最判昭 38・5・31 民集 17 巻 4 号 588 頁）。第三者が関与しないかぎり，所有権の移転時期も契約自由にゆだねられるのは当然ということになる。

加えて，法律上の制限等で即座に所有権を移転できない場合がある。具体的には，以下のとおりである。

（2）　**法律上の障害**　　宅地とは異なり，農地の売買では都道府県知事等の許可がなければ所有権移転の効果は生じない（農地 3条・5 条参照。農業実績のある者にだけ農地の譲渡を認めて，農業保護を図るのがその目的である）。その場合は，法律上の障害が除かれた時に（知事等の許可が与えられた時に）所有権は移転する（最判昭 61・3・17 民集 40 巻 2 号 420 頁。ただし，農地が非農地化されれば，知事の許可は無意味となるから，非農地化の時点で所有権が移転するとした事例）。

（3）　**他人物売買**　　他人物売買では，売主は所有権を移転することができない。それゆえ，売主が他人から所有権を取得した時に，買主は所有権を取得する（最判昭 40・11・19 民集 19 巻 8 号 2003 頁）。

（4）　**不特定物売買**　　（同じ場所には，他の不動産は存在し得ないから）不動産はすべて特定物であるが，動産では不特定物を売買することも可能である。しかし，物権は特定した物にしか成立しないから（特定性の原則），不特定物のままでは所有権は移転できない。したがって，その際は，不特定物が特定した時に（401 条2 項），所有権が移転する（最判昭 35・6・24 民集 14 巻 8 号 1528

頁）。

所有権移転を外形的
行為と結びつける立場

売買契約時ではなく，代金支払・登記移転・引渡し等の時点に所有権が移転するという考え方もある。もっとも，このような立場も，その立論の根拠は一様ではない。

（1）　物権行為の独自性を前提とする立場　　176条にいう意思表示とは単なる債権契約（売買契約）ではなく，物権の移転を目的とする特別な意思表示であるとし，その上で，物権的意思表示は登記・引渡し・代金支払等の外形的行為と結びついていなければならない，という説がある。もちろんそのねらいは，所有権移転と公示の要請との結合である。

（2）　物権行為の独自性を前提としない立場　　売買契約は有償契約であるから，所有権移転と代金支払の同時履行が重視されるべきであるとして，代金支払時に所有権が移転すると説く考え方（有償性説）がある。この立場によると，代金の支払なしに登記移転・引渡しが行われれば，売主は買主に信用を供与したことになる。同じ結論を導くために，取引慣行・当事者の意思の推測に依拠して，一般的には代金支払も引渡しもなければ所有権移転がなされたとは考えないであろう，という論拠づけの仕方もある。

確定不要説

所有権移転の時期をある特定の時点と定めるのは，不可能かつ不必要とする説である。所有権とは物の利用権・処分権・滅失の際の損害負担等の有体物に関する様々な権利・義務の便宜的な総称にすぎない。それゆえ，その1つ1つの問題ごとに解決を与えればよく，またそう考える他ない，というのである。

この見解によると，Case 9-4での所有権の移転については，

次のように考えることとなる。

売買契約の当事者
AB 間での問題

（1） AB 間での所有権の移転　契約時の 7 月 1 日と，176 条が定めている。

（2）　危険負担

Case 9-5

Case 9-4 で，A の建物は落雷によって 7 月 15 日に焼失した。B は A に 8 月 1 日に代金を支払わなくてはならないのか。

Case 9-5 で家屋の所有権の移転・引渡しを目的とする A の債務は，履行不能となった。つまり，A は債務を免れる。しかも，A は履行不能につき帰責事由がないから，債務不履行による損害賠償義務（415 条）も負わない。その際に，B は売買代金を支払わなくてはならないのか，誰が物の滅失の危険を負担するのかということを危険負担の問題という。危険負担に関しては民法 536 条に具体的な規定があり（567 条 1 項も参照），所有権の移転を問題にしなくてもよい（⇒第 5 巻）。

（3）　果実の収取

Case 9-6

Case 9-4 で，A の土地には柿の木があり実をつけていた。柿の実を収取できるのは，A か B か。

この問題も，売買契約に関する 575 条が決めている。具体的には，引渡しの時から B は果実を収取できる。

つまり，売買契約の当事者間での所有権移転に関する問題については，すべて具体的な法規定がある。さらに，Case 9-6 でも売買契約の当事者間で合意があれば（例えば，果実は契約時から B

が収取する等），それに従えばよいということになる。

AB 以外の対第三者関係 （1）　二重譲渡　　他方で，対第三者関係は当事者間の合意では問題が片付かない。

Case 9-7

Case 9-4 で，A が B に売った土地・建物を 7 月 10 日に C にも売却し，登記も 7 月 15 日に C に移転した。BC のいずれが土地・建物の所有者になるのか。

この問題は典型的な 177 条の適用事例である。同条によると，原則として所有権を取得するのは先に登記の移転を受けた C である（⇒第 10 章）。

（2）　不法行為者に対する損害賠償

Case 9-8

Case 9-4 で，D が 7 月 15 日に家屋に放火していた。D に対して損害賠償を請求できるのは，AB のいずれか。

この問題では，いずれの結論を導き出すことも可能である。B が所有権を取得しているのなら，B は所有権侵害を根拠に不法行為者 D に対して損害賠償を請求できる（709 条）。しかし，他方で B は A に売買代金の支払義務を負うことになる。反対に，B がいまだ所有権を取得していなければ，A が D に対して損害賠償を請求できる。そうなると，B は売買代金を支払う必要はないであろう。ただし，通常は不法行為者 D への請求の手間と D の無資力の可能性ゆえに，B は D に損害賠償を請求せず，A からの代金請求を免れたいと考えるであろう。536 条 1 項も，「債権

者（買主 A）は，反対給付の履行（売買代金の支払い）を拒むことができる」（括弧内は筆者補足）と規定している。

　対第三者関係は，当事者間の合意では問題は片付かないが（例えば，AB 間で A が C に登記を移転しても所有権は B が取得するという合意をしても，C に対しては効力はないが），やはりそれぞれに具体的な法規定が用意されている。

　このように，所有権の所在を確定しなくても，具体的な問題はすべて解決できる。それでも強いて所有権の移転時期を決めてほしいというのなら，段階的に一部ずつ（契約締結・代金支払・登記移転・引渡し，と順を追って）移転すると解するほかはないと，この学説はいっている。

　ちなみに，所有権の移転時期に関しては，不動産の売買が具体例ないしは典型例とされるのが一般的である。しかし，古い時代には，現在のように不動産が頻繁に取引の対象とされることはなかった。当時は社会の富のほとんどは土地所有と結合した農業が産み出していたから，「土地所有」は人の社会的な「人格の基礎」である。貴族の人格は大土地所有であり，自由農民も土地を手放せば，隷属農に転落する。つまり，土地を処分するというのは，人格の放棄にも等しい例外的な事態だった。

　だから，所有権移転時期の問題の焦点は，動産（農産物，家畜，奴隷，金属，材木・石材，手工業製品など）の売買であり，動産に関しては，代金支払ないしは引渡しで所有権が移転すると考えるのが普通だった。代金支払がなければ，所有権が移転しないというのは，売主 A から見れば大いに合理性がある。しかし，他方で，代金未払いだと引渡しがあっても所有権が移転しないと，買主 B が転得者 C に動産を転売したときも，C は所有権を取得で

きない。無権利者Bから動産を買い受けても，第三者Cが善意・無過失なら動産所有権を取得するという善意取得（192条）は，かつては存在しなかった。しかし，引渡しで所有権が移転すると考えれば，転得者Cの利益には合致する。さらに，売主Aが買主Bに動産を引き渡したが，代金未払いで担保供与も受けていなければ，AはBに信用供与したと考えることもできる。しかも，当時は，法定解除（540条以下）の制度も存在しなかったから，買主Bが代金を支払わないときでも，売主Aは目的物の回復もできなかった（ただし，約定解除権の留保などの手段は存在した）。だから，代金支払ないしは引渡しで所有権が移転すると考えるには，十分な理由がある。

　しかし，商品取引が盛んになると，売主Aは買主Bから代金を受領せず，目的物を引き渡すという「信用売買（信用供与）」の必要が生じてくる。すべての取引（売買契約）を引渡しと代金支払の同時履行で現金決済するなら，買主Bが転売できる商品の量は，Bの資力ないしは手持ちの資金の範囲に制限されることになり，経済取引の拡大には極めて不都合である。そこで，売主Aに法律で与えられる動産売買の先取特権（321条），法定解除という制度が認められてきた。その結果，AはBが代金を支払わないときは，売買契約を解除して目的物の返還を請求でき（545条1項本文），先取特権に基づいて買主Bの占有下にある目的物を競売して競売代金から優先弁済を受けることも可能となった（ただし，動産売買の先取特権には転得者Cに対する追及力がなく〔333条〕，解除は第三者の権利を害せない〔545条1項ただし書〕という制限がある）。そうすると，動産売買に関しては，所有権が意思表示（売買契約）で移転すると考えてもさして支障はなくなる。

売主 A が買主 B に動産を引き渡していないときは, 所有権が B に移転したと考えても, B の所有権に基づく引渡請求に対しては, A は同時履行の抗弁 (533 条), 留置権 (295 条) で引渡しを拒むことができる。その結果が, 売買契約と同時に所有権が移転するという 176 条の意思主義である。だから, 強いて所有権の移転時期を決めるとすれば, 契約時と考えるのが妥当であろう。

　他方で, 不動産に関しては, 少なくとも現行のわが国の民法なら, 信用売買したときでも, 売主 A には不動産売買の先取特権 (328 条) が与えられる上に, 買主 B に所有権が移転した不動産に売主 A が抵当権 (369 条) を設定しておけば当事者間のみならず第三者との関係でも, A は所有権者と同様の経済的地位を確保できる。つまり, 売買契約時に所有権が移転すると考えても代金の回収は安全である。もっとも, 現代では不動産の信用売買では, 買主 B が与信者 D (銀行などの信用供与機関) から信用供与を受けて, D のために抵当権を設定しておくのが普通である。現代社会での経済の分業化の結果である。そうなると, (D の融資した資金で買主 B から) 代金の弁済を受けた売主 A は, 所有権とは無関係となり, 信用供与者である抵当権者 D が所有者に等しい経済的地位を確保することになる。B が D に消費貸借による債務を分割弁済すれば, 経済的には所有権は段階的に B に移転する。

　だから, 所有権の移転時期の確定は不要だという考え方は, 具体的な問題解決 (機能) から考えれば妥当であり, それでも理論的にまたは法律学の定義として所有権の移転時期を決定するとすれば, 現行のわが国の民法を前提とするなら, 176 条の規定するとおりに意思表示の時点 (契約時) と考えるべきであろう。これ

に対して，引渡し時，登記移転時を所有権移転時と考えるのは，例えば，AB間の不動産の売買で，Bに登記が移転していれば，第三者Cとの関係でも所有権はBに帰属していることになるから（177条を参照），比較的多くの法的な問題の解決には有用という意味で，「近似値」の解答だということになる。

　　不動産の物権変動の骨格となるのは，登記による物権変動の公示のあり方である。本章では，対抗要件としての登記を中心とする，不動産の物権変動に関する重要問題を取り上げることとする。

1 序　説

① 対抗問題とは

Case 10-1

　AはBに自己所有の甲土地を7月1日に代金1億円で売却したが，登記はまだ自己名義のままであった。ところが，Aのもとへ7月15日にCが同じ土地を1億5000万円で買いたいといってきたので，Aは喜んでCに売却し，登記も即日移転した。BCのいずれが，甲土地の所有権を取得するのか。

　Case 10-1 では，A は自己所有の甲土地を BC に二重譲渡している。そこで，BC は1つしかない甲土地の所有権の帰属をめぐって争っており，いわば食うか食われるかの関係にある。このように，単一の権利の帰属をめぐって両立しない者同士，ここでは

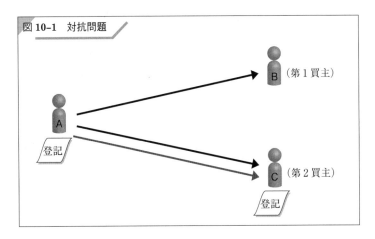

図 10–1 対抗問題

BC 間の関係を,「対抗関係」という。対抗関係から発生する争い,すなわち BC のいずれが甲土地の所有権を取得するのか,という問題を,「対抗問題」という。

「対抗問題」を解決するために,177 条は不動産物権変動は「登記をしなければ,第三者に対抗することができない」と定めている。したがって,B は契約当事者 A 以外の第三者 C に自己の所有権取得を対抗できない。一方,「対抗要件」すなわち両立しない権利関係にある第三者に対して自己の権利を主張するための要件,である登記を備えた C は,その所有権取得を B にも対抗できる。この結果,A 所有であった甲土地の所有権は,C に帰属することになる。

② なぜこのような結論が正当化されるのか

177 条の立法趣旨

以上のような 177 条による対抗問題の解決は,一見奇妙にもみえる。というのも,A は B に売買契約によって所有権を移転してしまっている以上,

AがCに所有権を移転するのは，もはや不可能であるとも考えられるからである。それゆえ，ここでは同条の立法の経緯とその立法目的を見ておこう。

177条を理解するために，まず知っておく必要があることは，同条の由来である。176条の意思主義および177条の対抗要件主義を併せ見れば，わが国の法制度は先に述べた物権変動に関するフランス法の制度を継受している。フランスでも初めは，第1譲受人Bが所有権を取得するというルールが採用されていた。しかし，これではAの登記名義を信頼して取引した第2譲受人Cの取引の安全を害する。そこで，権利取得の先後を問わず，登記しておかねば先に登記した者に敗れるというルールに改められた。このような立法の背後にあるのは，権利取得を登記できるのにそれを怠った者の懈怠をとがめることで，不動産物権変動の公示を図ろうという考え方である。わが国の民法177条も，同様の立法の方針を受け継いでいるといえる。

第2に重要なのは，立証の観点である。Case 10-1で，本当はBはAから7月20日に不動産を買い受けていたとする。ところが，ABが口裏を合わせて日付を遡らせ，7月1日の日付の売買契約書を作成したときは，CがABの共謀を立証するのはほとんど不可能である。そこで，公的機関が管理する，つまり日付の偽造の考えられない，登記の日付で対抗問題の決着をつけたのが177条のルールなのである。

Column ⑤ 不動産に関する権利移転と方式 ◆━●━◆━●━◆━●━◆━●━◆━●

ところでフランスでもドイツでも，不動産の売買は契約書を公正証書で作成しなければ，その契約は無効である。公正証書とは，公証人が作成した証書である。公証人とは，その作成した契約書

などの文書に（記載内容が真正であるという）強い証明力が与えられる権能を公的に認められた法律家である。公正証書の作成に際しては，通常は公証人から契約当事者に様々なアドバイスが与えられる。したがって，その限りで公正証書は，契約内容の妥当性も事実上ある程度は担保していることになる。しかし，そういった公正証書による不動産売買契約書に付された日付ですら絶対に信頼できるわけではない。

　他方，わが国では，不動産売買にも公正証書は要求されておらず，当事者の作成した私文書でよい。つまり，不動産売買の契約書に日付があっても，それが真実であるという保証はどこにもない。

　それゆえ，二重譲渡が行われた場合も，どちらの譲受人が先に契約したのかを知る手掛かりを得るのは非常に困難である。また，第2譲受人の第1の売買に対する善意・悪意という点でも，（契約の存在を証明する）公正証書が（公証人役場のような）一定の場所に公告されているというのでもないかぎり，簡単に第2譲受人の悪意を認定するわけにはいかない。その意味では，譲渡の先後を問わず，かつ第2譲受人の善意・悪意を原則として問題にしない対抗要件主義は，わが国の不動産取引の実情に合致しているともいえる。

❖＊

| BはAに損害賠償 請求はできる |

ところで，Case 10-1 で所有権を取得できなかったBとAとの関係は，どうなるのか。AはBとの売買契約に基づいて，Bに対して甲土地の所有権を取得させる義務を負っている。しかし，AがCに同一の不動産を売却し登記も移転したことで，このAの義務は履行不能となった。こういったAの契約違反に対して，民法は債務不履行による損害賠償という法的サンクションを用意している（415条。⇒第4巻）。ところが，BがAに対して損害賠償を請求しても，Aがほかにも債権者を抱えていて資

力が十分でなければ，Bの請求権は実際上無価値である。これに対して，所有権を取得したCは，Aにどれだけ債権者がいようと不動産を独り占めできる。それゆえ，二重譲渡でどちらが所有権を取得するかというのは，決定的に重要な問題なのである。

③ 対抗問題の法的構成——176条と177条の関係

今ひとつの177条の課題が，同条と176条との関係の説明である。つまり，176条で意思表示によって一度所有権が第1譲受人Bに移転されれば，原所有者Aは無権利者となって，もはや譲渡すべき所有権をもっていないはずである。そうなると，どうして第2譲受人Cが有効に所有権を取得できるのか，というのである。長きにわたって学説は，この問題を議論してきた。学説は多岐に分かれるが，以下では3つにまとめて説明しよう。

法定制度説 第1に，176条に基づく当事者間での二重譲渡の可能性を前提として，登記がなければ第三者に権利主張できないことを定めたのが177条であるにすぎないとする見解がある。すなわち，二重譲渡をこの制度自体が認めているのであり，無権利者からなぜ権利取得するのかと問うことは無意味である，という立場である。

公信力説 第2に，一定の外観（例えば，登記）を信頼して取引した者に，その外観が真実の権利状態に反しても外観どおりの権利の取得が認められるとする見解がある。この見解によると，登記には公信力があることになる。したがって，A所有の土地の登記名義をBが勝手に自己名義として，善意・無過失のCに売却したときにも，Cは土地の所有権を取得することになる。公信力とは，無権利者からの

権利取得を可能にする，いわば取引の安全のために無から有を生じさせる制度であるから，外観を信頼した権利取得者は，取引相手方が無権利者である点について善意・無過失でなくてはならない。

公信力説の出発点は，AがBに不動産を譲渡すればAは無権利者となるはずである，という問題意識である。その上で公信力説は，無権利者AからCが権利取得できるのは，二重譲渡の局面でAの登記に公信力が認められ，かつCがAの登記ゆえにAを所有者と信じたからにほかならない，と主張する。今ひとつ重要なのは，公信力説によると，第2譲受人Cが権利取得する前提として，Cの善意・無過失が要求されることである。この点に，AB間の譲渡への第2譲受人Cの善意・悪意を原則として問題としない他の学説とは違った，公信力説の実践的な目標がある。

公信力説に対しては批判が多く，一般に受け入れられているとは言い難い。批判の骨子は，不動産の登記に公信力を認めないわが国の法制度に反するという点に尽きるし，かつそれで十分である。加えて，（Case 10-28 で詳述するが）177条は第2譲受人Cの善意・悪意を（原則として）問題にしないことを出発点としているというのが，同条の素直な読み方である。

| 不完全物権変動説 |

第3に，AからBへの第1売買によるAB間での所有権移転にもかかわらず，CはAから承継的に権利取得すると考える立場がある。登記を備えなくてもBへの物権変動は生じるが不完全なものであり（不完全物権変動），それゆえ譲渡人Aは全くの無権利者とはならず，Cへの第2譲渡が可能である，などと説明される。これが，従来の多くの学説の立場である。こういった考え方に対しては，

登記しなければ完全な物権変動はないというのは176条に反する
とか，Bに譲渡してもAに所有権が残るというのは物権の分割
を認めており一物一権主義に反する，などの批判がある。

　以上のように様々な説明があるが，公信力説を除けば結論に違
いはない。しかし，第2譲渡を承継取得であると説明すると，な
ぜ無権利者AからCは所有権を取得できるのかという，公信力
説の提起する疑問に答えなければならないことになる。その意味
でも，二重譲渡という状態をストレートに認める法定制度説が，
基本的に妥当であろう。176条・177条の規定の構造自体が，二
重譲渡を前提として成立しているからである。判例は，この問題
に関して態度を表明していない。判例には，具体的な事件の結論
と関係しない理論的問題について決定する義務はないからである。

④　対抗要件主義の具体的帰結

　対抗問題を理論的にどう考えるにせよ，177条の対抗要件主義
から次の帰結がもたらされる。

Case 10-2 ────────────────────────

　AはBに7月10日に自己所有の甲土地を売却したが，登記は移転
していなかった。そこで，Aは7月15日に同じ甲土地にDのために
抵当権を設定して，即日登記も了した。AからBに移転登記がなされ
たのは，7月20日であった。Bの取得した甲土地は，Dの抵当権の
負担を受けるのか。

────────────────────────────────

権利の優劣は登記
の先後で決する

　Case 10-2では，Bは甲土地の所有権を，
Dは甲土地に抵当権を取得している。
しかし，Dの抵当権が実行されて甲土

地が競売されれば，Bは土地の所有権を失う（他方で，甲土地は買受人Eに帰属し，Dは競売代金から優先弁済を受ける）。それゆえ，BDは土地の帰属をめぐって両立しない権利関係，すなわち対抗関係にある。設例では，Dの抵当権の登記がBの所有権の登記よりも先にされているから，Bに帰属した甲土地はDの抵当権の拘束を受ける。177条に従って登記したDは，自己の抵当権取得をBに対抗できるからである（反対に，BがAから7月1日に移転登記を受けていればどうであったか。7月15日に登記簿に所有者と記載されているのはBであったから，AはDのために抵当権設定の登記申請はできなかったはずである）。

どちらにも登記
がない場合

Case 10-1で，仮にBCが共に登記の移転を受けていなければ，お互いに自己の所有権取得をBはCに，CはBに対抗

できない。したがって，いずれかが登記の移転を受けるまでは，所有権の最終的な帰属は不明の状態となる。Case 10-2での，未登記のB・Dも同じである。

登記を得た第三者
の承認

Case 10-1でも，登記を得たCが，登記のないBの所有権取得を任意に承認（例えばBの移転登記請求に応じるなど）

することは，全く問題はない。対抗できないというのは，登記のないBからCに所有権の取得を主張できないというだけのことである。Case 10-2では，DがBの所有権を認めて抵当権の登記の抹消をすることになる。

◆「対抗要件の抗弁」と「対抗要件具備による所有権喪失の抗弁」
　Aは自己所有の甲土地をBに売却したが，登記は移転していなかった。その後，Aが甲土地をCに売却（二重譲渡）した。(a)A

から甲土地の引渡しを受けたＣが甲土地を駐車場として整備し利用し始めた。(b)(a)の事実に加えて、ＡからＣに移転登記が行われた。

　ＢがＣに対して所有権に基づく請求権を行使して、甲土地の明渡訴訟を提起した場合について、以下では、Ｃがどのような反論をするのかを考えてみよう（なお、(b)では、これに加えて、ＢがＣに対して所有権に基づく妨害排除請求権を行使して、ＡＣ間の移転登記の抹消登記手続ないしはＢへの移転登記手続を求めて登記訴訟も提起したとする）。

　(a)では、Ｂが自己の所有権を基礎づける事実として、(i)前主（売主）Ａの所有権、および、(ii)ＡからＢ（買主）への承継取得（売買契約の存在）を主張したときに、Ｃは、Ａから移転登記を得ていなくとも、Ｂが対抗要件を具備するまでは、ＡＢ間で所有権移転という物権変動があったことをＣに主張することはできないとして争うことができる。その結果、Ｂは自分が所有者であることをＣに対抗できないから、Ｂの請求は認められないことになる。だから、Ｂの請求に対するＣの抗弁は、「対抗要件の抗弁」とネーミングされている。つまり、ＣはＢの権利取得を否定せずとも、自分が177条の第三者に当たること、および、Ｂが対抗要件を具備するまではＢの所有権の取得を認めないと主張すればよいことになる。

　(b)他方で、ＣがＡから移転登記を得ていたときは、Ｃは、(i)自分が177条の第三者であること、および、(ii)Ｃ名義の登記があるから、Ｃが確定的に所有権を取得したことを主張して、Ｂの権利を喪失させることが可能である。だから、この場合のＣのＢに対する抗弁は、「対抗要件具備による所有権喪失の抗弁」とネーミングされている。

　要するに、例えば、二重譲渡で譲受人の双方（ＢＣ）が未登記の場合の177条の意味と、一方（Ｃ）が既登記の場合の同条の意味が異なることが、以上の訴訟上の抗弁の違いとなっている。

2 登記を必要とする物権変動

① 序　説

登記による公示は
すべての物権変動
について必要か

かつては，判例・学説は一致して登記の必要な物権変動は意思表示による物権変動に限られる，と解していた。177条は176条を前提としていると考えるのが素直な読み方であり，176条は意思表示による物権変動に関する規定だからである。このように，すべての物権変動に177条が適用されるわけではないとして同条の適用範囲を制限する立場を「制限説」という。しかし，それでは時効取得・相続のような意思表示によらない，しかも重要な物権変動の場合に，登記による公示の要請が後退することとなり，取引に関与してくる第三者にとって危険である。第三者は公示を前提として取得した自己の権利と矛盾する物権変動の効力を後に主張されることになるからである。

制限説から無制
限説への転換

そこで，判例は後に，次のようなケースを通じて，すべての物権変動に登記が必要であるという，いわゆる「無制限説」の立場に転じた。

Case 10-3

　Ａが隠居してＢが家督相続したが，相続財産に含まれる甲土地についてＢ名義に登記が改められてはいなかった。後にＡはＣに甲土地を売却して，登記も移転した。そこで，ＢはＣに登記の抹消を求めた。

現行法には，隠居して戸主の地位を譲り，そのことで生前に相続が開始するなどという制度はないから，このような事件は起こり得ない。しかし，かつて（第二次世界大戦終戦前）は隠居による生前の相続の開始が認められていたから，AからBに相続によって物権変動が生じた後に，AからCに同じ土地が売買される紛争が発生した。判例（大連判明41・12・15民録14輯1301頁）は，①177条の適用は意思表示による物権変動に限られない，②177条の法意は第三者保護にあり，第三者から見ると意思表示による物権変動も家督相続のように法律の規定による物権変動も，対抗要件による公示の必要な点で変わりはない，③家督相続で物権を取得した者も意思表示により物権を取得した者と同様に登記ができるのに，前者だけが登記なしに物権変動を対抗できる理由はない，と判示して「無制限説」を採用した。

現在，判例も学説も以上の大審院判決の

登記の要請はどこまで貫徹できるか

立場に賛成しており，無制限説がとられているといえる。しかし，これには全く例外が認められていないというわけではない。その理由は，先の明治41年の大審院連合部判決の理由づけ自体からもみてとることができる。というのは，同判決は物権変動への登記の要請を，1つは第三者の取引の安全（上記②），今ひとつは登記が可能なのにこれを怠ったという権利取得者の帰責性（上記③）という，2つの観点から根拠づけている。そうなると，後者（③）からは，物権変動を速やかに登記せよと権利取得者に要求できない場合には，登記なしに物権変動の効力を第三者に主張できる場合もあってしかるべきである，ということになるからである。

要するに物権変動の登記の要請は，権利取得者の帰責性と取引の安

全という２つの要素の相関的考慮（２つの要素のバランス）によって決められているといえる。

　もっとも，具体的問題で，以上の２つの要素のいずれに軍配を上げるべきなのかを決めるのは，そう簡単ではない。以下では，それを１つ１つ見ていくこととしよう。

② 有効な契約によって物権変動が生じている場合

　売買・贈与のような物の所有権を移転することを目的とする契約，抵当権・地上権を設定して所有権に負担を加える契約のいずれの場合も，物権変動が生じていればその対抗要件として登記が必要とされる（177条）。その典型が，二重譲渡である。事実としても物権変動が生じたならそれを登記せよという要請は，契約による物権変動には最も無理なく当てはまる。

③ 契約が取り消された場合

取消前の第三者

判例および多くの学説は，第三者が取消前に登場したのか取消後かで問題を区別している。

Case 10-4

　ＡはＢの強迫により自己所有の甲土地をＢに売却し，登記も移転した。Ｂは土地をＣに転売し，登記も移転した。その後，強迫状態から脱したＡは，Ｂとの売買契約を取り消しＣに対して甲土地の返還と自分への移転登記を求めた。

　確かに，ＣがＢから甲土地を買い受けたときは，ＡＢ間の契約は有効であった。それゆえ，ＣはいったんはＢから有効に所有

権を譲渡されている。しかし，取消しには遡及効がある（121条）から，Aの取消しによってAB間の契約は初めから無効だったことになる。つまり，AB間でも，甲土地の所有権はBに移転しない。したがって，無権利者Bから権利取得した転得者Cは，甲土地の所有権を取得できない。その結果，AはCに対して，土地の返還と移転登記の請求が可能である。

　形式論理的に言うと以上のとおりである。しかし，AとCは甲土地の所有権をめぐって相容れない関係にある，つまり対抗関係にあると言えなくもない。しかし，判例（大判昭4・2・20民集8巻59頁）がここでACが対抗関係にないと考えるのは，次の理由による。第1は，強迫によって意思表示したAは，意思決定の自由を失っていた。そのようなAを保護するためにこそ，強迫による意思表示の取消し（96条1項）という制度が設けられている。それゆえ，取消しの制度自体がまずは（瑕疵ある意思表示をした）原権利者Aの保護を目的としている。第2に，仮にACが対抗関係に立つとしたら，その優劣を決めるのは登記の先後である。しかし，Aが強迫状態を脱して意思表示を取り消すまでは，AはBに登記を抹消せよと請求できない。対抗問題，つま

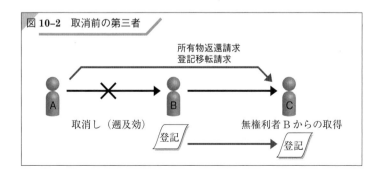

図10-2　取消前の第三者

所有物返還請求
登記移転請求

A　取消し（遡及効）　B　登記　C　無権利者Bからの取得　登記

り177条適用のポイントは，いつでも登記移転できるのにこれを怠った（それゆえ第三者が出てきた），という評価であった。しかし，取消前に第三者が出現したときには，177条を支えるこの評価は妥当しない。

　以上のような評価は，制限行為能力者（未成年者・成年被後見人・被保佐人・被補助人）による取消しにもそのまま当てはまる。判断能力の不十分な者を保護しようというのが，制限行為能力者制度の目的だからである。

Case 10-5 ────────────

　ＡはＢの詐欺によって自己所有の甲土地をＢに売却して，登記も移転した。Ａは後にＢの詐欺に気がついて契約を取り消したが，Ｂは同土地をすでにＣに売却した後であった。

────────
詐欺による
取消しの場合
　　　　　　　　詐欺による取消しの場合には，96条3項が取消しの効果を善意・無過失の第三者に対抗できない，と定めている。判例
および多くの学説は，これを取消しの遡及効（121条）を制限する規定であると考えている。ＣがＢから土地を買い受けた時には，Ｂは土地所有者であったが，取消しの遡及効によって，Ｃは

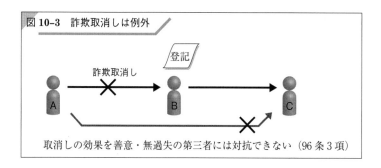

図10-3　詐欺取消しは例外

詐欺取消し
Ａ　Ｂ　Ｃ
登記

取消しの効果を善意・無過失の第三者には対抗できない（96条3項）

一度は有効に取得した所有者の地位を覆される。それゆえ，遡及効を制限することで，善意・無過失の第三者の取引の安全を図ろうとしたのが96条3項であるというのである（同条が善意・無過失の第三者に限って保護しているのは，悪意者は後の詐欺取消しの可能性を覚悟していたはずであり，過失のある者は取引上必要な注意義務を尽くしていなかったから保護の必要はないからである）。それでは，なぜ詐欺（または錯誤）による取消しの場合には，強迫や制限行為能力者による取消しと違って第三者保護の規定がおかれているのか。学説は一般に，詐欺に関しては，被詐欺者は，制限行為能力者のように判断能力が不十分であったわけでもなく，強迫のように意思決定の自由が奪われたわけでもなく，自らの射倖心と不注意が原因で詐欺にあったからである，と説明している。錯誤に関しても，錯誤者の不注意が原因だから同様に考えることが可能であろう。

| 権利保護（資格）要件としての登記 |

問題は，Case 10-5で第三者Cが善意・無過失の場合に，Cが甲土地の所有権を取得するためには，登記の移転も受けていなくてはならないのか，という点である。学説は，「登記必要説」と「登記不要説」に分かれている。96条3項は被詐欺者Aの取消しの効果の主張自体を，善意の第三者Cとの関係で制限している。すなわち，Cとの関係では，AB間の契約は有効とみなされる。そうなると，AからB，BからCと順次に権利変動していることになるのであるから，当然ACは対抗関係にはないことになる。しかし，他方で原権利者Aの犠牲においてCが権利取得していることを重く見るなら，Cのほうでも自分が権利取得するにはできるかぎりのことをした，つまり，登記も備え

ているという状態を要求すべきではないか，とも考えられる。登記必要説は対抗要件としてではなく，Ｃの権利が保護される要件として登記を要求しているのである。それゆえ，ここでのＣの登記は**権利保護（資格）要件**としての登記と呼ばれている。

　判例は，ＡＢの農地売買がＢの詐欺を理由に取り消され，取消前にＢから農地を買い受けたＣが登記を備えていなかったケースで，Ｃを勝たせている（最判昭49・9・26民集28巻6号1213頁）。すなわち，登記不要説をとったと解されている（事実，判例はそう明言している）。しかし，農地の売買では知事などの許可がないかぎり，（本）登記は移転できない。判例のケースでは，知事の許可前のＣはＢから（本）登記の移転は受けていなかったが，Ｂに対する所有権移転の請求権を保全するために仮登記を得ていた（本登記・仮登記については，⇒本章 4 ４）。そこで，登記必要説は，同判例を必ずしも登記不要説をとったものとは言いきれない，と評している。というのも，判例の具体的ケースではＣは（本）登記は不可能で，しかもその状況で可能な権利保全の措置（仮登記）はとっていた。それゆえ，Ｃは保護に値する。しかし，（本）登記可能なケースで，登記していないＣに同様に権利取得が認められるかは疑問である，というのである。

Case 10-6

　Case 10-4・Case 10-5 で，Ｂが甲土地をＣに転売して登記を移転したのが，Ａが契約を取り消した後であった場合にはどうか。

___

取消後の第三者

　Ａの取消しにより，Ｂは所有権を失う。その後で，ＣはＢから甲土地を買い受けた。Ｃは土地所有権を取得する余地はない。確かに 96 条 3 項

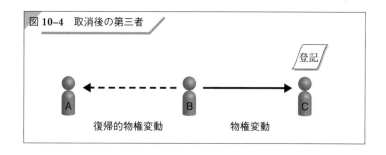

図 10-4 取消後の第三者

登記

A ← 復帰的物権変動 ← B → 物権変動 → C

を文言どおり解すると，詐欺による取消しの効果から善意・無過失の第三者 C を一般的に保護しているようにも見える。しかし，判例および多くの学説は同条を取消しの遡及効を制限する規定であると解している。したがって，取消後の無権利者 B と取引した C には，同条は適用されないことになる。

　以上のように考えると，契約が取り消された後に登場した転得者 C が権利取得する余地はない。しかし，判例・学説はここで一種のフィクション（擬制）を用意している。すなわち，A が B との契約を取り消したら，AB 間の契約は単に遡及的に無効になるのではなく，B から A に所有権はいま一度物権変動する，いわば「復帰的物権変動」があったというのである。そうすると，取消後には B から A への復帰的物権変動，B から C への物権変動という 2 つの物権変動があったことになる。この状態は，B から AC の双方に土地が二重譲渡されたケースと酷似している。そこで，判例は取消後に第三者が登場した場合には，177 条を適用して登記の先後で AC の優劣を決している（大判昭 17・9・30 民集 21 巻 911 頁）。

　このような判例理論の背後には，A は契約を取り消した後はいつでも B から登記を回復しておくことが可能であったこと，A

が登記の回復を怠った結果，転得者Cが登場したという実質的評価がある。

判例に反対する学説　以上の判例理論は，177条が内包している物権変動に関する評価を尊重して，契約が取り消された場合に法的構成を与えようというもので，十分な根拠がある。しかし，学説にはそれとは異なった評価に依拠して，判例を批判するものもある。批判のポイントは，第1に取消前でも取消後でも第三者から見れば，事態に変わりはなく，取消しの前後でその法的規律を画然と分けるのは合理性がないという点にある。第2は，取消後に登場した第三者は，たとえAB間の契約が取り消されたことについて悪意でも，登記を備えれば権利取得することになる点である。だから，取消前に適用される96条3項が善意・無過失の第三者だけを保護しているのと，甚だしくバランスを失する，というのである。このような批判から出発して，学説の提唱する解決は多岐に分かれている。ここではそのうちのいくつかを紹介しよう。

（1）取消しの先後を問わず177条を適用する見解　　この学説は，不動産物権変動を規律する法規の評価は，177条だけが与えていると考える。それゆえ，取消しの先後を問わず，原所有者Aと転得者Cの優劣を対抗関係として処理する。もちろん，そうはいってもAが強迫下にあったり詐欺に気づいていないときには，登記回復の懈怠をとがめることはできない。そこで，取消原因が消滅して，かつ取消しができることを，取消権者が知った時から，177条が適用されることになると解する。

（2）取消しの先後を問わず177条を適用しない見解　　取消前は，判例と同様に詐欺取消しの場合だけは96条3項によって転

得者Ｃは保護される。しかし，取消後は復帰的物権変動という
フィクションによらず，Ｃは無権利者Ｂから転得したと解した
上で，Ｃを保護するために，民法94条2項を類推適用する（94
条2項の類推については，⇒第12章2)，という見解がある。

　(3)　(2)の延長線上の学説だが，取消前も取消権者Ａが取り
消し得ることに気づいた時から94条2項の類推適用が可能であ
る，という見解もある。つまり，取り消すか否かは取消権者の自
由ではなく，Ｂの下にある登記を速やかに回復しない点にＡの
帰責性，すなわち94条2項を類推する基礎がある，というので
ある。

　以上の学説のうち，(1)は復帰的物権変動という擬制を退けた
上で，177条の適用範囲を広げようという立場であり，判例理論
の延長線上で理解できる。しかし，(2)(3)の学説は，177条以
外にも94条2項を類推適用して不動産物権変動を規律しようと
する見解である（177条による第三者保護と94条2項類推適用に
よる第三者保護の考え方の異同について，⇒第13章)。

4　契約が解除された場合

解除前の第三者

判例および多くの学説は，解除にも遡及
効があることを前提に（これを，直接効果
説という。その他の考え方に関しては，⇒第5巻)，第三者が登場し
たのが解除前か解除後かで区別している。

Case 10-7 ─────────────────────────

　Ａは自己所有の甲土地をＢに売却し，登記も移転した。Ｂは同土地
をＣに転売したが，その後ＡはＢの代金不払を理由にＢとの契約を
解除した。ＡはＣに対して，土地の返還と登記の抹消に代えて自己へ

の移転登記を請求できるか。

　Ａの契約の解除により，ＡＢ間の契約も遡及的に消滅する。その結果，甲土地の所有権は初めからＢには移転しておらず，Ｂからの転得者Ｃの地位も覆されることとなるはずである。しかし，解除の効力に関し，545条1項ただし書は「第三者の権利を害することはできない」と定めている。判例・学説は同条を，96条3項と同じく解除の遡及効を制限する規定であると解している。その結果，解除の場合にも，（取消前には遡及効を制限する第三者保護の規定が適用され，取消後は対抗問題となる）詐欺取消しの場合とほぼ同様の規律がなされている。ただし，詐欺の場合と異なって，解除では第三者の善意（・無過失）がその保護の要件とはされていない。学説は，一般にその理由を，債務不履行があってもＡが契約を解除するとは限らない，それゆえ，第三者が解除原因について悪意でも問題ではないからである，と説明している。

　　第三者の登記の要否　　　以上のように考えれば，ＡとＣは対抗関係にはない。Ｃの権利取得は，545条1項ただし書ゆえにＡが解除の効力を主張できない，つまりＣとの関係ではＡＢ間の契約が有効なことを前提としているからである。しかし，判例はここでは第三者Ｃが権利取得するためには対抗要件（登記）が必要であるとしており（大判大10・5・17民録27輯929頁），ほとんどの学説もこれに賛成である。学説の説明によると，545条1項ただし書が第三者の善意・悪意を問題にしないこととのバランス上，第三者は登記，すなわち，権利保護要件としての登記が必要であると解している。ただし，判例はそのような説明はしていない。判例は，Ｃは対抗要件（登記）を備

表 10–1　登記の必要な理由に関する判例と学説

類　型	学　説	判　例
いわゆる対抗関係	対抗要件（177条適用）	対抗要件（177条）
対抗関係以外	権利保護要件	

えていなければ A にその所有権取得を対抗できない，とだけ判示している。多くの学説が，「対抗要件」としての登記と「権利保護要件」としての登記を理論上区別しているのに対し，判例はこれを区別せず自己の権利主張に登記が必要とされる場合には対抗要件（登記）を備える必要がある，と言っているのである。それゆえ，学説の側から見れば，判例は食うか食われるかという厳密な意味での対抗関係以外でも，権利取得のために登記が必要とされる局面では，対抗要件を要求している，ということになる。ちなみに，判例と学説が登記を要求している根拠は，表 10–1 のように整理できる。

Case 10-8

Case 10-7 で，A が契約を解除した後に，C が B から甲土地の譲渡を受けた場合はどうか。

> **解除後の第三者**

96条3項と同様に，545条1項ただし書も解除の遡及効を制限する規定であるから，解除後の第三者には同条は適用されない。そうすると，C は無権利者 B から権利取得したはずである。しかし，取消後の第三者と同様に，判例・学説はここでも解除によって BA 間には「復帰的物権変動」が，BC 間には物権変動があり，177 条によって AC の優劣が決まる，としている（最判昭 35・11・29 民集 14 巻

13号2869頁）。解除後のAも取消後のAも，登記の回復が可能であるという点で変わりはないからである。このような判例理論に対する批判は，取消しの場合のようにはなされていない。その理由は，判例の立場でも，解除の先後にかかわらず，第三者の善意・悪意は問題とならず，かつ第三者は登記を要求され，詐欺取消しの場合のように取消しの先後での第三者保護の前提のアンバランスという問題が生じないからであろう。

しかし，ここでも取消しの場合と同様に，解除後の第三者を94条2項の類推適用によって保護すべきである，とする見解がある。復帰的物権変動という擬制に反対し，無権利者からの権利取得が可能となるには94条2項の類推適用による以外にはない，と考えているからである。

5 時 効 取 得

Case 10-9

1 AはBに自己所有の甲土地を売却して引き渡したが，22年後に売買契約は意思の不合致で不成立であったとしてBに土地の返還を請求した。

2 **1**で，AはBに登記を移転しておらず，Cに甲土地を売却して登記を移転した。CがBに土地の返還を求めたときはどうなるのか。

判例の立場

　1では，Bは甲土地を20年以上占有しているから，その善意・悪意にかかわらず土地所有権を時効取得する（162条1項）。確かに時効取得は原始取得であり，BはAから所有権を取得したわけではない。し

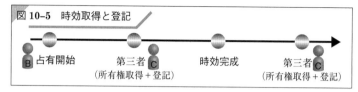

図 10-5　時効取得と登記

B　占有開始　　　第三者 C　　　　時効完成　　　　第三者 C
　　　　　　　（所有権取得＋登記）　　　　　　　　　　（所有権取得＋登記）

かし，時効完成によりBは所有権を取得し，Aはその結果として反射的に所有権を失う。それゆえ，ABはいわば物権変動の当事者にあたり，対抗関係には立たない。したがって，所有権を取得したBは，Aに対して登記の移転を請求できる（大判大7・3・2民録24輯423頁）。

❷では，Cが登場したのが，時効完成前か時効完成後かで話が変わる。CがBの時効完成前に土地を譲り受けていれば，時効完成時点で時効による物権変動の当事者となるのはBCであり，Bは登記なしでCに所有権取得を主張できる（最判昭41・11・22民集20巻9号1901頁）。反対に，CがAから土地を取得し移転登記を受けたのがBの時効完成後なら，あたかもAからBへ時効による物権変動，AからCに売買による物権変動と，Aを起点とする二重譲渡があったのと同様の状態になる。したがって，Bは登記なくしてCに自己の権利取得を対抗できない（大連判大14・7・8民集4巻412頁）。このような判例理論の基礎となっているのは，以下の評価である。すなわち，時効完成前はBはCに対して移転登記請求はできないから，Bが登記を怠ったと非難することはできず，BCを対抗関係に立たせるわけにはいかないこと，他方，時効完成後はBはAに対して，時効を根拠に移転登記の請求が可能であり，Bが登記移転を怠った結果，第三者Cが登場したことからこのBの登記の懈怠に，BCを対抗関係として処理すべきであるという評価が結びつくことになる。

以上に加えて，判例理論では，時効の起算点を占有取得時ではなく，現時点から逆算することは許されない（最判昭35・7・27民集14巻10号1871頁），つまり，起算点の選択はできないと解されている。なぜなら，それが可能なら，**2**では，BはCが移転登記を受けた後に時効完成するように，時効の起算点を選択するからである。そうなっては，時効完成後に第三者Cが登場すること自体が，ありえなくなる。その結果，時効が一度完成すれば，Bは登記がなくても永遠に自己の所有権を主張できることになり，妥当ではないからである。

　ただし，Cの登記後もBが占有を続けて期間が経過し，新たに時効が完成したときは，CBは時効による物権変動の当事者だから，Bは登記なくしてCに自己の所有権取得を主張できる（最判昭36・7・20民集15巻7号1903頁，最判昭46・11・5民集25巻8号1087頁）。

　以上の判例理論の考え方は，以下の5つの準則（ルール）に要約できる。すなわち，①BがAの不動産を時効取得したときは，AはBの時効取得によって所有権を失う当事者だから，ABは対抗関係にならず，時効取得者Bは登記なしで所有権取得を原所有者Aに対抗できる（第1準則）。②Bの時効完成前にAから第三者Cに不動産が譲渡されたときは，（Cの登記の有無にかかわらず）Bの時効完成時にCは所有権を失うから，Cは時効による物権変動の当事者であり，Bは登記なしで所有権取得をCに対抗できる（第2準則）。③Bの時効完成後にBが時効取得を登記しない間に，AからCに不動産が譲渡されCが登記を備えたときは，BC間は対抗関係となり，Bは先に登記を具備したCに対抗できない（第3準則）。④時効の起算点は，Bの占有開始時であ

り，起算点を後にずらすことはできない（第4準則）。⑤ただし，③で，Cの登記後にBが新たに時効取得に必要な期間占有を継続したときは，BCは時効取得の当事者となり，Bは登記なしで時効による所有権取得をCに対抗できる（第5準則）。

判例に反対する学説　以上のような判例理論には，次のような批判がある。①時効は永く続いた事実状態を保護する制度のはずなのに，時効完成後に第三者が登場したほうが時効取得者に不利となるのはおかしい。②悪意の時効取得者は自分の時効完成を知っているから，登記せよと要求できる。しかし，善意の時効取得者に登記せよというのは，無理な要求である。そこで，学説は様々だが，大別すると2つの立場に分かれる。

（1）**占有尊重説**　わが国の取得時効は，占有の期間だけに注目し，登記を時効完成の要件とはしていない。そこで，時効期間は現時点から逆算し時効期間が経過しているか否かだけを問題にすればよい，という学説がある。しかし，それでは一度時効が完成すると，登記は不要になり，公示の要請が全く無視される。そこで，時効取得者が自分が登記できることを知った時点からは，94条2項の類推適用によって第三者を保護すべきである，というものもある。もっとも，そうなると判例が対抗の法理で第三者を救うのを，94条2項に置き換えただけということになる。

（2）**登記尊重説**　時効完成前に第三者が登場して登記を移転すると，それによって時効は更新される。時効完成後は，時効取得も登記しないと第三者に対抗できない，という学説がある。これに対しては，147条，148条は，第三者の登記の移転を時効の更新事由とはしていない（すなわち，それは立法論である）という批判がある。そこで，近時，権利保護要件という登記の機能か

ら，時効取得の前提として登記が必要であると説く学説もある。

　根本的な問題は，わが国の時効制度が登記と無関係に時効取得を認めていることである。それゆえ，判例は，登記できるのにそれを怠ったという177条の評価によって，公示の要請と登記と無関係な時効取得制度との調和を図っている。こういった判例の立場を，学説の批判を取り入れて，事案類型を区別することで洗練したのが次の「類型論」である。

類型論　この学説は，境界紛争型と二重譲渡型を分けて問題を考える。

(1) 境界紛争型

Case 10-10

　2年前にCから買い受けた甲土地をAが測量したところ，隣家のBの塀が1mほど甲土地に入り込んでいることがわかった。AはBに塀の撤去と土地の明渡しを求めたが，25年以上越境していたBは時効取得を主張した。

　Bが善意なら，Bは甲土地の越境部分を時効取得する。なぜなら，時効完成した後も，善意のBに登記は期待できなかったからである。反対にBが悪意なら，Bは登記できたはずであるから時効取得できない。判例の立場では，この場合は常にBの時効完成後の第三者Aが優先する。しかし，類型論では時効取得者Bの登記の期待可能性で，ABの優劣を決することになる。

(2) 二重譲渡型

Case 10-11

　BはAから甲土地を買い受け9年間占有してきたが，未登記であった。Aはこれに目をつけ，Cに甲土地を売却し登記を移転した。それ

から2年が経過した後に，CはBに甲土地の明渡しを求められるか。

　本来Bは甲不動産の登記を移転しておくべきであったのであるから，Cとは対抗関係に立ち，したがって，Bは登記なしにはCに時効を主張できない。AB間の契約が無効でも，時効が完成して初めてBはCと対抗関係となる資格が与えられるにすぎない。したがって，二重譲渡型では，常に登記を得たCが所有権を取得する。（判例とは異なり）Cの登場がBの時効完成の前か後かは，関係がない。Bが甲土地の所有権を取得するのは，Cが登記を得てから新たに時効期間が経過してからである。

　結果的に，類型論では，判例よりも時効取得の可能性が制限されている。つまり，時効取得者の登記への期待可能性の点で，判例理論を修正したのが，類型論の立場であるといえる。

取得時効と抵当権 以上の判例・学説は，土地の譲受人と時効取得者に関するものだった。他方で，次の Case 10-12 では，時効取得者と抵当権の優劣が問題になる。

Case 10-12 ━━━━━━━━━━━━━━━━━━━━━━━━━

　Bは，Aから甲土地を買い受けたが，移転登記を受けず，10年間占有を続けていた。ところが，その1年後に，AはCから融資を受けて，甲土地に抵当権を設定した。しかし，その後も占有を継続していたBは，Cの抵当権設定から11年後に甲土地の時効取得を主張して，Aに対して甲土地の移転登記を請求するとともに，Cに対して，抵当権の登記の抹消登記手続を請求した。BのACに対する請求は可能か。

　Case 10-12 では，Aから甲土地を買い受け引渡しを受けたBは，登記を移転していなかった。とはいっても，Bは，10年以上，善意・無過失で占有を継続していたから，甲土地を時効取得

している（自己の物に関しても時効取得は可能である。最判昭 44・12・18 民集 23 巻 12 号 2467 頁）。しかし，時効完成後に登記をしない間に，第三者 C が甲土地に抵当権の設定を受けたから，BC は対抗関係となり，未登記の B は，登記された C の抵当権に対しては，時効による所有権取得を対抗できない（前記の第 3 準則）。ただし，C の抵当権の登記後も B は占有を続け新たな時効が完成している（162 条 2 項）。判例（最判平 24・3・16 民集 66 巻 5 号 2321 頁）は，不動産の取得時効完成後，所有権移転登記がされないまま，第三者（C）が原所有者（A）から抵当権の設定を受けて抵当権設定登記を了した場合，その後，時効取得者である占有者（B）が時効取得に必要な期間占有を継続し，その上で取得時効を援用したときは，B が抵当権の存在を容認していたなどの特段の事情がない限り，不動産の時効取得の結果として，抵当権は消滅すると判示している。つまり，C の抵当権が実行されれば，B は土地の所有権を失うから，A から C に土地所有権が譲渡された場合と同様だと考えている（前記の第 5 準則の適用）。

　他方で，次のような事例で，時効取得を否定した判例がある。すなわち，A 所有の乙土地を B が占有して取得時効が完成した後に，A が C のために抵当権を設定し登記がされた。その後，B が A に対して時効を援用して，A から抵当権の設定された乙土地の所有権移転登記を取得した。さらに，B は C の抵当権設定から乙土地を 15 年間占有した上で，乙土地の取得時効を援用して，C に対して抵当権の設定登記の抹消を請求したケースである。判例（最判平 15・10・31 判時 1846 号 7 頁）は，B は占有開始時に遡って乙土地を原始取得し，その旨を登記して確定的に所有権を取得しているから，今一度起算点をずらして C の抵当権の設定

時からの占有の継続による再度の取得時効の援用をすることはできないと判示している（第4準則。したがって，Bが以前に取得時効の援用をせず，移転登記も得ていなかったケースは，同判例の射程外であろう）。

　さらに，以下のような事例でも抵当権と賃借権の優劣が問題となった。すなわち，A所有の丙土地の賃借人Bが賃借権につき対抗要件を備えず丙土地上に家屋を建築して20年以上占有を継続していたが，Aが丙土地にCのために抵当権を設定し登記も了した。その後，Bは対抗要件（建物の保存登記）を具備し，抵当権設定から11年が経過したが，Cの抵当権が実行され買受人Dが丙土地の所有権を取得したというケースである。判例（最判平23・1・21判時2105号9頁）は，抵当権と賃借権の優劣は対抗要件の先後によるものであり，対抗要件を備えていれば賃借権は抵当権の実行後の買受人にも対抗できるから，抵当権が実行されると所有権を失う不動産の時効取得者とは異なるとして，買受人Dの賃借人Bに対する建物収去土地明渡しの請求を認容している。つまり，抵当権と賃借権の優劣は対抗要件の具備の先後によるべきであり，抵当権者は賃借権の時効取得の当事者にはならないということになる。

6　相　続

Case 10-13 ━━━━━━━━━━━━━━━━━━━━━━━━━━━

　AはBに自己所有の甲土地を売却したが，移転登記は未了であった。その後，Aが死亡し，唯一の相続人たる一人息子Cが他の財産とともに甲土地も相続した。CはBからの移転登記請求を拒み得るか。

━━━━━━━━━━━━━━━━━━━━━━━━━━━━━━━━━

CはAを相続により包括承継したので
あるから、CはAの権利・義務をすべて
引き継ぐ（896条）。つまり、CとA
の法的地位は同一であって、CとBとは物権変動の当事者であ
り、対抗関係には立たない。したがって、当然にBはCに対し
て甲土地の移転登記請求ができ、Cはこれを拒むことはできない。

Case 10-14

　Aが死亡して、A所有であった甲土地をAの息子BCが相続した。
BC間で遺産分割の協議がまとまらないうちに、Bは甲土地を単独で相
続した旨の遺産分割協議書を偽造して、相続を原因とするB名義の甲
土地の登記を得た。しかる後、Bは甲土地をDに売却して、移転登記
も了した。CはDにどのような請求ができるか。

共同相続と登記
──問題の出発点

Case 10-14の解決の前に、いくつかの
点を確認しておこう。Aは死亡して財
産を残したが、反対に借金もあるかもし
れない。そのような場合、Aの財産をまずはAの債権者への弁
済に充て、その後に残余があるときに、初めてBCが相続でき、
それまでは、遺産はBCには帰属せず、相続債権者への弁済とい
う一定の目的に服し、Bは遺産の処分はできない、という法制度
になっている国もある。そうすると、こういった事件は起こりに
くい。しかし、わが国はそのような制度を採用していない。A
の死亡によって、即座にBCの相続が開始し、何らかの形でA
の財産は直接BCに帰属することとなる。これが、問題の出発点
である。
　今ひとつの問題が、BCへの遺産の帰属の仕方である。すなわ

ち，BCは甲土地のみならず，Aに帰属していた財産（遺産）全部を共同で相続する。Aの遺産には甲土地のほかにも，不動産・銀行預金・株券等が複数存在する可能性がある。それらの遺産が具体的にどのようにBCに帰属することになるのかは（例えば，甲土地と株券はCに，他の不動産と預金はBにという具合に），本来は遺産分割が終わってみないとわからないはずである。したがって，BCは個々の遺産（例えば，甲土地）に具体的な持分を持たず，遺産全体に対して抽象的な持分を持つにすぎず，遺産全体がBCに合有的に帰属していると考えることもできる（合有については，⇒第4章）。そのように考えると，Bは甲土地の処分はできないことになる。しかし，判例および多くの学説は，遺産に属する甲土地は共同相続人BCの共有となると解している。BCの法定相続分が各自2分の1なら，甲土地の共有持分の2分の1はBに帰属することになる。

具体的な解決) 以上のような認識を前提として，判例・通説の立場に立つと，Case 10-14 の解決は次のようになる。Bは2分の1の限度で甲土地の持分を取得したのであり，Cの2分の1の持分に関するかぎり，無権利者である。登記に公信力がない以上，Bからの譲受人Dは権利を取得しない。したがって，Dは無権利者であり，Cは登記なくして自己の持分をDに対抗できる（最判昭38・2・22民集17巻1号235頁）。このような解決を支える実質的根拠は，遺産分割前の相続財産の共有は過渡的な状態であり，共有の登記をしておくようにと要求はできない点にある。共有登記をしても，後に遺産分割の結果が異なれば今一度登記し直さなくてはならない。そうすると，共有登記を怠ったCを非難できず，したがってCDは対抗関係

には立たない，というものである。

　もちろん，第三者Ｄの取引の安全を重視して，ＣＤが対抗関係に立つという学説もある。事実，かつては判例もそのように解していた。この学説の説く法律構成は，以下のとおりである。甲土地の共有者Ｂは，本来は共有物全部の所有権を持っている。それが，他の共有者Ｃの持分によって制限されているにすぎず，Ｃの持分がなくなればＢは完全な所有者となる（255条。共有の弾力性）。それゆえ，共有不動産にＢの単独名義の登記がされているときは，対第三者関係ではいわばＢの持分が拡張しているようなものである。したがって，Ｂは共有物全部をＤに有効に処分でき，ＣＤは対抗関係となる。しかし，この見解は多くの学説の批判を受けている。批判の第１は，共有の弾力性による根拠づけに対して向けられている。というのは，共有の弾力性とは，共有者の１人が相続人なしで死亡したとき，または持分を放棄したときに，その持分が国庫帰属（959条）しないことを定めた，255条を説明するための理論である。それゆえ，このような255条の目的と離れて，共有の弾力性を一般化するのは妥当ではない。第２は，Ｂが遺産分割を経ずに権利状態と合致しない単独相続の登記ができる，という問題の解決の仕方である。そのような，真実の権利状態に反する相続の登記が可能であるという制度の不完全さを，（共有登記をすぐにせよとは要求できない）共同相続人Ｃの一方的な負担において解決するのは妥当ではない，と多くの学説は考えている。そこで，それでも取引の安全を志向しようとする最近の学説の中には，Ｄは場合によっては94条２項の類推適用で救済される可能性がある，と説く者もある。

Case 10-15

　Ａが死亡して，ＢＣが２分の１ずつ共同相続したが，Ｂは相続放棄した。ところが，遺産に属する甲土地をＣの単独名義に登記しない間に，Ｂの債権者Ｄが（Ｂを代位してＢＣの共同相続の登記をした上で）Ｂの持分を差し押さえてきた。ＣはＤの差押えを排除できるか。

相続放棄と登記　ここでも，まずいくつかの点を確認しておこう。相続人には，３つの可能性がある。すなわち，単純承認・限定承認・相続放棄である。単純承認すると相続人は被相続人の権利義務を包括承継する（920条）。限定承認すると相続はするが，被相続人の債務は相続によって得た財産の限りで払えばよい（922条）。相続放棄すると，初めから相続人にはならなかったものとみなされる（939条）。ただし，限定承認および放棄は相続開始を知った時から３ヶ月以内に，家庭裁判所でその意思表示をしなければならない（915条１項）。何もしなければ，単純承認したことになる（921条２号）。

　判例（最判昭42・1・20民集21巻1号16頁）・学説は，Ｃは自己の権利つまり甲土地の単独所有権を，登記なしで第三者Ｄに対抗できると解しており，異論もない。その理由は，①相続放棄には遡及効があり（939条），かつその際に第三者を保護する規定もない。したがって，放棄者Ｂは初めから無権利者である。②仮にＤの差押えが有効なら，ＢはそれによってＤに対する債務を遺産から弁済したことになるのに，放棄ゆえに遺産の債務は引き継がないことになる。そうすると，死亡した被相続人Ａの債権者，つまり遺産に対する債権者の一方的な負担で，Ｂの債権者Ｄが遺産から弁済を受けることになり，この結果は不当である。

③相続放棄の可能な期間は3ヶ月と制限されており，権利の不確定が長期間続くわけでもない。しかも，DはBの相続放棄の有無を家庭裁判所で確認できる。したがって，Bが放棄せず法定相続分を相続したというDの期待を保護する必要はない，等である。

相続放棄に関連する問題

さらに，以上に関連する問題を付加しておくと，次のとおりである。①DがBの持分を差し押さえたのが，Bの相続放棄の前であったとしても事態は変わらない。相続放棄には遡及効があり，差押えの時点でもBは無権利者であったことになる。さらに，Bの債権者DはB自身の財産だけから弁済を受けるのが筋であって，被相続人Aの財産からの弁済を期待すべきでない以上は，Bの相続放棄の意思は尊重されるべきである。②BがEに甲土地の持分を譲渡した後で，相続放棄したらどうか。相続財産の処分は単純承認とみなされ（921条1号），Bは相続放棄ができないことになる。③Bが相続放棄した後でEに持分を譲渡しても，同様に単純承認が擬制される（921条3号。処分は相続財産の消費と解する余地がある）。

Case 10-16 ━━━━━━━━━━━━━━━━━━━━━━━

Aが死亡して，BCが各2分の1ずつ共同相続した。遺産分割協議によって，相続財産中の甲土地はBが単独相続することになった。

❶ Cが遺産分割前に，自己の甲土地の2分の1の持分をDに譲渡したとき。

❷ Cが遺産分割後に，共同相続の登記をしてEに2分の1の持分を譲渡したとき。

以上の**❶❷**で，Bは甲土地の単独所有をDEに対抗できるか。

━━━━━━━━━━━━━━━━━━━━━━━━━━━━━━━━━━━━━━━

遺産分割と登記

遺産分割には遡及効がある（909条本文）から，Bは甲土地の所有権を相続開始時に遡って取得する。しかし，**1**の場合，遺産分割は第三者の権利を害することができない（同条ただし書）から，DはCから譲り受けた甲土地の2分の1の持分を取得する。つまり，909条ただし書は，遺産分割の遡及効を制限する規定である。BDは対抗関係にはないが，Dは自己の権利取得のためには登記が必要であるというのが通説の立場である。つまり，ここでのDの登記は，909条ただし書適用の際の第三者の権利保護要件である，ということになる。

他方で，**2**では，遺産分割の遡及効を制限する909条ただし書は適用されないが，BEは対抗関係にあり，Bは登記なくして自己の取得した権利（Cの持分であった2分の1）をEに対抗できない，というのが判例・通説である。判例（最判昭46・1・26民集25巻1号90頁）によると，①遺産分割には遡及効はあるが，第三者との関係では相続人が相続によりいったん取得した権利につき遺産分割時に新たな変更を生じたのと実質上変わらないこと，②絶対的遡及効のある相続放棄とは異なり，遺産分割には909条ただし書の規定もあるように，第三者保護の必要性があること，③相続放棄はその可能な期間が短期であり第三者の出現を顧慮しなくてよいが，遺産分割では遺産分割後も（遺産分割の結果が具体的に登記されていなければ，BCの）共同相続の外観を信頼して権利取得する第三者が現れる可能性があることを理由とする。要するに，遺産分割によって取得した権利の登記の懈怠と，第三者保護の必要性とのバランスがとられているのである。

Case 10-17

　Ａが死亡しＢが相続したが，Ａは生前に遺産に属する甲不動産をＣに遺贈していた。ところが，Ｃが登記を怠っているうちにＢがＤに甲不動産を売却し引き渡した。ＣはＤに甲不動産の返還を求め得るか。

（特定）遺贈と登記

　ＡがＣに甲不動産を遺贈（964条）していれば，遺贈には物権的効力があると解されているから，ＣはＡが死亡すると同時に直接に甲不動産の所有権を取得する。したがって，ＢＣ間には対抗の問題を生じない。しかし，受遺者は登記が可能だから，ＣがＡの死後に登記を怠っていた場合に，判例（最判昭39・3・6民集18巻3号437頁）は，遺贈はＡの生前の意思表示による物権変動であり，Ｂは包括承継人ゆえＡと同一の地位にあることから，Ｂからの譲受人Ｄと受遺者Ｃは対抗関係に立つとして，Ｃは登記がなければＤに対抗できないと解している。学説も賛成している。以上の理は，死因贈与（554条）にも当てはまる（最判昭58・1・24民集37巻1号21頁）。なお，Ａが財産の一部または全部をＣに遺贈するという包括遺贈（964条）では，受遺者Ｃは相続人と同一の権利・義務を有するから（990条・896条），相続財産の取得には登記は必要ではない。

Case 10-18

1　Ａには法定相続人としてＢＣという2人の子がいた。Ａは死亡したが，「自分の所有する甲土地を，Ｂに相続させる」という遺言をしていた。ところが，Ｃが法定相続分で共同相続の登記を行って，2分の1の持分（Ｃの法定相続分）を第三者Ｄに譲渡し，移転登記も行った。Ｂは，甲土地の単独所有権をＤに対抗できるのか。

2　**1**とは異なり，Ａが遺言で，相続分をＢが3分の2，Ｃが3分

の１と指定したが，Ｃは**１**と同様に共同相続の登記を了したうえ
で，２分の１の持分（Ｃの法定相続分）を第三者Ｅに売却して，持
分の移転登記を終えた。Ｂは，甲土地の３分の２の持分をＥに対
抗できるか，つまり，ＢはＥに対して，持分割合をＢ持分３分の
２，Ｅ持分３分の１とする更正登記の請求ができるのか。

特定財産承継遺言（相
続させる遺言）と登記

遺言で可能な遺産の処分は制限されてお
り（遺言事項の制限），民法は，(i)遺贈
（964条），(ii)相続分の指定（902条），(iii)
遺産分割方法の指定（908条）の３つを規定している。(ii)相続分
の指定とは，例えば，Ａが「Ｂの相続分を３分の２とする」と遺
言で指定することである。(iii)遺産分割方法の指定とは，例えば，
Ａが「甲土地は売却して，代金をＢＣで分配すること」と遺言で
指定することである。上のケースでのＡの遺言は，甲土地をＢ
に取得させることが目的だから，ＡのＢに対する（特定）遺贈
（上記(i)）と考えるのが素直な遺言の解釈のようにみえる。しか
し，判例（最判平３・４・19民集45巻４号477頁）は，特定の遺産
を特定の相続人に「相続させる」遺言とは，特段の事情のない限
り，遺贈ではなく，相続分の指定（902条）の意味も伴うことの
ある遺産分割方法の指定（908条）だと解している。さらに，遺
産分割方法の指定がされていれば，遺産分割なしで遺産の清算が
可能だから，甲土地はＢＣ間の遺産分割協議を要せず，被相続人
Ａの死亡時に直ちにＢに帰属すると解されていた。そうすると，
ＢＤは対抗関係には立たず，Ｂは登記なしで，甲土地について自
身の法定相続分２分の１だけでなく，Ｃの法定相続分の２分の１
に関しても，Ｄに所有権取得の主張が可能とも考えられる。現

に，かつての判例（最判平 14・6・10 判時 1791 号 59 頁）は，そう解していた。

　ただし，学説では，特定遺贈では，受遺者と相続人からの譲受人（第三者）は対抗関係に立ち，受遺者は登記をしなければ，遺贈による権利取得を第三者に対抗できないのと（Case 10-17「（特定）遺贈と登記」を参照），相続させる遺言による権利取得とではバランスを欠くという批判があった。加えて，BC 間の遺産分割で B が甲土地の単独所有者とされたが，B が登記を怠っている間に，C が自身の持分 2 分の 1 の相続登記をして，それを D に譲渡したときは，BD は対抗関係となるというのが判例・通説である（Case 10-14「共同相続と登記」を参照）。しかも，BC 間の遺産分割で B が甲土地の単独所有者となったのか，被相続人（A）の遺言で B が単独所有者となったのかは，第三者 D には知ることができない。そこで，平成 30 年の相続法改正で新設された 899 条の 2 第 1 項は，「相続による権利の承継は，遺産の分割によるものかどうかにかかわらず，次条及び第 901 条の規定により算定した相続分（法定相続分）を超える部分については，登記，登録その他の対抗要件を備えなければ，第三者に対抗することができない」（括弧内は筆者補足）と規定した。つまり，相続させる遺言によって権利取得した B も，法定相続によって権利取得できたはずの甲土地の持分 2 分の 1 を超える権利取得を第三者 D に対抗するには登記が必要とされた。その結果，Case 10-18 **1** で，B は，D に対して甲土地の持分 2 分の 1 に関して移転登記請求をすることはできない（さらに，平成 30 年の新法では，「相続させる遺言」は，1014 条 2 項〔「遺産の分割の方法の指定として遺産に属する特定の財産を共同相続人の 1 人又は数人に承継させる旨の遺言

（以下「特定財産承継遺言」という）」で，「特定財産承継遺言」とネーミングされた。特定財産承継遺言については，⇒第7巻）。

相続分の指定と登記 ❷でも，判例（最判平5・7・19判時1525号61頁）・学説は，EはCの指定相続分3分の1を取得するにとどまると解していた。しかし，平成30年の相続法改正で，登記をしていないBは，Eに対しては，法定相続分の2分の1の持分を対抗できるにとどまるとされた（899条の2第1項）。したがって，BはEに対して更正登記の請求はできない。

Case 10-19 ━━━━━━━━━━━━━━━━━━━━━━━━

❶ Aは，自己所有の甲土地を，法定相続人ではないDに遺贈することとし，Eを遺言執行者に選任した。Aの死亡後，Aの唯一の相続人Bは，甲土地について相続を原因とする登記をして，甲土地をCに売却した。遺言執行者Eは，Cに対して甲土地の移転登記の抹消登記を請求できるか。

❷ ❶で，AにはG₁に借財があり，BもG₂から借財があった。G₁，G₂は，甲土地に対して差押えができるのか。

━━━━━━━━━━━━━━━━━━━━━━━━━━━━━━━━

遺言執行と登記 被相続人Aは，自分の行った遺言の内容を確実に実現させるために，遺言を執行する人間を遺言で選任することができる（1006条）。これを，遺言執行者という。遺言執行者は「遺言の内容を実現するため，相続財産の管理その他遺言の執行に必要な一切の行為をする権利義務を有する」（1012条1項）。さらに，「遺言執行者がある場合には，相続人は，相続財産の処分その他遺言の執行を妨げるべき行為をすることができない」（平成30年改正前1013条，改正後1013条1項）。そこで，平成30年の相続法改正前は，改正前

1013条の解釈として、Bの甲土地の処分は絶対に無効だと解されていた（大判昭5・6・16民集9巻550頁、最判昭62・4・23民集41巻3号474頁）。しかし、相続法改正で、1013条に2項が加えられ、「前項の規定に違反してした行為は、無効とする。ただし、これをもって善意の第三者に対抗することができない」という規定が付加された。だから、**1**では、善意のCに対しては、遺言執行者Eも甲土地の移転登記の抹消登記の請求はできない。

　2では、平成30年の相続法改正で新設された1013条3項が、「前二項の規定は、相続人の債権者（相続債権者を含む。）が相続財産についてその権利を行使することを妨げない」と規定している。だから、被相続人Aの債権者（相続債権者）G1、相続人Bの債権者G2は、相続財産に対して執行が可能である（G2に関しては、Bの法定相続分に対する差押えが可能だが、Case 10-19 **2**では、Bは単独相続人だから、甲土地に対する強制執行が可能である）。したがって、受遺者Dが甲土地を取得するには、G1、G2の差押えの前に、移転登記を受けておく必要がある。

　以上の特定財産承継遺言、相続分の指定（Case 10-18）、遺言執行（Case 10-19）に関する平成30年の相続法改正の考え方は、法定相続分を重視した上で、第三者の取引の安全を優先していることになる。ただし、相続の放棄に関しては、第三者の取引の安全は顧慮されていない。相続放棄では問題となる第三者は、相続放棄した相続人の特定承継人ではない債権者に限られている。しかし、相続人（放棄者）の債権者は、相続人の固有の財産を責任財産と考えるべきだからである（Case 10-15を参照）。

3 177条の第三者の範囲

1 序　説

177条にいう第三者とは
　177条は，不動産の物権変動は登記しな
ければ「第三者」に対抗できないとだけ
規定し，文言上は第三者の範囲を制限していない。そこで，判
例・学説は，当初は177条にいう第三者には当事者（および，こ
れと同一視できるその包括承継人）以外のすべての第三者が含ま
れると解していた。つまり，177条の第三者（の範囲）に関しては，
「無制限説」をとっていたのである。

Case 10-20 ━━━━━━━━━━━━━━━━━━━━━━━━━━
　Aは自己所有の甲建物をBに売却したが，登記は未了であった。と
ころが，その間にCが甲建物を不法に占拠して出ていかない。BはC
に対して，所有権に基づいて建物の明渡請求ができるか。

━━━━━━━━━━━━━━━━━━━━━━━━━━━━━━━━━━

　判例・通説によれば，ABの売買契約の時点で甲建物の所有権
はBに移転している。そうすると，BはCに対して所有権に基
づいて返還請求権を行使できるはずである。ところが，177条の
第三者について無制限説をとると，Cに対してもBは登記なし
では所有権取得を対抗できないことになる。しかし，それでは所
有権を取得したはずのBが不法行為を犯しているCに敗れるこ
ととなって，不当である。177条がBに登記を要求したのは，後
に同一不動産の取引に参加してくる第三者への公示ないしは取引
の安全のためであるが，不法行為者Cは取引の安全とは無縁で

ある。

無制限説から制限説へ　そこで，判例（大連判明41・12・15民録14輯1276頁）は後に態度を変更して，177条にいう「第三者」とは，不動産に関する物権の得喪・変更の「登記欠缺を主張する正当の利益を有する者」と，同条を目的論的に（制度の目的に合致するように）制限解釈するに至った（177条の第三者に関する「制限説」）。すなわち，177条を文言どおりに解すると，かえって同条が登記による公示を要求した制度目的に反する結果が招来されるからである。学説も，これに賛同している。ちなみにこの判決は，先に紹介した，登記はすべての物権変動に必要であるとして，物権変動の原因につき無制限説をとった明治41年の大審院判例（⇒本章2①）と同日に下されている。つまり，判例は物権変動の原因ではなく第三者の範囲から177条の適用範囲を制限していこうとしており，かつその方針が現在でも受け継がれている，ということになる。以下では，第三者について具体的に見ていくこととしよう。

②　登記しないと対抗できない第三者

物権取得者　同一の不動産につき物権を取得した者は，物に関する排他的支配を争う関係にあり，177条の第三者の典型例である。不動産が二重譲渡されたときの譲受人同士をはじめ，同一の不動産に対する所有権取得者と地上権取得者も不動産の利用をめぐって互いに両立しない関係にある。抵当権者も物権の価値支配に関しては，同様である。なぜなら，抵当権が実行されると，不動産所有権は買受人に帰属することになるからである（⇒本章1④ Case 10-2）。

Case 10-21 ━━━━━━━━━━━━━━━━━━━━━━━━━━━━━━━━

　AはBに自己所有の甲不動産を売却する契約を結んだが，移転登記は未了であった。他方，AにはAに貸金債権を持つCという一般債権者がいる。CはBにとって，177条にいう第三者か。

━━━

| 一般債権者・ |
| 差押債権者 |

　（1）　一般債権者　　一般債権者とは，例えば抵当権のような物的担保を持たない，つまり物権からの優先弁済権のない債権者のことである。すなわち，一般債権者CはAの甲不動産という特定の物ではなく，Aの一般的な資力をあてにしてAに融資している。したがって，一般債権者Cが一般債権者のままで，物権を取得したBと競合する可能性は考えられない。Case 10-21 でも，CはBが取得した甲不動産に関して具体的な権利をもっていない。それゆえに，一般債権者は177条の第三者には当たらない，と解されている。

Case 10-22 ━━━━━━━━━━━━━━━━━━━━━━━━━━━━━━━━

　Case 10-21 で，CがAに対する債務名義を取得して甲不動産を差し押さえてきた場合，Bは第三者異議の訴え（民執38条）によってCの差押えを排除できるか。

━━━

　◆債務名義と第三者異議の訴え　　債務名義とは，CがAの財産に強制執行するための国家が認めた証明書であり，その典型は確定判決である（民執22条参照）。差押えはこの強制執行の第1段階であり，そのまま手続が進行するとAの不動産は競売されてしまう。そこで，甲不動産の所有者はAではなく自分である，ゆえにAに対する債務名義で甲不動産の差押えはできない，とBが強制執行をストップさせるための手続が第三者異議の訴え（民執38条）である。つまり，上のケースの場合，第三者異議の訴えは，強制執行の

局面での所有権に基づく妨害排除請求であると理解すればよい。

(2) **差押債権者**　　差押債権者Ｃが177条の第三者であれば，登記を備えていないＢは第三者異議の訴えは起こせないことになる。この点について，考え方は分かれている。しかし，判例・通説は差押債権者は登記がなければ対抗できない第三者であると解している。一般債権者といえども債務者の財産を引当てに融資しており，潜在的には債務者の財産に支配力をもっているが，差押えによってその支配力が甲という特定の不動産に具体化していることを理由とする。つまり，その限りでは，差押債権者は物権取得者に類似した法的地位にあると評価できる，というのである。

これに対して，少数説は，差押債権者は債務者の他の財産から債権回収してもよいのであり，特定の物権の帰属を争う立場にはないこと，しかも，二重譲渡の相手方などとは異なり，差押債権者は特定の物権を取得するために対価を支払ったわけではないから，取引の安全とも関係がないと主張している。以上の理由から，少数説は，差押債権者Ｃは177条の第三者に当たらず，Ｂは登記なしでＣの差押えを排除できることになると解している。

Case 10-23
Ａ は Ｂ に自己所有の甲土地を賃貸し，Ｂ は同土地に建物を建てて住んでいた。その後，Ａ は甲土地を Ｃ に売却した。Ｃ は Ｂ に対して建物収去・土地明渡請求ができるか。

| 賃 借 人 |

ＡＢ間の賃貸借契約により，賃借人Ｂには賃貸人Ａに対して甲土地の利用を認めさせる権利がある。しかし，賃借人（債権者）Ｂの権利は賃貸人（債務者）Ａという特定人に向けられた債権にすぎず，不動産

を直接に支配する物権ではない。したがって，Bは自分とは契約関係のない新たな土地の所有者Cに対しては，土地の利用を請求できないはずである（「売買は賃貸借を破る」という法諺がある）。

　しかし，実質的にみて，特定の不動産の利用を目的とする賃借権は，物権である地上権とその機能は変わらない。それゆえ，賃借権も一定の要件を備えると，物権を不動産について取得した者に対しても，その効力を主張できることが認められている（これを，「賃借権の物権化」という。⇒第14章*3*）。具体的には，Case 10-23ではBの賃借権の登記（605条）か，Bが甲土地上に建てた建物の登記（借地借家10条）を備えていれば，Cからの立退請求を拒むことができる。つまり，甲土地の利用に関して，Bは対抗要件を備えていることになる。その結果，賃借人BはAの債権者にすぎないが，甲土地の利用に関してBCは対抗関係に立つことになる。したがって，CはAから登記の移転を受けなければ，賃借人Bに対して自己の所有権取得を対抗できないことになる（前掲大連判明41・12・15）。以上の限りでは，学説にも全く異論はない。

Case 10-24

　Case 10-23で，CはBに賃料を請求したが，Bはこれを拒んで賃料をAに支払い続けた。CはBとの賃貸借契約を解除して，建物の収去・土地の明渡しを求めることができるか。

賃借人に対する
賃料請求

Case 10-23とは異なりCase 10-24では，CはBの賃借権を否認しようというのではなく，反対にBの賃借権の存在を認めた上で賃料を請求している。つまり，CのBに対する

賃料請求は，自分が賃貸人となったというＣの主張も含んでいる。だから，ここでのＣの主張は，Ｂの賃貸借契約の当事者がＡからＣに交替したことを前提としている。このような契約上の地位の移転には，一般には契約相手方Ｂの承諾が必要である（539条の2）。例えば，賃借人が賃借権を譲渡するには賃貸人の承諾が必要である，と612条は定めている（その承諾なしに譲渡・転貸すれば，賃貸人は賃貸借契約を解除できる）。賃借人が誰かによって，（特に，建物の賃貸借などでは）賃貸目的物の利用の仕方は異なるし，また資力も違うため賃料支払の確実さも変わってしまうからである。契約の相手方が誰かということは，当事者にとって重要な関心事である。しかし，賃貸人の交替はその例外であるとされている（最判昭46・4・23民集25巻3号388頁）。賃貸人の債務は積極的に何かを履行するというのではなく，単に賃借人の利用を容認するにすぎないからである（これを，「状態債務」ということがある）。しかも，賃借人Ｂに土地を利用させる債務は，土地所有者なら誰でも履行でき，かつ土地所有者でなければ履行できない性質のものであるから賃貸人の個性は賃貸借契約にとって重要な要素とはいえない。Case 10-24 でも甲土地の売買とともに，賃借人Ｂの承諾なしに賃貸人はＡからＣに交替していることになる。605条の2第1項は，この理を規定している。

　今ひとつ重要なのが，Ｂに賃料請求するにはＣは登記を備えていることが必要か，という問題である。判例（最判昭49・3・19民集28巻2号325頁）は，Ｃは登記を備えなければＢに対して賃貸人たる地位を対抗できない，と判示している。賃貸人Ｃの地位はＣの所有権取得を前提としている。したがって，Ｃが賃貸人としてＢに賃料請求する場合にも，その前提たる所有権を

対抗するために，Cは登記が必要であるというのである。学説の多くも，結論としては判例に賛成していた。ただし，学説ではCに登記を要求する根拠づけが異なっている。すなわち，CのBに対する賃料の請求は，CがBの賃借権を認めることを前提にしており，ここではBCは同一物権（の利用）をめぐって両立しない権利関係，つまり対抗関係にはないと解している。しかし，Cから賃料を請求されても誰が土地所有者なのか，したがって誰が賃貸人なのかが確かではなく，Bは不安である。それゆえ学説は，賃借人Bに賃料の二重弁済の危険を負わせないために，賃貸人としての権利行使の要件としての登記をCに要求すべきである，というのである。民法605条の2第3項は「賃貸人たる地位の移転は，賃貸物である不動産について所有権の移転の登記をしなければ，賃借人に対抗することができない」と規定している。だから，結論として，設例でもCがAから登記の移転を受けていなければ，CはBに対して自分が賃貸人となったことを主張できない。したがって，Bの賃料不払を理由とする，Cの解除権は発生しなかったことになり，Bの賃借権は消滅せず，CはBに対して建物収去・土地明渡しの請求はできないことになる。

これに対して，BCは対抗関係にないからBはCからの賃料請求を拒めないと，判例に反対する学説もある。このような学説では，賃貸人（所有者）が誰であるかわからないというBの不安定さは，他の法制度（467条〔債権の譲渡の対抗要件〕・478条〔受領者としての外観を有する者に対する弁済〕等⇒第4巻・第5巻）での解決にゆだねられることとなる。

③ 登記なしでも対抗できる第三者——第三者の客観的要件

Case 10-25

CはA所有の甲土地につき書類を偽造して登記を自己名義にした。他方，AはBにこの土地を売却した。BはCに対して登記の抹消ないし抹消に代えて移転登記請求ができるか。DがCから土地を買い受けて移転登記を済ましていたときはどうか。

実質的無権利者と
そこからの転得者

確かに，Case 10-25 では登記名義はCになっている。しかし，Cは甲土地について何らの権利も取得するいわれはなく，Aが所有者であることに変わりはない。このようなCを実質的無権利者といい，これが177条の第三者に当たらないのは当然と解されている。実質的無権利者Cは物権取引の安全とは無縁で，したがってCに対しては公示の意味もないからである。判例の定式では，Cは甲土地の所有権を取得したBの登記の欠缺を争う正当な利害関係をもつとはいえない，ということになる。

無権利者Cからの買主Dが所有権を取得しないのも，当然である。DがCの登記名義を信頼した場合でも，登記に公信力が認められていない以上事態は変わらない（極めて例外的場合に94条2項の類推適用による救済が考え得るくらいである。⇒第12章 2)。

Case 10-26

Aは所有する土地・建物をBに売却したが，いまだ登記はBに移転していなかった。ところが，この建物をCが不法に占拠して，立ち退こうとしない。BはCに対して建物の明渡しを請求することができるか。また，Cが不法占拠している間に家の中でたき火をして，家屋を焼

失させてしまった。BはCに対して損害賠償請求ができるか。

不法行為者・
不法占拠者

いずれの場合も，Bは登記を経ずともCに明渡請求・損害賠償請求が可能であるというのが，判例（最判昭25・12・19民集4巻12号660頁）・学説である。判例の立場では，売買契約と同時に所有権はAからBに移転している。しかも，不法行為者CにはBの登記の欠缺を主張して物権の帰属を争う正当な利益はない。学説の中には，所有権移転時期を契約時ではなく登記移転時・代金支払時とする見解もある。しかし，少なくともこの局面で，Cに損害賠償を請求したいというBの請求を退ける必要はない。AがCに対して明渡しを求めないときに，Bに独自の請求を認めることには十分な意味があるからである。したがって，不法行為者・不法占拠者Cに対しては，ABいずれも登記の有無にかかわらず所有権を対外的に主張できると解すべきことになる（⇒第2章 *2*）。

Case 10-27 ━━━━━━━━━━━━━━━━━━━━

Aは自己所有の甲土地をBに売却し登記も移転した。BはさらにCにこの土地を転売したが，移転登記は未了である。CはAに対して甲土地の所有者であると主張することができるか。

転々譲渡した場合の
前主・または後主

Cの所有権取得は，AB間の有効な物権変動を前提としている。したがって，ACは互いに甲土地の帰属を争う関係，つまり対抗関係にはなく，CはAにとって第三者に当たらない。したがって，Cは登記なくしてAに甲土地の所有者であること

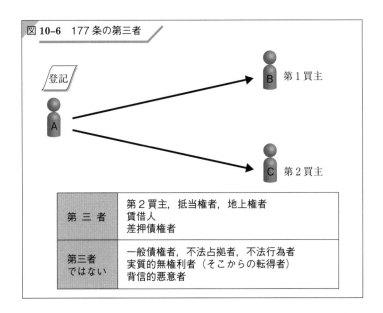

図 10-6　177 条の第三者

第 三 者	第 2 買主，抵当権者，地上権者 賃借人 差押債権者
第三者 ではない	一般債権者，不法占拠者，不法行為者 実質的無権利者（そこからの転得者） 背信的悪意者

を対抗できる。判例（最判昭 42・10・31 民集 21 巻 8 号 2213 頁）・学説も異論はない。もっとも，以上は AB 間の契約が有効な場合である。例えば，A が B との売買契約を解除後に，B が C に甲土地を転売すれば，AC が対抗関係に立つ（BA の復帰的物権変動と BC の物権変動の優劣）ことはすでに示したとおりである（⇒本章 2）。

一般債権者　一般債権者は不動産につき具体的な利害関係をもっておらず，不動産に物権を取得した者と対抗関係には立たない（⇒2 Case 10-21）。したがって，一般債権者は 177 条にいう第三者ではなく，物権取得者はその物権を主張するのに登記を必要とはしない。

Case 10-28

　AはBに自己所有の甲土地を1億円で売却すると約した。ところが，以前からその土地を8000万円なら買うと言っていたCがこのことを聞きつけて，1億2000万円で買うと言ってきた。Aはこれはうまい話だと思い，即日Cに売却し登記も移転した。第1買主BのAとの契約交渉を知った上で，あえてAから甲土地を買い受けたCに対して，Bは土地の引渡し・登記の抹消を求め得るか。

民法は第三者の善意・
悪意を問題としないとい
う出発点に立っている

　これまで，177条の対抗問題を論ずるにあたっては，第三者の主観的態様（善意・悪意）は視野の外に置いてきた。民法の立法者も，第三者の善意・悪意は問題にしないという考え方であった。対抗要件主義は，第三者の権利取得態様ではなく，権利取得した者が登記移転しなかったことの懈怠をとがめるという論理の上に，基本的には構築されているからである。Case 10-28でも，仮に第三者Cの主観的態様を問題にし始めると，Cのほうではβがこの取引を横取りしたと言い出すかもしれない。また，AB間で売買を約したといっても，これは仮契約で本契約には至っていない，などの問題が出てくるかもしれない。そういった法的不安定が，第三者の善意・悪意を問題とすることで招来されてしまう。それゆえ，単にAB間の取引を知っていた（悪意）だけでは，第三者Cが177条の第三者にあたらない，すなわちBの登記の欠缺を争う正当な利害関係にないとはいえない，と解されている。

さらに，Ｃが悪意の場合にも登記を経由していれば所有者であることを主張できることから，177 条はＡから BC のいずれが所有権を取得するかについて自由競争を認めたものであるという説明がされてきた（ただし，最近の学説は，177 条の立法趣旨を自由競争で説明することに批判的である。自由競争というのはマジックワードで，実は具体的内容は明らかではないからである。この点については，⇒後述の「悪意者排除論について」）。

Case 10-29

　ＢはＡから甲土地を購入するにあたって，不動産取引に精通したＣを代理人とし，価格交渉から代金の支払・登記の移転まですべてを依頼した。ＣはＡと安価な売買代金で話をまとめたが，それくらいなら自分が少々高い価格で買っても元が取れると考えた。そこで，ＣはＡからＢに登記を移転させないように工作して自分で買い受け，登記の移転を受けた。ＢはＣに対して，甲土地の所有者であることを主張して移転登記を求めることができるか。

自由競争の枠を踏み越えたらどうなるのか——背信的悪意者の排除

結論を先取りしていえば，Case 10-29 ではＣはＢの登記の欠缺を主張する正当な利害関係にあるとはいえない。したがって，ＢはＣに対して移転登記請求が可能である。不動産登記法 5 条 1 項は詐欺または強迫によって他人の登記申請を妨げた第三者，同条 2 項は他人のために登記申請する義務のある第三者は，他人の登記の欠缺を主張することができない，と定めている。したがって，5 条 2 項にあたる Case 10-29 のＣはＢの登記の欠缺を主張できないのである。

　ちなみに，不動産登記法 5 条 1 項の第三者は不法行為によって他人の登記を妨げている。このような不法行為者には，公示の要

請は必要ではない。それゆえ，この規定は，不法行為者には登記なしで物権変動を対抗できる，という例と同様に考えるとわかりやすいであろう。また，5条2項の第三者は他人に対して登記を移転する契約上の義務を負っているはずである。したがって，このような第三者は転々譲渡された不動産の前主に類似しているといえよう。

Case 10-30 ────────────────────

　AはBに山林を売却して引渡しも終えたが，登記は移転せずに2年が経過した。ところが，このことを聞き知ったCが，Aから山林を安価に買い受け，Bに高値で売りつけようと交渉した。Bがこれを拒んだので，CはAから登記の移転を受けてBに立退きを迫った。Cの請求は認められるか。

───────────────────────────

　判例（最判昭43・8・2民集22巻8号1571頁）は，「実体上物権変動があった事実を知る者において右物権変動についての登記の欠缺を主張することが信義に反するものと認められる事情がある場合には，かかる背信的悪意者は，登記の欠缺を主張するについて正当な利益を有しない」と背信的悪意者の一般論について判示している。Case 10-30でも，Cは自分が物権を取得するためではなく，Bから不当な利益をあげることを目的としてAから山林を買い受け，それが功を奏しないので登記の移転を受けて，Bに立退きを請求している。それゆえ，ここでのCの請求は信義に反する上に，権利濫用であり，場合によっては不法行為を構成する可能性すらある。このような背信的悪意者Cに対しては，第三者の取引の安全を目的とする物権の公示の要請は必要ではないから，Bは登記なしで自己の物権取得を対抗できる。学説も，

背信的悪意者が 177 条の第三者から除かれるべきであるという点では一致している。

判例・学説が（特に）第二次世界大戦後に背信的悪意者を 177 条の第三者から排除するに至ったのは，前掲大連判明 41・12・15（⇒①）が，すでに同条にいう第三者とは「登記欠缺を主張する正当の利益を有する者」であると 177 条を目的論的に制限解釈していたことが基礎となっている。背信的悪意者につき一般的に説示したわけではないが，前掲最判昭 43・8・2 以前にも，第 1 買主に対する復讐を意図して不動産を買い受けて登記を得た第三者は公序良俗に違反しており 177 条の第三者には当たらない，とした判例（最判昭 36・4・27 民集 15 巻 4 号 901 頁）も存在した。さらに，これは特に学説の主張したことであるが，不動産登記法 5 条は例外的に第三者の範囲を制限したのではなく，登記の欠缺を主張するのが信義則に反する場合があることを明らかにし，背信的悪意者の例を示していると解すべきである。また，先に述べた 177 条が自由競争を認めたものであるという制度趣旨の捉え方からは，背信的悪意者は自由競争の範囲を逸脱していると見ることができる。

背信的悪意者の具体例 具体的にどのような者が背信的悪意者に当たるのかは，判例の蓄積とともに徐々に明らかにされてきている。

（1）先行関与型ないしは，不動産登記法 5 条の類推適用を受ける場合　第三者が初めの物権取引に自ら関与しておきながら，後にその取引の登記の欠缺を主張するような場合である。例えば，第 1 売買の立会人であった者（最判昭 43・11・15 民集 22 巻 12 号 2671 頁），第 1 売買の代理人であるが登記申請については代理権

がなかった者などである。

　(2)　**不当利益型・取引妨害型**　　第１買主への嫌がらせを目的として不動産を取得して登記を了した第三者，売主をそそのかして安価に買い入れ，第１買主に不当に高く売りつけようとする第三者は，背信的悪意者といえる。

　(3)　**実質的な当事者型**　　第１買主との取引があった後に，売主の妻あるいは娘・息子などに売却がなされ登記も移転されたときなどである。もちろん，親族といえども法人格は別であるが，このような状況下での親族への売買は，第１買主の所有権取得を妨害する意図が強く推認されることになる。

Case 10-31 ────────────────

　Case 10-30 で，ＣがＢに山林の買取りを断られた後で，Ｄに山林を売却して登記も移転した。ＢはＤに対して抹消に代えて移転登記請求ができるか。

────────────────

|　背信的悪意者
　からの転得者 |

　背信的悪意者Ｃに対しては，Ｂは登記なくしてその所有権取得を主張できる。しかし，背信的悪意者からの転得者Ｄと Ｂとの関係が，ここでの問題である。判例（最判平 8・10・29 民集 50 巻 9 号 2506 頁）および多くの学説は，背信的悪意者も全くの無権利者ではなく，ただ第１譲受人との関係では所有権取得の効力を主張できないにすぎないと解している（相対的無効）。背信的悪意者Ｃも物権を取得していることに変わりはなく，ただ第１譲受人Ｂとの関係では信義則に反するがゆえに，相対的に無権利者とされているにすぎないからである。そうなると，背信的悪意者Ｃから承継取得したＤも有効に所有権を取得するから，

BとDは対抗関係にあることとなる。したがって，いずれか登記を先に備えたほうが，不動産の所有権を取得すると解している。

　これに対して，背信的悪意者は所有権取得する余地はなく無権利者であることを出発点とする学説もある（絶対的無効）。そうすると，登記に公信力がない以上，Dは所有権を取得する余地はなさそうである。しかし，この学説は，94条2項を類推適用することで転得者Dを救済する余地を認める。さらに，先に紹介したいわゆる公信力説（⇒本章1③）によれば，善意・無過失のDは登記の公信力によって所有権を取得する。転得者Dが背信的悪意者でなければ，登記を先に備えている以上所有権取得を対抗できると解する判例・多数説に対し，これらの学説ではDが善意・無過失であることを所有権取得の要件と考えている。

転得者だけが背信的悪意者の場合

今ひとつの問題が，Cは背信的悪意者ではないがDが背信的悪意者であった場合である。

Case 10-32 ━━━━━━━━

　Case 10-30 で，Cは背信的悪意者ではないが，Cからの転得者Dが背信的悪意者であった場合，BはDに対して抹消に代えて移転登記請求ができるか。

───────────────────────────────

　判例・多数説の立場でもそれ以外の学説でも，考え方は2つに分かれる。その分岐点は，背信的悪意者でないCの所有権取得を終局的（絶対的）なものと考えるか否かである。

　(1)　絶対的構成　　Cの所有権取得は確定的（絶対的）で，後に背信的悪意者Dが登場しても事態は変わらないという考え方である。Case 10-32 では背信的悪意者Dも原則として所有権を

取得する。例外的に，Ｄが意図的にＣをＡとの間に介在させて権利取得した場合（Ｃを「藁人形」として用いたとき）には，権利濫用（1条3項）等により所有権取得を否定することとなる。

(2) **相対的構成**　　所有権取得の効力を，取得者各々について個別的（相対的）に判断するという考え方である。したがって，Case 10-32 ではＤは所有権を取得せず，ＢはＤに対して移転登記請求ができる。

両説を比べると，相対的構成のほうが具体的正義に合致しており，優っているようにも見える。しかし，問題はその後始末である。というのは，所有権を取得できなかったＤは，Ｃに対して権利の契約不適合に関する責任（561条・540条・415条）を追及して契約を解除し売買代金の返還を求めるであろう。仮に，Ｄのこのような請求が認められれば，Ｃは右手で与えられたものを，左手で奪われる。つまり，Ａとの関係では，所有権を取得しているにもかかわらず，Ｄからは所有権を取得できなかったことを理由に代金返還を請求されることになる。そこで，相対的構成を貫徹するためには，（Ｃが売買契約に基づいてＤに移転した権利に本来は瑕疵はないこと，ＤがＢからの移転登記請求に屈するのは，もっぱらＤが背信的悪意者であったためであるとして）ＤはＣに担保責任の追及はできず，Ａに対して不当利得返還請求権（703条）が認められるだけであるとする法律構成が提案されている（いずれにせよ，Ａは当然Ｂに対して山林の所有権を移転すべき債務を負っている。ＤがＢとの関係で所有権を失えば，つまりＢが所有権を取得すれば，いわばＤの損失によって，Ａは自分がＢに対して負っている債務から解放されたことになる。以上のＤの損失によるＡの債務の解放〔利得〕には，法律上の原因はない。その結果，ＡはＤの損失

によって法律上の原因なく利得した〔703条〕，ということになるから
である）。

悪意者排除論について

以上で見たとおり，177条の第三者には
悪意者も含まれるが，背信的悪意者だけ
はその例外である，というのが従来の判例・多数説の見解であっ
た。しかし，公信力説にもみるとおり，他人が契約したのを知っ
てあえてその取引を横取りした者を保護する必要があるのか，と
いう疑問は繰り返し問い直されている。背信的悪意者排除論は確
かに，信義則に反する第三者の権利取得は認めないという，177
条適用の例外は認めている。しかし，原則としては第三者の権利
取得態様を問題とせず，登記可能なのにそれを怠った者の懈怠を
とがめるという，177条の基本的コンセプト自体は動かさない形
での問題解決であった。これに対して，最近の学説では正面から
悪意者の権利取得の効力を問題とするものが現れている。こうい
った学説の基本となっているのは，自由競争が許されているとい
ってもそれは契約が締結されるまでの交渉段階であり，一度締結
された契約を意図的に奪う自由はない，という考え方である。さ
らに，悪意者と背信的悪意者の区別の困難さも指摘されている。

　そこで，悪意者たる第2譲受人は第1譲受人の所有権を侵害し
ているとか，あるいは第1譲受人の取得した（譲渡人に対する所
有権を移転せよという）債権を侵害したという法律構成で，悪意
の第2譲受人の所有権取得の効力を否認できると主張する学説が
現れている。このような学説の評価は難しいが，次の点は指摘で
きるであろう。1つは，不動産取引における現地検分主義との関
係で，第2譲受人を保護すべき範囲は限定されるのではないのか
という点である。不動産に関する権利関係は，登記記録に記載さ

れている登記事項証明書等の交付を請求することによって調査ができるというのが建前ではある（不登119条）。しかし、実際の不動産取引ではその所在地に足を運んで現地検分するのが通常である（そうしないから、いわゆる「原野商法」の犠牲者にもなってしまう）。そうだとすると、第1譲受人に不動産が引き渡されていれば、第2譲受人は先行する取引に気づくであろう。だから、このような第2譲受人を保護する必要はないというのは、考えられない評価ではない。しかも、この考え方を推し進めていくと、悪意者だけではなく（重）過失のある第三者も保護に値しないことになる。もう1つは、無権利者と取引をした第三者を保護するために、いわゆる94条2項の類推適用が一般化した結果だが、177条による第三者保護の範囲が広すぎるのではないかという指摘がある（⇒第12章2および第13章）。すなわち、通謀虚偽表示という原所有者に帰責性のある行為により権利取得の外観を備えた者（無権利者）から権利取得する場合ですら、第三者には善意（・無過失）が要求されるのに、一度権利を取得した第1譲受人が登記を経由していなかったというだけで、なぜ悪意の第2譲受人に屈しなくてはならないのか、という疑問である。

Case 10-33

　Aは自己所有の甲土地を乙地と丙地に分筆して、乙地をBに売却した。しかし、丙地と異なり乙地は公道に面していなかったため、ABは黙示的に丙地に無償・無期限の通行地役権を設定したが、その登記はしていなかった。ところが、後に丙地をAから譲り受けたCが、通行地役権の登記がないことを理由にBの丙地の通行を妨害した。Bは登記なくして、丙地の通行地役権をCに対抗できるか。

Ａから丙地の通行地役権の設定を受けたＢと，丙地を取得したＣとは，丙地の通行地役権に関して対抗関係にある。

そうすると，地役権の登記がないＢは，Ｃが背信的悪意者でないかぎり地役権をＣに対抗できないはずである。しかし，判例（最判平10・2・13民集52巻1号65頁）は，ＡからＣへの丙地の譲渡時に「右承役地（丙地）が要役地（乙地）の所有者（Ｂ）によって継続的に通路として使用されていることがその位置，形状，構造等の物理的状況から客観的に明らかであり，かつ，譲受人（Ｃ）がそのことを認識していたか又は認識することが可能であったときは，譲受人は，通行地役権が設定されていることを知らなかったとしても，特段の事情がない限り，地役権設定登記の欠缺を主張するについて正当な利益を有する第三者に当たらない」と判示した（括弧内は筆者補足）。

同判決はその一般論だけを取り出すと，悪意者のみならず過失ある第2譲受人までも177条の第三者に当たらない，とも読める。そのように考えると，この判決は悪意者排除論を支持する方向性を示したものといえる。しかし，多くの学説は，この判例は通行地役権の特殊性ゆえに，背信的悪意者以外の第三者に対して登記なくして物権の対抗を認めたものである，と理解している。つまり，通行地役権は登記されることが少なく，また現地検分すればその存在はすぐわかる。地役権を認めてもＣの負担は小さいが，認めないとＢの損失は大きいからである。

以上の平成10年最判と同様の考え方で，通行地役権の登記がない承役地に抵当権が設定され，抵当権が実行されたケースで，抵当権者が通行地役権の存在を認識していたか，または，認識す

ることが可能であったときは，通行地役権者は特段の事情がない
かぎり，承役地の買受人に対して通行地役権を主張できるとした
判例もある（最判平 25・2・26 民集 67 巻 2 号 297 頁）。

　他方で判例（最判平 18・1・17 民集 60 巻 1 号 27 頁）は，A の時
効取得が完成したが未登記の土地を原所有者 B から買い受け登
記も了した C が，「A が多年にわたり当該不動産を占有している
事実を認識しており，A の登記の欠缺を主張することが信義に
反するものと認められる事情が存在するときは，C は背信的悪意
者に当たるというべきである」としている。つまり，判例は，地
役権とは異なり，所有権の帰属が争われる場合は，背信的悪意者
という判断基準を維持することを示したと考えるのが妥当であろ
う。ただし，この判例は，A の時効取得の要件の具備の具体的
認識がないときでも，A の多年にわたる占有の事実を認識して
いれば，C が背信的悪意者と認められる場合があるとも判示して
いる。そのかぎりでは，即座に登記を具備することを期待できな
い時効取得者との関係では，第三者の背信的悪意の認定を柔軟化
したものともいえる。その意味で，判例が悪意者排除論に一歩接
近したと評価する余地もないわけではない。しかし，いずれにし
ても悪意者排除論は将来の課題であると指摘しておくほかはない
であろう。

4 不動産登記制度

① 登記制度 —— 登記簿と共同申請の原則

Case 10-34

BはAからA所有の甲土地を売却したいという申込みを受けた。甲土地がAの言うとおりの場所に存在したとして，Bは甲土地に関する権利関係をどのようにして確かめたらよいのか。

Bは，登記官に対して一定の手数料を支払えば，登記記録（登記簿）に記載されている事項の全部または一部を証明した書面（登記事項証明書）や概要を記載した書面（登記事項要約書）の交付を請求できる（不登119条）。不動産登記は，コンピュータ登記簿を前提としているので，すべての登記所の登記官に対して登記事項証明書の交付を求められる（登記情報交換サービス）。

（1）**登記・登記所** 「登記」は，登記官が登記簿（登記記録）に登記事項を記録することによって行われる（不登11条）。不動産登記法では，登記することができる権利として所有権など10の権利を法定し（不登3条），これらの権利について，どのような形式の登記が認められるかを規定している。登記所は，法務局・地方法務局もしくはこれらの支局またはこれらの出張所に置かれており（不登6条），登記に関する事務を行う法務事務官を登記官という（不登9条）。

（2）**登記簿・登記記録・登記事項** 登記簿には不動産の所有者を中心として登記を編成する「人的編成主義」と，個々の不動

図 10-7 登記事項証明書出力例（土地）

みちのく市欧取町5丁目761-7　　　　　　　　　　全部事項証明書　　　（土地）

表 題 部 (土地の表示)		調製 平成14年5月9日		不動産番号	0012304560789
地図番号	余 白	筆界特定	余 白		
所 在	みちのく市欧取町五丁目			余 白	

① 地 番	②地 目	③ 地 積 m²		原因及びその日付〔登記の日付〕
761番7	宅地	268	88	761番から分筆 〔平成10年7月27日〕
余 白	余 白	122	32	③761番7、同番8に分筆 〔平成11年11月29日〕
余 白	余 白	余 白		昭和63年法務省令第37号附則第 2条第2項の規定により移記 平成14年5月9日

権 利 部 （甲 区） （所 有 権 に 関 す る 事 項）			
順位番号	登 記 の 目 的	受付年月日・受付番号	権 利 者 そ の 他 の 事 項
1	所有権移転	平成11年12月17日 第48634号	原因 平成11年12月17日売買 所有者 みちのく市欧取町五丁目7番21号 　山 野 目 章 夫 順位2番の登記を移記
	余 白	余 白	昭和63年法務省令第37号附則第2条第 2項の規定により移記 平成14年5月9日

権 利 部 （乙 区） （所 有 権 以 外 の 権 利 に 関 す る 事 項）			
順位番号	登 記 の 目 的	受付年月日・受付番号	権 利 者 そ の 他 の 事 項
1	抵当権設定	平成11年12月17日 第48635号	原因 平成11年12月17日金銭消費貸 　　借同日設定 債権額 金4,000万円 利息 年2.60%（年365日日割計算） 損害金 年14.5%（年365日日割計算） 債務者 みちのく市欧取町五丁目7番21号 　山 野 目 章 夫 抵当権者 徳川区御三家町七丁目3番3号 　株式会社ミストラル銀行 　（取扱店 欧取支店）

これは登記記録に記録されている事項の全部を証明した書面である。

令和2年3月27日　　　　　　　　　　　　　　　登記官　浦 島 太 郎　｜公印｜
東北法務局みちのく支局

* 下線のあるものは抹消事項であることを示す。 整理番号 D12345 （1／1）　　1／1

（山野目章夫『民法 総則・物権〔第7版〕』より）

産ごとに登記を編成する「物的編成主義」がある。わが国は物的編成主義を採用しており，各不動産ごとに登記記録が作成されている（一不動産一登記記録主義）。

「登記記録」とは，登記について一個の不動産ごとに作成される電磁的記録のことである（不登2条5号）。また，「登記事項」とは，登記記録の内容として登記すべき事項ないしはそれに該当する具体的事実を指す（不登2条6号）。

登記記録の内容

登記記録は「表題部」と「権利部」に分かれている（不登12条）。

(1) **表題部**　表題部は，表示に関する登記が記録される部分であり（不登2条7号），その不動産を他と識別するための情報が記載されている（不登27条）。具体的には，土地では，所在地・面積・地番・地目（例えば，宅地・農地の区別）などが，建物では，所在地のほかに家屋番号・建物の種類・構造・床面積などが表示されている（不登34条・44条）。そのほかに，表題部には登記原因とその日付（例えば，建物なら何年何月に新築など），登記の年月日および所有者名とその住所（権利部に所有者名が記載されると抹消される）が記載されている。

(2) **権利部**　「権利部」は権利に関する登記が記載される部分であり（不登2条8号），この権利部への記載によって，民法177条の対抗要件としての効力が生じる。権利部は，所有権に関する事項を記録する甲区と，所有権以外の権利に関する事項を記録する乙区に分けられている（不登則4条4項）。甲区，乙区のどちらにも，順位番号，登記の目的，受付番号，登記原因，権利者などの事項が記載されている。

権利の順位は原則として登記の前後による（不登4条。ただし

民 329 条・331 条・339 条）。登記は申請の受付の順序に従って実
行されるので（不登 19 条・20 条），登記の前後は受付の時間的順
序と一致することになる。

Case 10-35 ────────────────────────────────

　　B は A から A 所有の甲土地を購入し，移転登記が行われることにな
った。その場合に，具体的には，どのような手続が行われるのか。

──

共同申請の原則 　　権利に関する登記の申請は，原則として，
当事者（登記権利者と登記義務者）の申請
によって行われる（共同申請主義。不登 60 条）。登記権利者とは，
権利に関する登記により登記上直接利益を受ける登記名義人であ
り（Case 10-35 では，買主 B），登記義務者とは，権利に関する登
記 に よ り 登 記 上 直 接 不 利 益 を 受 け る 登 記 名 義 人 で あ る
（Case 10-35 では，売主 A）。

共同申請の例外 　　(1)　登記官の職権による登記　　表示に
関する登記も不動産の所有者が自ら行う
か官庁・公署の嘱託によるのが原則だが（不登 16 条 1 項），表示
に関する登記は，不動産の現況を客観的に公示することを目的と
していることから，申請なしでも登記官が職権で行える（不登 28
条）。

　　(2)　相続または法人の合併による登記　　相続の場合，登記義
務者は死亡しているから，登記権利者が単独で登記申請をするこ
とになる（不登 62 条・63 条 2 項）。法人の合併による権利の移転
の場合も同様である。

　　(3)　登記義務者または登記権利者に対して登記手続をするべきこ
とを命じる判決があった場合　　当事者の一方は，他方が登記の申

請に協力しないときは，「登記請求権」を行使できる。この登記請求権に基づいて登記申請を訴求し，勝訴判決を得たときは，単独で登記ができる（不登 63 条 1 項）。

◆登記申請の手続と不動産登記法の改正　　従来，登記申請には，申請書，登記原因を証する書面（例えば，売買契約書），登記義務者の権利に関する「登記済証」などのほかに，登記申請が登記義務者の真意に基づくものかどうかを確認するために，登記義務者に「印鑑証明書」を提出させていた。

「登記済証」（図 10–8 参照）とは，以前に登記申請が受理されたとき，登記所が当事者の提出した「登記の原因を証する書面」に「登記済」の印鑑を押し，日付などを付して登記権利者に返却した書類である。それが，（前回の登記権利者たる，今回の）登記義務者にとって自己の権利を証明する役割を果たすことになる。それゆえ，「登記済証」は「登記済権利証」と呼ばれていた。

「印鑑証明書」とは，本人があらかじめ届け出ておいた印鑑と，印影（印鑑を押した跡）が同一であることを証明する官庁の書面である。印鑑証明書は，住民登録のある市町村の役場で発行を受けられる。発行されてから 3 ヶ月が有効期限である。

以上の登記申請手続は，電子政府の実現と登記事務のコンピュータ化を目的とした平成 16 年の不動産登記法の改正によって大幅に変更された。

①オンライン申請の導入と出頭主義の廃止　　登記申請に関して，従来の書面申請と並んで，オンライン申請が導入された（不登 18 条）。オンライン申請の場合にも，共同申請の原則は維持されており，申請情報に登記権利者と登記義務者の双方が電子署名し，これを登記所に送信することになる。権利の登記に関しては，従来，出頭主義，すなわち，登記権利者と登記義務者またはその代理人が，登記所に出頭して登記申請する方式がとられてきたが，オンライン申請が導入されたことや申請人等の負担を軽減することを目的として，全面的に出頭主義が廃止された。

②本人確認手段の変更　　従来の「登記済証」に代えて，登記申

図 10-8　登記済証

登記済権利證

中野 太郎 様
中野 花子

司法書士　小川　一

東京都中野区中野五丁目六番参号

売渡証書

不動産の表示
別紙記載のとおり

上記不動産は、自分所有のところ、今般貴方との売買
契約により所有権を移転し、代金は別途領収証により其
の授受を完了しました。
よって、当該不動産につき、何等の故障も存在しない
ことを保証し、完全なる所有権を移転したことの証拠と
して、本証書を交付する。

昭和五拾九年七月武拾武日

売 渡 人　東京都大田区田園調布四丁目四番四号
右売渡証書　東京都中野区中野五丁目六番参号
作成代理人　司法書士　小川　一
持分五分の参
買 受 人　東京都武蔵野市吉祥寺東町参丁目七番壱号
同同番同号
持分五分の弐
買 受 人　中野　太郎　殿
中野　花子　殿

東京法務
局調布出
張所之印

大山　一郎㊞

中野　太郎㊞
中野　花子　殿

不動産の表示

所 在　調布市多摩川五丁目
地 番　弐九番四
地 目　宅　地
地 積　四六・七九平方メートル

順位番号　甲区弐番

抵当権設定

東京法務
局調布出
張所之印

登記済

登記済

（池田真朗編著『民法 Visual Materials〔第 3 版〕』より）

請の際の本人確認手段として，登記識別情報（物件と登記名義人と
なる申請人ごとに通知される英数字の組み合わせからなる 12 桁の符号）
の制度を導入した（不登 21 条）。この制度は，前回の登記手続にお
いて登記権利者として登記を受けた者が次回の登記手続において登
記義務者になるという点を利用して，前回の登記手続の際に登記所
から通知された情報の提供を求めることによって（不登 22 条）次回
の登記手続における本人確認を迅速かつ効率的に行おうとするもの
である（オンライン申請では，電子署名および電子証明書を用いるほか，

登記識別情報の提供を求めることになる）。ただし，不動産登記法の改正前に不動産の譲渡を受けた者には，登記識別情報は通知されていないから，現在でも，その者が登記義務者（例えば，売主）となるときは，登記済証を提出することになる。

③登記原因証明情報の提出　　登記の内容の正確性を確保するために，権利に関する登記について，登記原因証明情報（登記原因となる事実または法律行為に該当する具体的な事実を示す書類。例えば売買契約書など）の提出が必ず必要とされている（不登61条。ただし，所有権の保存登記については不要。不登76条参照）。

ただし，以上の不動産登記法の改正が，民法上の実体的な権利関係に変更を加えることは予定されていない。

Case 10-36

1　Aは無遺言で死亡して，配偶者B，成人の子CDが相続人となった。Aの相続財産（総額4000万円）には，ABが居住していた甲土地・乙建物が含まれている。Aの死後，BCDは集まって，Aの遺産分割について相談した。その結果，CDは，「お母さんも高齢だし，甲土地・乙建物は，そのままお母さんに住んでいてもらおう。遺産分割は，お母さんが亡くなった後に，CDで改めて行えばよい。甲土地・乙建物の相続の登記も今する必要はない」ということになった。

2　**1**で，CはAの介護を行ったから寄与分（904条の2。Cの主張では，具体的金額は200万円）を主張し，DはCがAの生前に事業資金1000万円を贈与されているから，相続時には清算してもらいたいと主張している（903条。特別受益）。しかし，BCD間の話し合いでも結論は出ず，遺産分割は行われず，15年が経過した。

相続に関する 登記の特殊性	特に，東日本大震災などの災害後の復興事業などが契機となって，わが国には所有者が不明の土地・建物の極めて多いこ

とが社会問題となっていた。その理由は, (i)不動産の登記は, 対
抗要件としての意味しかなく, 相続しても登記する義務はないこ
と, (ii)都市への人口の集中が進み, 地方の土地に関しては, 財産
的価値がないにもかかわらず, 相続登記は面倒で登録免許税を支
払う必要があること, (iii)遺産分割もいつまでにすべきだという期
限も存在しないことなどであった。その結果, (iv)遺産分割をせず
相続が繰り返され, 土地所有者の数が増大したが, 登記簿(登記
記録)の記載からは, 即座には所有者が判明しないケースが増え
ていたからである。

このような, 登記簿(登記記録)からは所有者が判明しないと
いう意味での,「所有者不明土地」では, (i)所有者の探索に時間
と費用を要する, (ii)所有者不明土地は管理されず, 放置されるケー
スが多い, (iii)共有者多数, 共有者の一部不明の土地では, 土地
の管理・利用の合意形成が困難であり, 土地に関する(復興)事
業などの推進が阻害され, しかも, 土地の管理が不全となって隣
接地に悪影響を及ぼす可能性が大きいとされていた。

以上の問題に対処するために, 令和3年に共有に関する法改正
がされ, 相続土地国庫帰属法が新設されたが, 不動産登記法, 相
続法の一部も改正されて, 相続登記を促進し, 相続登記をせず放
置した場合には, 不利益を受けることを通じて, 相続登記を促進
することとされた。

相続登記に関しては, (i)不動産の登記名義人について相続が開
始したときは, 法定相続人は, 自己のために相続が開始し, 所有
権を取得したことを知った時から3年以内に所有権の移転登記を
する義務がある(不登76条の2第1項)。ここでの相続人には,
特定財産承継遺言で所有権を取得した者も含まれる。さらに, 受

遺者である法定相続人は，単独で登記申請が可能とされた（不登
63条3項）。(ii)遺産分割がされたときは，遺産分割の終了から3
年以内に，遺産分割の結果を登記申請する必要がある（不登76
条の2第2項）。(iii)今ひとつ，（i）で所有権移転の登記義務を負う者
は，登記官に相続人であることを申告し，その申告に基づいて，
登記官が職権で，申告者の氏名・住所などを付記登記できる
（「相続人申告登記」不登76条の3第3項）。相続人申告登記の申出
をした者は，（i）の登記義務を免れる（不登76条の3）。しかも，
（i）(ii)の登記申請を正当な理由なく怠れば，10万円以下の過料に
処される（不登164条1項）。つまり，以上のような措置を通じて，
不動産の所有者を登記の記載から明らかになるように促進しよう
というのが，法改正の目的である。

　だから，■で，少なくとも「相続人申告登記」の申請を正当な
理由なく3年以上怠れば，（具体的な施行時期は，2024（令和6）年
4月1日からであるが）BCDには10万円以下の過料が科される可
能性がある。

　■では，一方で，Cの介護労働（寄与分）は，Aの相続財産の
維持または増加に寄与しているから，相続財産から控除してC
に与えられ（904条の2），他方で，CがAから与えられた事業資
金は，相続の前払いだと考えるのが原則だから，Cの具体的な相
続分から減額されることになる（903条1項）。CDの主張が認め
られれば，Cの寄与分200万円は遺産から控除し，特別受益
1000万円は遺産に持ち戻すから，遺産分割の対象である遺産は
（4000万円〔相続時の遺産〕－200万円〔寄与分〕＋1000万円〔特別
受益〕＝）4800万円となる。その法定相続分2分の1（2400万円）
をBが（900条1号），4分の1（1200万円）から特別受益1000万

円を差し引いて，寄与分200万円を加えた額（1200万円－1000万円＋200万円＝400万円）をCが，4分の1（1200万円）をDが取得することになる（900条4号）。ところが，10年間遺産分割がされず放置されると，遺産分割の結果は，Bは法定相続分2分の1（2000万円），CD各々法定相続分4分の1（1000万円）となり，特別受益，寄与分による調整はされないことになる（特別受益，寄与分については，⇒第7巻）。その理由は，(i)遺産分割なしで数次の相続が連続すると所有者不明の土地が発生するから，遺産分割を促進するため，および，(ii)相続から10年も経過すれば，寄与分，特別受益の証明も困難になるからだと説明されている（さらに，甲土地・乙建物が，遺産分割ではなく共有物分割の対象となる可能性に関しては，第4章5②を参照）。

② 登記請求権

登記は共同申請が原則だが，当事者の一方が申請に協力しない場合は，他方は登記請求権を有し，登記申請への協力を訴求できる。

Case10-37

1 Aは自己所有の甲不動産をBに5000万円で売却した。BはAのもとに5000万円を持参したが，Aは登記の移転に応じない。

2 A所有の乙不動産を，Bが勝手にAB間で売買があったように書類を偽造してB名義に登記を移転してしまった。AはBに対して，移転登記の抹消登記手続を請求できるか。

3 Aは丙不動産をBに売却して移転登記し，Bはさらに丙不動産をCに売却して，同様に移転登記を了した。ところが，後に，AB間の売買契約は，Bの詐欺を理由に取り消されたが，CはAB間の詐欺に関して悪意だった。Aは，Cに対して，自己への移転登

記請求ができるか。

4 AはBに自己所有の丁不動産を売却したが、Bは丁不動産をさらにCに転売した。その後、ABCは、登記はBを経由せず、直接にAからCに移転することを約した（これを、中間省略登記という）。しかし、Aは登記の移転に応じない。

登記請求権はどのような場合に認められるか

Case 10-37 の**1**では、AB間の売買契約に基づいて、AからBに所有権が移転している。つまり、AからBへの実体的な物権変動がある。したがって、Bは物権的請求権に基づいてAに対して移転登記請求が可能である（物権的登記請求権）。もちろん、AB間の売買契約に基づいて債権的な登記請求権も発生する（560条。債権的登記請求権）。**2**では、AB間に契約関係はない。しかし、Aには所有権に基づく妨害排除請求権があるから、移転登記の抹消登記の請求が可能である（物権的登記請求権）。**3**では、Aは、まずBのCに対する移転登記の抹消登記の請求権を代位行使して（423条）、Bに登記名義を回復した上で、Bに対して移転登記の抹消登記の請求を行うことが可能である。ただし、それに代えて、判例（大判大10・6・13民録27輯1155頁、最判昭30・7・5民集9巻9号1002頁など）は、AがCに対して真正な登記名義の回復を登記原因とするAへの移転登記の請求も可能だとしている（真正な登記名義の回復を原因とする請求権。一種の物権的登記請求権だとされている）。ただし、AC間の直接の登記請求を認めると、物権変動に即した公示がされない（および、CがBに対してBに支払った代金の返還と抹消登記との同時履行を主張する利益を奪う）という理由で、学説の多くが、このような登記

請求権に対して批判的である。**4**では，Bは丁不動産をすでにC
に売却しているから，Bは丁不動産の所有権を有さず，Aに対し
て物権的な登記請求権を行使することはできない。しかし，AB
間の売買契約に基づいて，BはAに対して債権的な登記請求が
可能である。CもBに対して，BC間の売買契約に基づいて，債
権的な登記請求権を有している。ただし，**4**では，ABC間には，
登記をAからCに移転するという契約がある（中間省略登記
〔⇒**3** Case 10-42〕の合意）。だから，この合意に基づいて，Cは
Aに対して債権的な登記請求権を行使することが可能だと解さ
れている。ただし，後述するように，中間省略登記を申請するこ
とは困難になっているが（Case 10-42を参照），これが中間省略
登記に関する従来の判例にどう影響するのかは判然としない。今
ひとつ，AがBとB所有の甲土地の賃貸借契約を締結したが，
賃借人Aは当然には賃貸人Bに対する賃借権の登記の請求はで
きないが，AB間の特約があれば，賃借人Aの賃貸人Bに対す
る登記請求権が認められるというのが，判例（大判大10・7・11
民録27輯1378頁）である。このように，登記請求権には，(i)契
約関係のない当事者間の物権に基づく登記請求権（**2**, **3**），(ii)
契約上の登記請求権（**1**, **4**）があるが，(ii)でも，契約上当然に
登記請求権が発生する場合（**1**）と，合意がなければ登記請求権
は認められない場合（**4**）がある。その結果，登記請求権の発生
根拠は，一元的にではなく，多元的に説明するのが，判例・通説
である。

Case 10-38 ───────────────────────

　AはBに自己所有の甲不動産を売却し，Bは売買代金5000万円を
支払って引渡しを受けた。ところが，Aが登記移転に協力すると言って

も，Bはこれに応じない。Aには，どのような手段があるのか。

| 登記引取請求権 | もちろん，登記請求権を持つのは登記権利者である。しかし，Case 10-38 では， |

登記名義人 A はこのままでは甲不動産の固定資産税を負担しつづけなくてはならない。したがって，A は B に対して，登記の共同申請に協力するよう求める請求権がある（最判昭 36・11・24 民集 15 巻 10 号 2573 頁）。この登記引取請求権も登記請求権と同じく，当事者間に契約関係があれば債権的な請求権であると構成することが可能である。しかし，契約関係がない場合は，物権的請求権として説明するほかはない。

③ 登記の有効要件

登記が有効なものとして対抗力を認められるためには，不動産登記法の定める手続を踏んでおり（形式的有効要件），かつ実体的権利関係に合致していなければならない（実質的有効要件）。

Case 10-39 ————

A は B に自己所有の不動産を売却したが，登記を移転していなかった。C は，A から B との売買交渉の代理権だけを与えられていたのに，A の委任状を偽造して登記を A から売買代金支払済みの B に移転してしまった。A は B に対して，移転登記の抹消を請求できるか。

| 形式的要件が欠缺する場合 | A から B への移転登記は，実体的権利関係には合致している。判例・通説は登記申請手続に瑕疵があっても，実体的権 |

利関係に符合すれば有効な登記であるとしている。Case 10-39

のように，偽造文書により登記申請がされた場合も同様に解される（最判昭41・11・18民集20巻9号1827頁）。ただし，Case 10-39でBが代金を支払っていなければ，Aには，同時履行の抗弁（533条）があるから，AはBの代金支払があるまでは移転登記を拒むことができる。したがって，このような場合にはAから移転登記の抹消請求が認められる。

　印鑑証明書の日付が偽造された場合（最判昭34・7・14民集13巻7号1005頁），無権代理人による登記が後に追認された場合（最判昭42・10・27民集21巻8号2136頁）にも，登記は有効である。

Case 10-40

　Aは甲建物を所有しており，その登記も完了していた。その後，甲建物は消失して，Aは同一敷地上に乙建物を建設したが，登録免許税の節約のために，甲建物の登記を乙建物に流用した。しばらくして，AはBに乙建物を売却し流用した甲建物の登記を移転した。しかし，Aは一方で乙建物について保存登記をしCに売却して移転登記も了した。BはCに対して，乙建物の登記の抹消を請求できるか。

実質的要件の欠缺
──登記の流用

登記記録のうち，権利部に最初に所有権者の記載をする登記を保存登記という。

　新しく建物を建築した場合，通常は表題部に所有者と記載されている者が所有権の保存登記を申請することになる（不登74条）。この際，Case 10-40のような旧建物（甲建物）の新建物（乙建物）への保存登記の流用は無効と解されている（最判昭40・5・4民集19巻4号797頁）。甲建物と乙建物とは全く別個の不動産であり，流用された登記は実体関係に合致しない。また，後にCase 10-40のように本来なされるべき保存登

記がなされると同一不動産につき複数の登記が並存することになって，登記の公示の要請が乱されるからである。上のケースの場合，BはAから存在しない（甲）建物の譲渡を受けたことになり，Bからの請求は認められない。

Case 10-41 ─────────────────────────────

　AはBから5000万円の融資を受け，自己所有の甲不動産にBのために1番抵当権を設定した。その後，AはBから借りた5000万円を返済したが，抵当権の抹消をしていなかった。そこで，AはBから新たに5000万円を借り受けた際に，以前の抵当権の登記を流用した。

　1　Aはその後にCからも2000万円を借り，甲不動産にCのために2番抵当権を設定した。CはBの1番抵当権の抹消を請求できるか。

　2　AがCのために2番抵当権を設定したのが，Bの登記の流用の前であったらどうか。

─────────────────────────────────────

　Case 10-41のような抵当権登記の流用も，登録免許税の節約を目的としてしばしば行われている。Case 10-40とは異なり，この場合は登記の流用が，それだけで不動産の公示の要請に抵触することはない。判例・学説は登記の流用が第三者の権利を害するか否かで，その有効性を区別している。すなわち，第三者Cが登場しなければ，流用された抵当権の登記は有効で，AはBに登記の抹消を請求できない。**1**のように，流用後第三者Cが登場したときも，流用の時点では抵当権の登記は実体的権利に合致して有効であるから，Cは抹消請求できない（最判昭49・12・24民集28巻10号2117頁）。しかし，**2**では流用の前にCが2番抵当権を取得しているから，Cには1番抵当権が消滅した場合の

順位上昇の期待がある。この期待は保護に値するものと考えられているから，ＣはＢの抵当権の登記抹消請求ができる（大判昭8・11・7民集12巻2691頁）。

Case 10-42 ─────────────────────────────

1 Ａ所有の甲土地が，ＡからＢ，ＢからＣと順次に譲渡され，ABC 3者間の合意で，ＡからＣに直接に移転登記された。Ｃの登記は有効か。

2 **1**で，ABC 間で登記を直接ＡからＣに移転する合意があったが，ＣがＡに移転登記請求してもＡは応じない。ＣはＡに対して移転登記請求ができるか。

3 **1**で，ＢはＡからＣに直接登記移転することに合意しなかったのに，ＣはＡと合意して勝手にAC 間での移転登記を了してしまった。ＢはＣに対して移転登記の抹消を請求できるか。

4 **1**で，ＢはＡに，ＣはＢに，各々売買代金を払っていた。ABC 間で登記に関する合意はないが，ＣはＡに対して直接の移転登記の請求が可能か。

───────────────────────────────────────

> 実質的要件の欠缺
> ──中間省略登記

Case 10-42 のように，不動産がＡ→Ｂ，Ｂ→Ｃと順次に移転されたのに，物権変動の過程を反映せず，直接にＡからＣに登記移転されることを「中間省略登記」という。しかし，現実には，（不動産に関する権利を取得して登記することで課される）登録免許税，（不動産の取得，家屋の新築などに課される）不動産取得税を1回に節約するために，しばしば行われていた。本来は，不動産登記は，物権変動の過程を忠実に反映させるのが理想である。だから，中間省略登記は望ましくない。しかも，わが国の不動産登記には公信力がないから，現在の登記上の所有者が真実の権利

者か否かを確認するには，従前の権利変動の過程をたどって調査をする必要がある。その際には，権限が連続していることの唯一の手掛かりが登記の記載である。だから，登記の記載は真実でなければならないと考えるなら，中間省略登記を無効とすることも考え得る。しかし，判例・通説は，それが現在の実体的権利関係に合致しており，しかも，中間省略登記が正当な利益を有する者の権利を害さない限りは，中間省略登記の抹消請求を認めていなかった。

そこで，❶では，ABC 3 者の合意でされた中間省略登記は有効で，対抗力を持つ。❷でも，ABC の合意で，C の A に対する中間省略登記の登記請求権が発生する（大判大 5・9・12 民録 22 輯 1702 頁）とされていた。❸では，C が B に代金未払いのとき，つまり，中間者 B が登記の抹消に正当な利益を有するときは，中間省略登記は無効である。だから，B は C に対して登記の抹消請求が可能である。反対に，B がすでに C に代金を支払っていれば，B は登記の抹消請求はできない（最判昭 35・4・21 民集 14 巻 6 号 946 頁）。ただし，ABC 間の合意のない❹では，中間者 B の利益は害されないが，C の A に対する中間省略登記の請求は認められない（最判昭 40・9・21 民集 19 巻 6 号 1560 頁）。つまり，現在の権利関係に合致した中間省略登記がされてしまえば，その抹消は原則としてできないが，これから移転登記しようという場合は，物権変動の過程を忠実に反映しようという不動産登記法の精神が優先されるべきだからである。

ところが，平成 16 年の不動産登記法改正で，登記申請には，必ず「登記原因証明情報」（例えば，売買契約書）の添付が要求されるようになった。そうすると，Case 10-42 ❶で，A から C に

登記移転するには，AB 間の売買契約書，BC 間の売買契約書を提出する必要があり，移転登記は A から B，B から C と 2 回の移転登記を申請することは避けられないことになる。仮に，AC 間の売買契約書を登記原因証明情報として提出すれば，売主 A から買主 C への所有権移転登記申請は虚偽申請となる。だから，中間省略登記の「申請」は不可能になった。加えて，Y から A に甲土地が贈与され，A を X が相続したが，甲土地の登記は Y 名義だったというケースで，X の Y に対する真正な登記名義の回復の請求を退けた判例（最判平 22・12・16 民集 64 巻 8 号 2050 頁）は，中間省略登記に対して一般的に否定的な方針を示しているという評価も存在する。もちろん，Case 10-42 **1** では，AC の登記申請を登記官は受理しないから，中間省略登記はできない。もっとも，従来も中間省略登記として登記申請すれば，登記官は受理しなかったが，「申請書副本」の提出という便法で，登記官には中間省略登記の事実が判明しなかった。Case 10-42 **4** では，B が A に対して移転登記請求権を行使しないときは，C は B に対する移転登記請求権を保全するため債権者代位権（423 条の 7）を行使することになる。ただし，登記原因証明情報の添付が要求されたことが，従来の中間省略登記の効力に関する判例・学説にどう影響するのかは必ずしもはっきりしない。

　現実の取引では，(i)自己所有の甲土地を B に売却した A が，甲土地の所有権は直接に A から C に移転すると B と合意した上で，B は A に代金を支払って C への移転登記を指示する（第三者のためにする契約〔537 条〕），(ii)AB 間で A 所有の乙土地の売買契約を締結する際に，BC 間で AB 間の売買契約での B の買主としての地位を C に譲渡する旨を約し，代金は C から直接 A に支

払われ、乙土地の所有権はAからCに直接移転する（契約上の地位の譲渡〔539条の2〕）という方法で、AからCに直接の移転登記がされている。ただし、このような取引形態には、脱法行為の可能性があるという批判も存在する。

　ちなみに、中間省略登記と同様に、Aが新築建物を建築し、未登記でBに譲渡し、Bが保存登記した場合（「冒頭省略登記」）はその登記は有効である。

登記の審査——
形式的審査主義

わが国では、当事者から登記申請がなされれば、登記官は登記記録のほか申請人が提供した申請情報、添付情報に基づいて、形式的要件が備わっているかどうかだけを審査する。すなわち、登記官は、登記の実質的要件が備わっているかどうかは審査しない。これを、「形式的審査主義」という。わが国の不動産登記に公信力がないのは、そのような事情からも理解できる。

④　仮　登　記

本登記と仮登記

以上で取り上げてきた通常の登記は、「本登記」といい、物権変動の対抗力を直接に発生・変更・消滅させる効力を持っている。他方で、このような本登記の準備として行われる登記を、「仮登記」という。仮登記は本登記の準備であるから、それ自体としては対抗力はない。

Case 10-43 ───────────────────────────

❶　AはBに自己所有の農地を売却する契約を締結した。Bはいつでも代金を支払う用意があり、Aも登記移転したい。AB間の農地売買に対する知事の許可はすでに得ているが、Aは許可書がどこ

にあるかわからず探し回っている。Bは自己の所有権取得を確実
にしたいが，その手段はあるか。

② BはAに1億円を融資したが，その際にAが1億円を返済で
きないときは，A所有の甲不動産の所有権をBに移転することで
借金の返済に充てるという約定を結んだ。Bが将来の甲不動産の
所有権取得を確実なものとする方法はあるか。

仮登記の順位保全効

Case 10-43 **①** の場合には，不動産登記
法105条1号の仮登記が，**②** の場合には，
同条2号の仮登記が用意されている。**①** では，知事の許可もあり，
農地の所有権はすでにAからBに移転している。したがって，
物権変動は生じている。しかし，**①** では，農地の売買に必要な知
事の許可書（⇒本章2③）がないため，「登記所に対し提供しな
ければならない情報であって，第25条第9号の申請情報と併せ
て提供しなければならないもの」（不登105条1号），すなわち，
申請情報の添付情報のうち法務省令で定める情報を提供すること
ができない。このため本登記は認められない。この場合に，登記
権利者Bが，登記義務者Aの協力を得て自己の所有権について
仮登記を得ておけば（不登105条1号），その後にAが農地をC
に売却して本登記を移転しても，Bが仮登記を本登記に改めれば
（その申請には，登記義務者Aの承諾または判決が必要であるが），B
の本登記はCの本登記に優先することになる。「当該本登記の順
位は，当該仮登記の順位による」（不登106条）からである。これ
を，仮登記の「順位保全効」という。

② では，AB間で物権変動はいまだ生じておらず，将来Aが
借入金を返済できない場合に，BがAに対して甲不動産の所有

権の移転を求める請求権を取得するにすぎない。不動産登記法105条2号は、このように物権変動が生じていないが、物権変動に関する現在または将来の請求権が存在する場合についても仮登記を認めている。105条1号と2号の仮登記の違いは、前者が手続的要件が整っていない場合に認められるのに対して、後者は実体的要件を具備していない場合に認められる点にある。105条2号の仮登記も、順位保全効がある点は105条1号の仮登記と同じである。したがって、Bは現時点でAの同意を得て仮登記しておけば、その後に本登記を得た第三者に対しても、Bの所有権取得が優先することになる。

Case 10-44 ━━━━━━━━━━━━━━━━━━━━━

　BはAからA所有の甲不動産を4月1日に買い受け、代金は6月1日に支払うという約定で、4月1日仮登記を経由した。他方、Aは5月1日に同一不動産をCに売却して、移転登記も完了した。しかし、6月1日にBはA方に代金を持参したので、Aは本登記手続に協力し、Cも争っても勝てないと諦めてBの本登記に承諾を与えた。その結果、Bは6月10日に本登記を得たが、Aは1年前から甲不動産をDに賃貸していた。BはCに対して、DがCにすでに支払った5月・6月分の賃料の返還を請求できるか。

━━━━━━━━━━━━━━━━━━━━━

┌─────────────┐
│ 仮登記で保全された │
│ 対抗力の発生時期 │
└─────────────┘

Case 10-44 では、仮登記が対抗力を保全するとして、その保全された対抗力はいつから発生するのかが問われている。考え方は分かれており、「遡及説」と「非遡及説」がある。前者では、対抗力は仮登記時に遡って発生する。したがって、CがDから受領した5月・6月分の賃料を、BはCに対して請求できる。この期間中も、Bの所有権はCに対して対抗力を備えていたこ

とになるからである。反対に，非遡及説では，対抗力が生じるのは仮登記が本登記に変わった時点からである。そうなると，CはDから受領した5月・6月分の賃料をBに返還する必要はない。したがって，Cの所有権取得はその限りで保護され，Bの仮登記後も不適法占有していなかったことになる。判例（最判昭36・6・29民集15巻6号1764頁）は，非遡及説をとっている。

⑤　登記の推定力と公信力

登記の対抗力　登記に対抗力があることは，すでに何度も取り上げた。ここでは，対抗力の保持には登記の存続が必要なのか，という問題を取り上げておこう。

Case 10-45

AはBに1億円を融資し，B所有の甲不動産・乙不動産の各々に抵当権の設定を受けた。Bが後に貸金の一部を返済したので，Aは司法書士Cに依頼して甲不動産の抵当権の登記を抹消することとした。

1 司法書士Cは誤って，甲不動産のみならず乙不動産への抵当権の登記も抹消してしまった。その後に，BはDのために乙不動産に抵当権を設定した。Aは乙不動産上の1番抵当権者の地位をDに対して主張できるか。

2 司法書士Cはきちんと仕事をしたが，登記官がうっかり甲不動産のみならず，乙不動産の抵当権も抹消してしまった。その後，BがEのために乙不動産に抵当権を設定した場合はどうか。

Case 10-45 **2** では，判例（大連判大12・7・7民集2巻448頁）・通説はAは乙不動産の1番抵当権をEに対抗できるとしている。登記が抹消されたのは，登記官の過誤によるものであり，Aには帰責事由はないからである。反対に，**1** では，判例（最判昭

42・9・1民集21巻7号1755頁)・通説はAはその抵当権をDに対抗できないとしている。ここでは，抵当権の登記が抹消されたのは，Aが自ら選任した司法書士の過誤によっており，Aには帰責性があるからである。このように，判例は登記の対抗力の存続を，権利者Aの帰責事由の有無で区別している。

Case 10-46 ——————————————————————————

　BはA所有の甲不動産の登記をAに無断で自己に移転して，善意のCに売却して登記も移転した。AはCに，登記の抹消を請求できるか。

————————————————————————————————————

> 登記の公信力

　もしも，ここで善意・(Bの登記を信頼したことに) 無過失のCが甲不動産の所有権を取得できれば，Cは無権利者のBから (所有権を) 権利取得したことになる。したがって，真実の権利状態とは異なるが，登記の公示どおりの権利の取得が認められる。つまり，登記は無から有を生み出しており，その場合は登記に公信力が与えられているということになる。これまで何度も言及してきたように，わが国では登記に公信力は与えられていない。確かに，登記に公信力が認められると，不動産取引の安全はより完全となる。しかし，公信力を認めると，真実の権利者は犠牲となる。わが国では，登記申請に際して形式的審査しか行われないなどの事情を考えると，登記の公信力は立法論としても導入できる制度ではない。わが国では，民法の個別的な第三者保護の規定 (93条2項・94条2項・95条4項・96条3項・545条1項ただし書) があるほかに，対抗要件法理，さらには94条2項の類推適用によって取引の安全が守られているのである (94条2項の類推適用については，⇒第12章*2*・第13章)。

Case 10-46 でも，Ｃが絶対に甲不動産の所有権を取得したい，そのためにＢが所有者であるということを確かめたいと考えるなら，登記簿上の所有者を遡って１人１人にその占有の有無を確認することになる。なぜなら，合算して 20 年の占有が確認できれば，Ｃは少なくとも時効取得を主張（162 条１項）できるからである。もっとも，登記簿上の所有者が占有していたとは限らず，また登記簿上の所有者が真実を告げるとは限らない。したがって，登記は単にこのような調査の手掛かりを与えてくれるにすぎない。ただし，Case 10-46 ではＣはＡに確認すれば，即座にＢの権原に疑念を抱くであろう。

Case 10-47 ━━━━━━━━━━━━━━━━━━━━━━━━━━━━
　ＡはＢから甲不動産を買い受け，引渡しも受けたが，甲不動産の登記ではＣが所有者となっていた。そこで，Ａが登記を調べたところ，ＣはＢの先代（被相続人）Ｄから甲不動産を贈与されたことになっていた。ＡはＣに対して，自己の取得した（はずの）所有権を主張して登記の移転を求め得るか。

━━━━━━━━━━━━━━━━━━━━━━━━━━━━━━━━━━━━━

| 登記の推定力 | Case 10-47 で，Ｄが所有者であった点はＡＣ間で争いがなかったとする。その |

際，ＡがＢから所有権を取得したこと，およびＣがＤから所有権を譲渡されていないことを，Ａが証明できればＡの請求は認められる。ＣがＤから甲不動産を譲渡されたことを証明できたときには，Ａの請求は認められない。ところが，ＡＣのいずれもそのような証明ができなかったときは，ＡＣのどちらが甲不動産の所有権を取得したことになるのかが，ここでの問題である。
　第１に問題となるのが，占有者の権利を適法と推定する 188 条

との関係である。学説の多くは、同条は不動産には適用されないとするか、「登記の推定力」が同条に優先するとしている（⇒第6章2②）。Case 10-47 では占有者のBから引渡しを受けたAの権利推定よりも、登記名義をもつCの権利の適法性の推定が優先する。

　第2が、登記の推定力の意味である。つまり、その推定が「法律上の推定」なのか、「事実上の推定」なのかが、問題となる。登記によって法律上の権利推定がされると解するなら、設例ではCが自分に登記があることを証明すれば、Cの権利の適法性が法律上推定される。したがって、AはCに所有権がないことにつき「証明責任」を負う。つまり、Cに所有権がないことをAが「裁判官に確信させる」（これを、「本証」という）に至らなかったときは、Aは敗訴する。反対に、登記は事実上の推定機能をもつにすぎないと解するなら、Cは自己の所有権の証明責任を負う。もっとも、この場合も、Cが自己に登記があることを証明すれば、一応の証明は果たしたこととなる。したがって、Aが全く証明活動を行わなければ、Cは勝訴する。しかし、AがCの所有権について「裁判官に合理的な疑いを起こさせる」（これを、「反証」という）ことに成功すれば、今度はCが再び自己の所有権を証明しなければならないことになる。判例（最判昭34・1・8民集13巻1号1頁）は、登記に事実上の権利推定を認めていると理解されている。

　Case 10-47 とは異なって、権利移転の当事者間、例えば登記簿上の前主と後主の間で所有権の移転の有無が争われた場合には、登記による権利推定が働かない（最判昭38・10・15民集17巻11号1497頁）のは、当然であろう。

さらに，推定力は本登記の効力だから，仮登記には推定力は認められない（最判昭49・2・7民集28巻1号52頁）。

第11章 動産・立木等の物権変動の特殊性

> 動産物権変動の典型は，売買による動産所有権の移転である。不動産の場合には，土地や建物の個性に着目して取引（＝特定物売買）が行われるが，動産の場合には，一定の種類に属する一定量の物の売買（＝種類物売買・不特定物売買）が行われることが多い。このような違いが，動産の物権変動を考える際に何か影響を与えるのであろうか。

1 動産の物権変動と対抗問題

① 契約による動産の物権変動

Case 11-1

1 Aは，江戸中期に作られたと見られる茶碗をBより購入した。

2 Aは近所の酒屋Bにビール1箱（24缶）を注文し，Bは夕方5時に配達することを約束した。

それぞれの場合に，売買の目的物の所有権は，いかなる行為によって，いつの時点でBからAに移転するのか。

不動産物権変動
との共通性

Case 11-1 **1**では，売買の目的物が骨董品であり，典型的な特定物の売買が行われている。**1**のケースでは，不動産の物権変動の場合と同様に（⇒第9章），①物権変動を生じる法律行

為が成立するには，意思表示（合意）だけで足りる（176条）。しかも，②債権行為とは別に物権変動を目的とする行為を必要とせず，③原因たる行為があった時点で物権変動が生じると解されている（判例・通説）。判例・通説に従って，Case 11-1 **1**に即して説明すれば，AB間で売買契約を締結すると，この契約のほかに，所有権を移転するという意思表示をするまでもなく，特約のないかぎり，原則として売買契約を締結した時点で茶碗の所有権はBからAへ移転することになる。

特定性の原則

これに対して，Case 11-1 **2**は，種類物の売買であり，契約の当事者が物の個性に着目しない不特定物の売買である。BがAから注文を受けてこれに応じた時点，つまり契約が成立した時点では，酒屋Bには通常ビールが入った箱が多数存在する。Bはどのビールを引き渡そうと自由であるし，Aはビールであればどれを受け取ってもかまわない。対象が特定されていない以上は，ビールの所有権の移転を論じることはできない（特定性の原則⇒第1章 *1* **2**）。Case 11-1 **2**では，目的物が特定されて初めて動産の物権変動が問題となり，特段の事情のないかぎり，特定されると，所有権が当然に移転するとするのが判例（最判昭35・6・24民集14巻8号1528頁）・通説の考え方である（⇒第9章 *4* **4**）。

Web 種類債権の特定 ❖❖❖❖❖❖❖❖❖❖❖❖❖❖❖❖❖❖❖❖❖❖
　種類物が，履行過程において，いかなる行為によって履行の目的物として確定＝特定するのかについて，民法は，2つの態様を定めている。1つは当事者の合意によって物を指定する方法，もう1つは債務者（上の例ではB）が物の給付をなすのに必要な行為を完了する方法である（401条2項）。どのような段階で給付に必要な行為を完了したといえるかは，目的物の引渡義務が取立債務・持参債

務・送付債務かどうかによって変わってくる（⇒第4巻第2章 *3* ②）。

❖❖❖❖❖❖❖❖❖❖❖❖❖❖❖❖❖❖❖❖❖❖❖❖❖❖❖❖❖❖❖❖❖❖

② 動産の物権変動と対抗要件

Case 11-2 ─────────────────────────────

Case 11-1 ❶で，代金30万円を払おうと思って財布を見ると，Aは所持金では支払えないことに気づいた。Aは近くの銀行までお金を下ろしに行ってくるから，茶碗を取っておいてほしいと骨とう店を営むBに頼み，28万円を支払った。ところが，その間の事情を知らないBの従業員が，その茶碗をCに売却してしまった。AはCに対して茶碗の所有権が自分にあることを主張できるか。

─────────────────────────────────

> 引渡し＝対抗要件

（1）　物に対する事実上の支配と無関係に，物権が，当事者の合意のみで移転すると解することは，取得したはずの権利について，相手方から物権の移転を受けられないおそれがあることになる。そこで，物権変動が当事者以外の第三者にもわかるように，動産の物権変動の場合にも，不動産の物権変動の場合と同様に，公示制度を完備するとともに，公示を強制するために，公示をしないと物権変動を第三者に対抗できないとする制度（第三者対抗要件）が採用されている。

（2）　ただ，動産の場合には，不動産の場合とは異なり，公示するために，すべての動産について登記記録（登記簿）を作成することは費用がかかりすぎる。また，種類が多く同種のものが多数存在する動産について，登記記録を作成することは困難である。そこで，動産の物権変動の場合には，当該動産の引渡しを受けな

いと，物権変動を第三者に対抗できないとする制度が採用されている（178条）。

　もっとも，動産取引にあたっては，動産の所在場所を移動せずに所有権の移転だけを行うような取引方法が広く発達しており，現実の占有移転があった場合にだけ引渡しがあったとして動産所有権を対抗できるとすることは，取引の不便を増すだけである。そこで，引渡しには，現実の引渡し（182条1項）のほかに，簡易の引渡し（182条2項）・占有改定（183条。大判明43・2・25民録16輯153頁，最判昭30・6・2民集9巻7号855頁）・指図による占有移転（184条。最判昭34・8・28民集13巻10号1311頁）が含まれるものと解されている（占有取得の方式⇒第5章3②）。

Web 引渡しを対抗要件とする動産の物権変動❖❖❖❖❖❖❖❖❖❖❖❖❖❖
　動産物権のうち，占有権（180条）・留置権（295条）・質権（344条）は占有の取得が成立要件となっているし，動産の先取特権は対抗要件を必要としない。また，相続による動産所有権の移転については，原則として占有も当然に承継されると解されている（⇒第5章3②）。動産所有権の原始取得については，占有が権利取得の要件とされていたり（無主物の帰属・取得時効・遺失物の拾得など），対抗要件が問題となる余地がなかったりする（埋蔵物の発見・付合など）。したがって，動産物権変動について，引渡しが対抗要件とされているといっても，実際上は，法律行為に基づく所有権の移転の場合と取消し・解除などによって生じる，いわゆる復帰的物権変動が問題となる場合および質権の移転の場合（352条）だけである。178条が物権の「譲渡」に限って引渡しを対抗要件としているのは，このためである。

❖❖❖❖❖❖❖❖❖❖❖❖❖❖❖❖❖❖❖❖❖❖❖❖❖❖❖❖❖❖❖❖❖❖❖❖❖❖

公示力が弱い対抗要件

ただ，観念的な引渡しであっても動産物権変動について対抗要件を具備しうると

すると，権利者が誰であるのかが公示されにくいことになる。

Case 11-2の場合，AB間にAが残金を持ってくるまではBが茶碗を預かるという了解が明示的ないし黙示的にあったとすると，占有改定があったと解される余地がある。そうすると，AはCに対して茶碗の所有権を対抗できることになる。しかし，Cは，Bの店にある茶碗の所有権がAに帰属しているとは思わないはずである。このように対抗要件の公示力が弱いということは，動産取引の安全を害する危険が拡大することにつながる。

取引の安全との調和

そこで，第1に，一定の動産については，登記ないし登録によって動産物権変動の公示力の回復を図っている。平成16年の動産及び債権譲渡特例法の改正によって，企業の資金調達を円滑化するために，法人がする動産譲渡に限定して登記制度が創設されている。個別動産か集合動産であるかを問わず，また，譲渡の目的が担保目的であるかどうかを問わず，動産譲渡登記がなされた場合には，当該動産について民法178条の引渡しがあったものとみなされている（動産債権譲渡特3条1項）。また，特別法によって登記・登録を要する自動車（車両5条）・船舶（商687条）・航空機（航空3条の3）・建設機械（建抵7条）の所有権の得喪，および特別法上抵当権の設定が認められている自動車（自抵5条）・建設機械（建抵7条）・農業用動産（農動産13条）に対する抵当権の得喪変更については，登記・登録が対抗要件とされている。

第2に，証券と結合することによって，権利の存在とその内容とが明確になり，動産取引の安全性と迅速性が図られている。例えば，倉荷証券・船荷証券によって表象される商品所有権の譲渡については，証券の交付に簡易の引渡しと同一の効力が認められ

ており，かつ証券の交付は当該商品所有権の移転について効力発生要件とされている（商605条・607条・761条・763条）。

第3に，金銭所有権の移転については，現実の占有の移転によると解されている（最判昭28・1・8民集7巻1号1頁，最判昭39・1・24判時365号26頁）。このように解さなければ，金銭に期待される機能——決済機能・価値尺度機能・価値貯蔵機能——を果たすことができないし，金銭の流通性を混乱させることになるからである。

もっとも，登記・登録に親しまない動産や証券化することができない動産は多い。そこで，動産については，直截に，現在の占有状態を信頼して取引関係に入った者を保護する制度，すなわち即時（善意）取得制度（192条）によって，取引の安全との調和を図っている。Case 11-2 において，A が占有改定によって対抗要件を具備していたということになると，C の保護は，192条によって C が茶碗の所有権を取得できるかどうかによることになる（⇒第12章 1）。

178条の第三者の範囲

（1）　178条の「第三者」の範囲についても，177条と同様に（⇒第10章 3），判例・通説は，抽象的には「引渡しの欠缺を主張するにつき正当な利益を有する者」に限ると解している（制限説）。このことは，契約当事者以外の第三者であっても，一定の者に対しては引渡しがなくとも動産物権変動を対抗できることを意味している。178条の「第三者」の範囲についても，問題は，引渡しの欠缺を主張するにあたって「正当な利益」があるかどうかをいかなる基準に基づいて判断するのかという点にある。

（2）　動産の物権変動の場合にも，Case 11-2（二重譲渡）のよ

うに，当該動産上に物権を取得した者が 178 条の第三者に含まれる点については争いがない。また，B 所有の動産を譲り受けた A がその動産の引渡しを受けないうちに，B が C にその動産を質入れした場合や B の債権者 D がその動産を差し押さえた場合などにも，引渡しを受けていない A は，当該動産につき所有権を取得したことをもって，C や D に対抗できないものと解されている。他方で，たとえ物件の所有者が物件の引渡しを受けていないとしても，無権利者・不法占拠者・不法行為者・一般債権者は，引渡しの欠缺を主張する正当な利益がないから，これらの者は 178 条の第三者の範囲に含まれないと解される。判例・学説上，178 条の第三者の範囲に含まれるかどうかが争われているのは，賃借人と受寄者である。

Case 11-3 ───────────────

1 A は所有する自転車を B に月 1000 円で貸していた。その後，A はこの自転車を C に譲渡した。C は自転車の引渡しを受けないまま，A から自転車を譲り受けたとして，B に自転車の返還を求めた。C の請求は認められるか。

2 B が A の自転車を月 1000 円で保管していた場合はどうか。

───────────────

間接占有下にある動産の譲渡と対抗要件

（1）　Case 11-3 **1** では AB 間に賃貸借契約が，**2** では寄託契約（657 条）が締結されている。判例は，**1** の場合，C は A から指図による占有移転を受けないかぎり，所有者であることを賃借人 B に対抗できないと解している（大判大 4・2・2 民録 21 輯 61 頁，大判大 4・4・27 民録 21 輯 590 頁，大判大 8・10・16 民録 25 輯 1824 頁）。これに対して，**2** の場合，受寄者 B には，C

が引渡しを受けていないことを主張する正当の利益がないと解している（最判昭29・8・31民集8巻8号1567頁）。賃貸中の動産が譲渡される場合、賃借人は賃借物件を誰に返還するかについて重大な利害関係があること、他方、寄託動産の譲渡の場合には、返還時期を定めるかどうかにかかわらず、所有者はいつでも受寄者に寄託動産の返還を求めることができること（662条1項）を根拠としている。

（2）　しかし、通説は、Bが受寄者である場合にも、物件の返還の相手方が誰であるかについて重大な利害関係があること、662条1項はAB間の関係を規律したものにすぎないことを理由に、Bが賃借人であるか受寄者であるかを区別することなく、Cは引渡しを受けずに所有権を対抗できないと解している。

BC間の関係

議論の混乱を避けるためには、まず、BのCに対する関係とBのAに対する関係を分けて考えることが必要である。不動産の賃貸借の場合とは異なり、動産賃借権には、そもそも対抗力を問題とする余地はない。また、動産賃借権の保護を図るための特別法上の要請もない。したがって、賃貸借期間が終了していなくとも、Bは賃借人であることを主張して、譲受人Cからの物件の返還請求を拒絶することはできないはずである（「売買は賃貸借を破る」の原則）。まして、Bが受寄者である場合には、判例のように662条1項を持ち出すまでもなく、Cからの返還請求を拒絶できる理由はない。

AB間の関係

ただ、**1**の場合、BはAに対する関係では、賃貸借期間中、賃借物を利用する権利があり、期間前に物件を使用できなくなった場合には、Aに対して債務不履行責任を追及できる。これに対して、**2**の場合

には，AB 間の契約で保管期間が定められていても，662 条 1 項は，返還時期に関する約定にもかかわらず，A は B にいつでも物件の返還を請求できるとした上で，同条 2 項で約定された時期以前に寄託者が返還請求をしたことによって受寄者が損害を被った場合に，寄託者への賠償請求を認めている。したがって，662 条は寄託契約に基づく当事者間の権利・義務を定めた規定にすぎないものと解される。

二重弁済からの保護

もっとも，C が譲受人であると思って B が物件を返還したところ，実は C は所有者ではなかったという場合がありうる。通説が主張するように，B が賃借人である場合にも，受寄者である場合にも，物件の返還の相手方が誰かという点には重大な関心があるといえる。

確かに，B と C は当該動産上の物権取得を互いに争う関係にはない。しかし，178 条の第三者とは，同一物件の物的支配を相争うような関係にある第三者に限定されるわけではなく，引渡しの欠缺を主張するにあたって正当な利益を有する者であればよいはずである。このような観点から考えると，返還請求権を行使できる資格が誰にあるのかを B が確実に知ることができるように，C は，指図による占有移転を受けていないと，**1**　**2** ともに B に返還を求められないと解する余地はありそうである。これは，引渡しにいわゆる権利保護（資格）要件としての機能を認めることにほかならない。

もっとも，このように解すると，C が譲受人であることを B が知っている場合にも，C が指図による占有移転を受けていないことを理由に，B は C からの物件の返還請求を拒絶できることになる。このような構成によると，保護される B の範囲がいさ

さか広すぎるという疑問がないわけではない。不動産物権変動の場合と同様，Ｂが悪意だけでなく背信性が認められる場合には，178条の第三者であるという主張を信義則上，制限することが考えられる。

2 立木・未分離果実の物権変動と対抗問題

① 立木の物権変動

物権の客体となる場合

　立木（りゅうぼく）（土地に生育した状態の樹木の集団）は土地に付合し，土地の一部として売買されるが，土地から分離しなくとも，土地とは別に立木だけを取引の対象とすることが，慣行上行われている。

　立木法に基づき立木登記簿に立木所有権の保存登記をすると，立木は地盤とは独立した不動産となり（立木法1条・2条），立木所有権の移転，抵当権の設定が可能となる。しかし，立木登記は実際にはあまり利用されていないようである。むしろ，立木の幹を削って名前を墨書・刻印するとか，立札を立てるなど，いわゆる明認方法を施すことによって，地盤とは独立した取引の客体として立木が取引されている。

　もっとも，明認方法は慣習上の公示方法であるから（法適用3条），登記の場合とは異なり（⇒第10章 *4*），権利変動の際にいったん明認方法が行われても，その消失などにより公示の働きをなさなくなっているときは，権利変動を第三者に対抗することができない（最判昭36・5・4民集15巻5号1253頁）。また，立木の場合，明認方法によって公示できる物権は，所有権に限られる。

<table>
<tr><td>明認方法の効力</td><td>（1）　立木法の登記を受けない立木の物権変動についても，立木に取引対象としての独立性があり，独立して取引がされるべき経済的価値があれ</td></tr>
</table>

ば，立木の所有権は契約当事者間の意思表示のみで移転し，明認方法はこれを第三者に対抗するための要件であると解すべきなのであろうか。それとも，立木法の登記を受けない立木の場合には，明認方法が行われないかぎり，原則として土地と別個の取引対象とはならないから，明認方法は，対抗要件であるだけでなく，独立した所有権を成立させるための要件でもあると解すべきなのであろうか。付合（⇒第3章3[1]）とも絡み，学説は分かれている。

（2）　判例は，明認方法の対抗力を登記に準じて扱っている。①Aが立木をBに譲渡し，Bが明認方法を施した場合には，その後に，AがCに立木とともに土地を譲渡し，土地についてCが登記を経由したとしても，BはCに対して立木所有権を対抗できると解している（大判大10・4・14民録27輯732頁）。また，②立木の二重譲受人がいずれも明認方法を施していない場合には，互いに相手方に立木の所有権取得を対抗できないと解している（最判昭33・7・29民集12巻12号1879頁）。これらの判例は，上のいずれの見解に立っても説明できる。上の見解との関係で，実質的な違いが現れるのは，以下の2つのケースである。

Case 11-4
　Aは，立木所有権を留保してBに山林（地盤）だけを売却した。Aが明認方法を施さないでいるうちに，Bは，立木の所有者がAであると言わずに山林をCに譲渡し，土地につき移転登記を経由した。Aは立木の所有者であることをCに主張できるか。

> **立木所有者の留保**

Case 11-4 について，判例（最判昭 34・8・7 民集 13 巻 10 号 1223 頁）・通説 は，AC 間の関係を対抗問題として処理している。すなわち，立木所有権の留保をもって C に対抗するためには，A は明認方法を施さなければならないと解している。

そこでは，たとえ立木の所有権を A に留保するという合意が AB 間にあったとしても，明認方法が施されないかぎり，立木は地盤の一部であり土地所有権の内容となることが前提とされている。上の見解に立つと，B は立木について無権利者ではないことになり，C に対して立木とともに地盤の所有権を譲渡できることになる。一方，AB 間で A に立木の所有権を留保して A から B へ地盤が売却されると，本来，土地に付合し，土地の一部であった立木が，土地と独立した所有権の目的となり，あたかも地盤とともに移転したはずの立木の所有権が B から A に移転したかのように考えられる。判例が，留保も物権変動の一場合と解すべきであるとしているのは，そのためである。この結果，AC 間は対抗関係に立つものと解されることになる。

これに対して，学説上は，明認方法は対抗要件にすぎず，立木が AB 間の売買の対象となっていない以上，立木の所有権は A に留保され，B は立木につき無権利者であると解する見解が，有力に主張されている。この見解に立つと，たとえ B が C に立木を除外しないまま山林を譲渡したとしても，B が立木につき無権利者である以上，立木の所有権は原則として C に帰属しないことになる。もっとも，上の学説も，A が明認方法を施さず放置した結果，立木の所有権も B に帰属するような外観を作出した点で，A に帰責性があるとして，94 条 2 項を類推適用（⇒第 12

章2）してCの保護を図るべきであると解している。

Case 11-5

　AはBの父から購入した山林（地盤）に樹木を植栽し，手入れを続けていた。ところが，Aが移転登記を未了のままでいたところ，Bの父が死亡し，その財産を相続したBが，立木を除外することなく，この山林を事情を知らないCに売却し移転登記を経由した。その後，山林（地盤）の登記名義がCになっていることを知ったAは，Cに対して山林（地盤）と立木の所有権の確認を求めた。Aの請求は認められるか。

移転登記のない地盤
上に植栽された立木

　Case 11-5 では，Aは地盤の所有者として植林を行っており，植林の時点では立木も地盤もAに帰属していたことになる（242条類推）。しかし，その後，立木も含めて地盤がBからCに譲渡されている。もちろん，先に登記を具備したCに対してAは自分が地盤の所有者であることを対抗できない。問題は，地盤につきCが移転登記を経由すると，AはCに立木の所有者であることも主張できなくなるのかという点にある。

　この点，判例（最判昭35・3・1民集14巻3号307頁）は，立木所有権の地盤所有権からの分離は，立木が地盤に付合したまま移転する本来の物権変動の効果を立木について制限することになるから，AがCに立木所有権を対抗するためには，明認方法を必要とすると解している。ここでも，明認方法が施されていないかぎり，立木は地盤の一部であり土地所有権の内容をなすものであり，地上物は土地に属するとする原則（86条1項）に従うべきこと，したがって，BがCに山林に売却した時点で，Aが明認方法を施していない以上，Bは山林（地盤）についてだけでなく，

地盤上の立木についても無権利者でないことを前提としているものといえる。結局，Case 11-5 においても，Case 11-4 と同様，判例は，明認方法を対抗要件であると同時に，立木について独立した所有権を成立させるための要件として理解しているものと考えられる。

ただ，Case 11-5 の場合，A による植林は山林の購入後になされており，たとえ A が地盤につき移転登記を経由していなかったとしても，A は B との関係では，もはや B の相続財産を構成していない山林につき，その所有者としての権原に基づいて植林している。したがって，B は立木について無権利者であり，B が C に樹木を除外することなく山林を売却したとしても，B から C が立木の所有権を取得することはないのではないかとも考えられる。しかし，このような理解に立っても，A は立木を植栽しながら地盤につき登記をしなかったために，B に立木も帰属しているような外観を作出したと解する余地はあり，94 条 2 項を類推適用して C の保護を図ることができる。ただし，このような構成による場合には，Case 11-4 で示した有力説が主張するように，立木に取引対象としての独立性があり，独立して取引がされるべき経済的価値があれば，たとえ明認方法が行われなくとも，土地と別個に取引の客体になるという理解が前提となる。

② 未分離の果実・稲立毛の物権変動

未分離の果実・稲立毛等についても，立木と同様に，地盤たる土地および親木から切り離して独立に取引することが慣行として行われている（未分離のみかんにつき大判大 5・9・20 民録 22 輯 1440 頁，稲立毛につき大判昭 13・9・28 民集 17 巻 1927 頁）。明認方

法としては，取得者の名前を墨書した立札を立てるなどの方法が取られているようであるが，立木とは異なり，判例は明認方法のほかに引渡しを要求するものが多い。

第12章 公信の原則

第**12**章 公信の原則

公示が真実の権利関係に一致していなくとも，公示を
信頼して取引をした者には，その公示どおりの権利を認
める制度がある。192条以下の制度が，その典型であ
る。このような制度は，取引の安全を図ることになる反
面，真の権利者には不利益となる。

1 動産取引における公信の原則

●善意取得制度

1 はじめに

Case 12-1

金に困ったAは，Bから借りていたパソコンをCに売却し，代金と
引換えにパソコンを引き渡してしまった。CはBからそのパソコンは
自分の物であるとして返還を求められている。パソコンの所有者はB，
Cのいずれか。

AはCに対して他人の物を売買したことになる。もちろん，
売買の対象が他人の物であっても，AC間の売買契約は有効であ
る（561条）。しかし，AがBから所有権の移転を受けないかぎ
り，Cが所有権を取得することはないはずである。

ただ，CにとってAが本当にパソコンの所有者であるかどう

かを確かめる手段は皆無に近い。たとえ手段があるとしても，時間と費用がかかる。民法では，動産物権変動の対抗要件は引渡しとされており，パソコンを占有しているAが売却を申し入れると，CはAをパソコンの所有者であると考えるであろう。このようなCの信頼が保護されなければ，安全で迅速な取引は期待できないことになる。

　そこで，192条は，所有権その他の処分権限をもたない単なる動産の占有者（A）を正当な権利者として信頼して取引をした者（C）が，その動産について完全な権利を取得することを認めている。これが即時取得ないし善意取得である。この制度は，公信の原則，すなわち，実際には権利関係が存在しないにもかかわらず，権利関係が存在するように思われる外形がある場合に，この外形を信頼して取引をする者を保護し，真に権利が存在したのと同様の法律効果を認めようとする考え方に基づいている。

　Case 12-1の場合には，CがAを権利者であると誤信し，かつ，そのように信じたことに過失がないのであれば，Cは192条に基づきパソコンの所有権を原始取得する。この結果，1個の物の上に所有権が複数成立しないとする考え方（⇒第1章1②）に基づき，真の権利者（原権利者）Bは反射的に所有権を失うことになる。

　ただし，公信の原則は，物権が誰に帰属するかだけを問題としている（⇒③）。Cが所有権を取得すれば，BはAに損害賠償請求権ないし不当利得返還請求権を行使しうる。また，Cが所有権を取得できなければ，CはAに損害賠償請求権ないし不当利得返還請求権を行使しうる。しかし，Aに資力がない場合には，このような権利がBやCにあるといっても，絵に描いた餅であ

る。現実の紛争では，取引の安全と真の権利者の保護が両立しないことが多い。

◆即時取得制度の系譜　192条は，今日では，上に述べたように，無権利者である前主Ａの占有を善意・無過失で信頼して取引をしたＣを保護するための制度として位置づけられている。しかし，192条は，沿革的には中世ゲルマン法の理論に由来する。すなわち，古くは他人Ａを信頼して占有を与えた者Ｂは，その信頼を与えた相手方Ａに対してしか，その物の返還を請求できないと考えられ，所有権の追及効を制限した制度であった。その後，近代的所有権が確立すると，所有権は占有と分離されて観念化し，Ｂのように占有がなくとも所有権に基づいて追及することができると解されるようになった。そこで，この制度を受け継いだフランスでは，取引の安全を確保するために，第三者Ｃが占有することにより即時に権利を取得する制度として理解されるようになった。192条が即時取得と呼ばれ，条文の文言上，平穏・公然・善意で占有を始めた物権取得者Ｃがあたかも自己の占有の効果として物権を取得するかのように規定されているのは，このような沿革に基づくものである。

② 要　件

192条の要件は，取得者側の事情として，①有効な取引行為によって，②目的物の占有を取得し，③取得者の占有取得が平穏かつ公然に行われ，取得者が善意・無過失であること，前主側の事情として，④前主が動産の処分権限をもたないか無権利者であること，および⑤取引の目的物が動産であること，以上の点からなる。

Case 12-2 ────────────────────────────────

　Ａ所有の山林とＢ所有の山林は隣接していた。ある日，ＡはＢ所有の山林の一部を自己の山林の一部であると思って誤って伐採し，自分の土地上に保管していた。その後，Ａは伐採した樹木をＣに売却し引き

渡した。しかし，Ａは錯誤を理由にＡＣ間の売買契約の取消しを主張している。ＡＣはそれぞれ材木の所有者であることをＢに対して主張することができるか。

—————————
有効な取引行為の
存在——要件①
—————————

Ａは，伐採という事実行為によりＢの不動産の一部を動産として占有を始めている。192条は取引の安全を保護する制度であるから，取引行為を原因として取得者が動産の占有を始めた場合に限定して適用される。Case 12-2 で，Ａは192条により樹木の所有権の善意取得を主張することはできない（目的物が動産であることという要件との関係については後述）。遺失物の拾得などの原始取得や相続・合併などの包括承継の場合にも，善意取得の適用はない（大判大4・5・20民録21輯730頁）。

Web 192条と162条の関係✥✥✥✥✥✥✥✥✥✥✥✥✥✥✥✥✥✥✥✥✥✥✥
　沿革的には，取引行為によらないで善意・無過失で他人の動産を占有した場合にも，192条によって占有者が即時に権利を取得すると考えられてきた。しかし，今日では，動産についても，162条2項によって占有者が善意・無過失の場合には，10年で時効取得することができる。192条は，いまや動産取引の安全のための制度として純化し，権利外観法理の一種であると理解されている。したがって，今日では即時取得よりは善意取得と呼ぶほうが，192条の制度趣旨を正確に表しているといえよう。そこで，本書では，善意取得と呼ぶことにする。

✥✥✥

　これに対して，Ｃの場合には，Ａから動産となった樹木を譲り受けている。しかし，問題は錯誤を原因としてＡＣ間の契約の取消しが主張されている点にある。192条は，取引行為を有効にする制度ではなく，有効な取引行為があることを前提として，取引

の目的となった権利を取得できない者を保護するための制度である。したがって、Cについても192条に基づき樹木の所有者であることをBに主張することはできない。AC間の取引行為が強行法規違反により無効となる場合、Aの制限行為能力や詐欺・強迫によってAC間の契約が取り消される場合にも、192条の適用はない。

　なお、判例（最判昭42・5・30民集21巻4号1011頁）・通説は、債務者の所有に属さない動産が競売に付された場合には、買受人は192条によって所有権を取得できると解しており、有効な取引行為は任意によるものであることを要しない。

目的物の占有
── 要件②

取得者が保護されるのは、取引によって動産の占有を開始した場合である。したがって、前主から取得者に占有が承継されている場合に限られる。しかし、192条は取得者による占有開始の態様について直接の規定をおいていない。

Case 12-3 ────────

　Case 12-1において、Cは近々引っ越しを予定していたため、Aから譲り受けたパソコンを、しばらくの間Aに保管してもらった。しかし、その間にBは賃貸借期間の終了を原因としてAからパソコンを返還してもらった。この場合に、CはBにパソコンの所有者であることを主張してパソコンの返還を請求できるか。

────────

　民法は占有の承継の態様として、現実の引渡し、簡易の引渡し、占有改定、指図による占有移転を認めているが（⇒第5章3②）、いずれの方法によっても192条の占有の要件を満たすことができるのであろうか。Case 12-3では、CはAにパソコンの保管を

依頼していることから，占有改定によってCが善意取得できるかが問題となる。

否定説と肯定説

この点，判例（最判昭35・2・11民集14巻2号168頁など）は，外観上従来の占有状態に変更をきたさない占有改定の方法による占有取得では，善意取得は成立しないと解している（否定説）。これに対して，学説の中には，善意取得の制度趣旨を前主の占有を信頼した者を保護するための制度として捉えるなら，取得者の占有の態様は問題にならないとして，占有改定による占有取得の場合にも善意取得を肯定すべきであると解する見解がある（肯定説）。

否定説の根拠

Cが占有改定の方法によってAよりパソコンの占有を取得しても，BがAを占有代理人としてパソコンを占有しているという事実には変化がない。したがって，Bは賃貸借契約の終了を原因としてAから物の返還を受けることは可能であり，その限りではBのAに対する信頼は裏切られていないといえる。それにもかかわらず，肯定説のように解すると，Aからすでにパソコンの返還を受けたBに対して，Cは192条に基づき所有権を取得したとして，パソコンの引渡しを求められることになる。一方，Cは，自分のためにAが占有していると信頼しているにすぎない。つまり，Bの所有権を喪失させ，Cを権利者として保護してもよいと評価できるほど，Cは未だ十分な占有を取得したとはいえないものと解される。否定説は，肯定説と同様に，前主Aの占有を信頼したCを保護するための制度として192条を理解した上で，真の権利者Bを犠牲にして取得者Cを保護すべき場合をCが現実の引渡しを受けたとき──つまり，BのAに対する物の返還請求ができなく

表12-1　取得者の占有の態様と善意取得の有無をめぐる学説の対立

物の現実の所在場所 ＼ 学説	BC のいずれが勝つか？		
	肯 定 説	否 定 説	折 衷 説
A（無権利者）	C	B	B ないしは C 両者のうち先に現実に占有したもの。
B（原権利者）	C	B	B
C（取得者）	C	C ただし，現実に占有する時点で善意・無過失であることが必要。	C ただし，A と契約を締結する時点で善意・無過失であることが必要。現実に占有する時点では悪意・有過失でも善意取得は可能。

なったとき——に限定していることになる。

折 衷 説

ただ，学説上は，上に述べた否定説の利
益衡量を支持しながらも，192条によっ
て，取得者は占有改定によって一応所有権を取得するが，確定的
に所有権を取得するのは後に現実の引渡しがなされた時点である
と解する見解が有力である（折衷説）。

この見解によると，BがCより先に物件を取り戻せば，Cに
よる所有権の取得は確定しないまま終了し，CがBより先に現
実の引渡しを受ければ，仮にその時点でCが悪意であっても，
契約締結時に善意・無過失であれば，所有権を確定的に取得する
ことになる。したがって，折衷説によると，Aが占有している
限りは，BがCに所有権確認請求訴訟を提起しても，CがBに
所有権確認請求訴訟を提起しても，訴訟を提起した者が敗訴する
ことになる。

学説上，折衷説が有力に主張されているのは，Case 12-4 のような二重譲渡担保型といわれる紛争類型が実際には多いことと関係がある。

Case 12-4 ─────────────────────────

　町工場を営むＡは，運転資金を調達するためＢから貸付を受けた。Ａには土地や建物の資産がなかったため，自分が所有する工作機械を担保としてＢに譲渡し，Ｂは占有改定の方法で対抗要件を具備した。しかし，Ａは，Ｂからこの機械を無料で借りて引き続き使用していた。その後，さらに資金に困ったＡは，Ｂの場合と同じ方法で，同じ工作機械を担保のためにＣに譲渡し，Ｃからも貸付を受けた。

　期限が来てもＡが借入金を弁済しないので，業を煮やしたＣはＡの工場から工作機械を引き揚げた。この場合にＢはＣに工作機械の返還を求められるか。

──────────────────────────────

　ＢおよびＣに対する工作機械の所有権の移転は，いずれも貸金債権の担保のためになされている。このような担保手段は，民法典には規定されていないが，「譲渡担保」と呼ばれ広く利用されている。譲渡担保の場合，債務者が借金を返済できないときには，債権者が担保目的物を処分ないし引き揚げて，その物から優先的に弁済を受けることになる。もちろん，担保のために目的物の所有権が債権者に移転される場合にも，債権者は対抗要件（動産の場合には引渡し，不動産の場合には登記）を備えておかなければ物に対する優先権を確保することができない。動産の譲渡担保は，担保に供した物を債務者の占有下に置き，目的物を利用したままで金融を受けられる点に特色があり，債権者は占有改定の方法によって対抗要件を具備することになる（譲渡担保⇒第 3 巻第 13 章 *3*）。

Case 12-4 において，否定説と折衷説が対立しているのは，C
が，占有改定の時点では善意・無過失であったが，譲渡担保権を
実行して現実に工作機械の引渡しを受ける時点で，Bによって譲
渡担保権が設定されていることを知った場合である。否定説では，
この場合，悪意となったCは，工作機械の所有権を善意取得し
たと主張することができず，Bからの工作機械の返還請求に応じ
なければならないことになる。しかし，これでは動産を譲渡担保
にとっても，安心することはできず，このような方法で融資をす
る者がいなくなってしまう。

Case 12-4 において，Cによる善意取得が問題となるのは，占
有改定によっても動産物権変動の対抗要件を具備できる結果，B
が債権担保の目的ではあるが動産の所有権の移転を受けたと解す
るからにほかならない。しかし，BC間の紛争の実態は，二重に
設定された譲渡担保権のうち，どちらが優先するのかという点に
ある。AB間もAC間も，現実の引渡しを受けていないという点
では違いがなく，BC間の関係は，対抗要件を具備していない物
権取得者相互間の関係に類似している。したがって，折衷説は，
契約時に善意・無過失であれば，たとえ現実の占有時に悪意でも
善意取得を可能としつつ，現実に占有した者への所有権——Bの
譲渡担保権の負担のないCの譲渡担保権——帰属を認める点で，
BC間の利益状況に最も適合的であるといえる。

**指図による占
有移転の場合**
一方，取得者による占有開始の態様が指
図による占有移転の場合，判例は，古く
は否定説に立っていたが（大判昭8・2・
13新聞3520号11頁など），肯定説に立つことを明言した（最判昭
57・9・7民集36巻8号1527頁）。学説も善意取得が成立するとす

る見解が多い。しかし，その根拠は必ずしも明確ではない。

Case 12-5

AはBからミュージカルの公演用にピアノを賃借し，M倉庫業者に保管を委託してあった。ところが，Aは勝手にピアノをCに譲渡し，Mに対して爾後Cのために保管するように命じた。ピアノの所有権はB，Cいずれに帰属するか。

Case 12-5 でも，AC間の売買契約は有効であるが，AがBより所有権の移転を受けられないかぎり，本来，Cはピアノの所有権を取得できない。Cはピアノについて現実の引渡しを受けていないが，指図による占有移転の前後でBの占有には変化がある。すなわち，指図による占有移転前は，Mを占有代理人としてAが占有しているから，BはAにもMにも所有権に基づいてピアノの返還を求められる関係にある。しかし，指図による占有移転後は，MはAではなくCのために占有することになる。したがって，指図による占有移転後は，もはやピアノを占有しているとはいえないAに，Bは所有権に基づいてピアノの返還を求めることはできない。他方で，観念的にではあるが，MはもはやCのためにだけ占有しており，受託者であるMはCに対してピアノを返還しなければならない。Cが指図による占有移転の方法で占有を取得している場合に，Cが善意取得によってピアノの所有権を原始取得できると解すべき理由は，Bと比較してCが取引行為によって権利取得を主張できる程度の占有を取得しているからにほかならない。

192条では，取得者の占有は有効な取引
行為によるものであることを要するから，
取得者は平穏かつ公然に占有するものと

推定される（通説）。したがって，取得者が保護されるためには，
その動産につき前主が権利者であると誤信して取引をなし，かつ
そのように信じるにつき取得者に過失がないことが重要となる
（最判昭 26・11・27 民集 5 巻 13 号 775 頁）。192 条は前主の占有を
信頼して取引行為を行った者を保護する制度であるから，善意と
は「前主が無権利者であることを知らなかったこと」（消極的不
知）ではなくて，「前主を権利者であると信じたこと」（積極的信
頼）と解されている。無過失の判断については，占有取得時に，
前主の処分権限について取得者が相当の調査をしたかどうかが判
断の基準になる。

取得者の善意・無過失については，これを争う者が占有取得者
の悪意・有過失につき立証責任を負うものと解されており（最判
昭 41・6・9 民集 20 巻 5 号 1011 頁），動産取引の安全が図られてい
る。

◆ 192 条と主張・立証責任　　192 条は，占有取得者に原始取得
によって所有権・質権を認める制度であるから，本来は，その効果
を主張する者に主張・立証責任があるはずである。しかし，192 条
については，186 条・188 条の推定規定（⇒第 6 章 2・3）との関係
で，占有取得者の平穏・公然・善意・無過失の主張・立証責任は転
換し，善意取得の効果の発生を争う者が占有取得者の悪意・有過失
などについて主張・立証責任を負うことになる。

一般には，192 条における占有取得者の善意は 186 条 1 項により
推定され，占有取得者の無過失については，188 条によって，動産
を占有していた前主は占有する物の上に行使する権利を適法に有す
るものと推定されるとして，占有取得者は自己が無過失であること

について立証責任を負担しないものと解されている（最判昭41・6・9民集20巻5号1011頁）。

　しかし，本来，186条1項は，占有者自身（本件では善意取得を主張する占有者）が「自分が本権者であると信じて占有をしていること」を推定するのであって，「前主」である占有者が本権者であると信じて占有をしていることを推定しているわけではない。

　善意取得制度を公信の原則に基づく制度として位置づけるのであれば，むしろ，188条によって，占有者は占有物上に行使する権利を適法に有するものと推定されることから，動産の占有は一般に所有権などの本権に基づいており，動産を占有している前主を本権者であると信じてもよいという点を基礎に，占有取得者の善意・無過失の主張・立証責任が192条の効果を争う者に転換されると解すべきであろう。取得時効の場合とは異なり，192条の主張・立証責任の配分について，善意は186条の規定により，無過失は188条の規定により推定されると分けて考える必要があるのかは疑問である。

───────
前主の態様──要件④
───────

　取得者側の事情に対して，前主側の事情としては，前主が動産の処分権限をもたないか，無権利者であることが要件となる。

　前主が所有者であるが，未成年者や成年被後見人など制限行為能力者である場合や無権代理人である場合には，善意取得の適用はない。これらの場合に192条を適用すると，制限行為能力者制度や無権代理制度が無意味となるからである。192条は，前主の占有が有する本権推定力を基礎とする制度と解されているから，前主が無権利者であることについての善意・無過失のみが問題とされており，前主が権利者であるが行為能力が制限されているとか，代理権がないとか，法律行為に瑕疵があるという点についての善意・無過失は，192条の保護の対象とはならない。

　これに対して，制限行為能力者・無権代理人や強迫による意思

表示をした所有者と取引をした前主から，さらに所有権を譲り受けた第三者については，192条が適用される。

　問題となるのは，原権利者と前主との間の取引行為が心裡留保，虚偽表示，錯誤，詐欺，解除によって効力が生じないため，前主が動産につき無権利者となっている場合である。この場合には，取引の安全のために，第三者保護規定（93条2項・94条2項・95条4項・96条3項・545条1項ただし書）が設けられている。これらの規定と192条とはどのような関係に立つのであろうか。

Case 12-6 ————————————————————————

　AがBから宝石を購入し，Cに転売した。ところが，BがAの詐欺を原因としてAB間の売買契約を取り消した。BはCに対して宝石の返還を求められるか。

————————————————————————

> 他の第三者保護
> 規定との関係

BがAの詐欺を理由としてAB間の売買契約を取り消すと，契約自体は取消しの遡及効によって効力を失い，Cは無権利者Aから宝石を譲り受けたことになる。したがって，本来Cは宝石の所有権を取得できないはずである。

　しかし，AB間の契約も取り消されるまでは有効であり，その事情を知らないで新たな取引関係を形成した第三者Cを保護する必要がある。また，意思表示の形成過程でうかつにも詐欺にあった点でBにも問題がないわけでもない。そこで，Case 12-6についても，Cの宝石の購入時期がBの取消前である場合，取消しによる遡及効を善意・無過失の第三者との関係で制限している96条3項によって，CはBから宝石の返還を求められないと解する余地がある。

一方，Cは有効な売買契約をAとの間で締結をしたが，売主Aに所有権がなかったために，宝石の所有権を取得できなかったと解することもできるから，Aに所有権があると過失なく信頼したCは，192条に基づき宝石の所有権を善意取得したとして，Bの請求は認められないとも考えられる。

　そこで，動産取引の場合に，96条3項と192条の関係をどのように解すべきかが問題となる。AC間の売買契約がBの取消前である場合には96条3項によって，Bの取消後である場合には192条によって第三者を保護すると解する構成も，理論的には考えられないわけではない。しかし，学説は，Bによる取消しの前後の区別なく192条によって第三者を保護すべきであると解している。

　このように解すると，BがAB間の売買契約につき取消しの意思表示をする前に，CがAから宝石を購入したときには，Bが売買契約に基づいてAに目的物を引き渡したというだけで，Bが所有権を失う可能性があることになる。しかし，動産のように頻繁に取引をするものについて占有移転の原因行為となる法律関係をいちいち調査しなければならないとすると，迅速な取引ができなくなる。不動産の場合とは異なり（⇒2），動産取引にあっては，真の権利者よりは取引の安全が優先されるべきであり，真の権利者に帰責性がないというためには，自らの意思に基づかずに占有を失ったといえなければならないことになる（⇒4，第13章）。

　同様のことは，Aの債務不履行を原因としてBが売買契約を解除した場合やAB間の売買契約が心裡留保や虚偽表示によって無効となった場合，錯誤によって取消しとなった場合についてもいえる。

取引の目的物が不動産や債権である場合には，192条は適用されない。192条の適用の有無が問題となるのは，動産と不動産の境界にあるもの，および不動産のように登記・登録が公示手段となっている動産である。

Case 12-7

　AはB所有の山林の管理を任されていたにすぎないのに，A名義で山林の所有権移転登記をした上，Cに対して山林を譲渡した。その後，Cは樹木を伐採した。BはCに対し樹木の返還を求められるか。

不動産の一部

判例・通説は，伐採前の立木や未分離の果実など不動産の一部である立木や果実を買い受けた場合には，善意取得の適用はないと解している（大判昭3・7・4新聞2901号9頁，大判昭7・5・18民集11巻1963頁）。AC間の譲渡時には，立木はいまだ不動産の一部であり，Cが伐採して立木が動産になったときには，伐採という事実行為があるのみでAC間に取引行為が存しないから，善意取得の要件を満たさない（⇒ Case 12-2）。

　これに対して，山林の立木が伐採された後に，無権利者AからCが木材を買い受けた場合，すなわち不動産の一部が分離されすでに動産となった後に，譲受人が占有を取得した場合には，善意取得が成立する。立木法による立木が土地より分離された場合も同様である（立木法4条5項）。

　このように，CがAから山林と共に立木の譲渡を受け伐採したか，Aが立木を伐採しこれをCが譲り受けたかで，192条の適用について正反対の結論をとる判例・通説に対しては，批判がな

いわけではない。しかし，土地から分離されていない立木や果実などについては，動産と同様に取引の安全を確保する必要があるほどの流通性が認められるわけではない。判例・通説が192条の適用を制限する実質的理由は，この点にある。

Case 12-8 ———————————————

　Case 12-7 で，Aが，山林上に生育する立木は自分の所有であるとして，Cに立木のみを譲渡し，Cが明認方法を施した上で立木を伐採した場合はどうか。

―――――――――――――――――――――

　Case 12-8 では，不動産の一部につき明認方法を施し，地盤とは独立した対象として取引がなされており，不動産の一部が分離され動産となった後に取引がなされた場合に近い。また，明認方法は物に対する現実的支配を基礎にしている面があり，その点では占有に類似する。しかし，立木がなお地盤上に生育している点では，不動産の一部として取引行為がなされる場合に近い。

　古い判例（大判昭3・8・8新聞2907号9頁）の中には，土地よりまだ分離されていない成熟期に達した稲立毛を譲り受け，明認方法を施した取得者について，192条の適用を肯定したものがある。しかし，学説は，192条の適用には消極的である。結局，192条を適用するかどうかは，動産として善意取得の保護を認めるべきほどに独立の取引対象とされているかどうかという観点から実質的に決すべきであろう。

┌─────────────┐
│ 不動産の従物たる動産 │
└─────────────┘
　　　　　　　　　　　不動産所有者に属しない従物たる動産が，不動産と共に，ないしは不動産と別個に，不動産所有者によって処分された場合はどうか。不動産の従物は，主物たる不動産の登記によって公示されるが，Case 12-7 で検討

したように，不動産の一部を構成する場合でも，分離され動産として処分された場合には善意取得の対象となる。この点からすると，従物の場合にも，善意取得の対象となると解すべきである。

Case 12-9 ─────────────────────────────

　Aは，Bから自動車の保管を依頼されていた。ところが，Aは，自動車の登録名義を自分名義に偽造し，「勤めていた中古車販売会社が業績不振で，給料の代わりに自動車を現物支給されて困っている。市価の半値でよいから買ってほしい」と言って，事情を知らないCに売却し，名義を移転した。自動車の所有者BはCに対して自動車の返還を求められるか。

───

登記・登録された動産

　動産譲渡登記がなされていても，192条の適用が排除されるわけではない。動産譲渡登記がされたときには，178条の引渡しがあったものとみなされるにすぎず，引渡しに並ぶ対抗要件の1つとして追加されたにすぎないからである。また，判例は，①道路運送車両法による登録を受けていない自動車，②登録ができない軽自動車，③いったん登録を受けた自動車であっても抹消登録を受けた自動車についても，192条の適用を肯定する（最判昭45・12・4民集24巻13号1987頁）。しかし，登録済みの自動車については192条の適用はないと解している（最判昭62・4・24判時1243号24頁）。

　引渡し＝占有の移転を公示手段とする動産取引に限定して192条を適用しようとする判例の立場は，192条を第三者が取得した占有の効力の問題としてではなく，「前主の占有」を信頼した者を保護する制度として捉えていることの1つの表れである。192条が前主の占有を信頼した者を保護するのは，動産物権変動の対

抗要件が引渡しであることから，占有のあるところに所有権があると通常は考えられるからである。これに対して，登録を経由した自動車の場合には，登録が所有権の得喪や抵当権の得喪・変更の公示手段となっており（車両5条1項，自抵5条1項），占有あるところ所有権ありという構造にはない。したがって，既登録自動車の場合，CがAの占有を信頼して取引をしたというだけで，192条に基づきCを保護することには疑問がある。

　船舶（前掲最判昭41・6・9），航空機，建設機械など自動車と同様に，公示手段として登記・登録があり，登記・登録がなされている動産についても同様に解されている（商686条・687条，航空3条の3，航抵5条，建抵3条1項）。

取引の安全との調和 ただ，登記・登録済みの動産，特に，中古市場が形成され，極めて流通性が高い自動車については，取引の安全性を確保する必要がある。通常，登録名義人が自動車を占有している場合には，所有者であるという蓋然性は高い。以上の点からすると，Case 12-9のように，Aの占有下にあるA名義の自動車を購入している場合に，登録には公信力がないとして，BからCに対する返還請求を認めることだけでは，問題は解決しない。無権利者から登録済みの自動車を取得した第三者を保護する方法が検討されなければならない。

　そこで，学説上は，①Aの占有下にあるA名義の自動車について，Cが自己名義に登録を移した場合に，登録自動車にも192条を類推適用する見解，②既登録自動車につき，Aの占有下にあり，かつA名義であるという外観を信頼して取引したCを保護するために，94条2項を類推適用する見解が主張されている。

　上の見解の対立は，実質的には自動車の登録制度に対する評価

の違いによるものと思われる。自動車の流通性を考えると取引の安全を図る必要性が高いことや，登録制度が不動産登記より不正確であることを重視すると①の見解が支持される。これに対して，不動産登記同様，既登録自動車については登録を公示手段としていることを重視すると，②の見解が支持されることになる。

Case 12-10

AはBより預かっていた100万円で，Cから購入した絵画の代金を弁済した。BはCに対して100万円の返還を求められるか。

| 金銭所有権の特殊性 |

金銭も動産ではあるが，支払手段として交付された金銭は，そこに表示されている定量の価値を表すものとして，金銭所有権とその現実的占有の所在は一致すると解さなければならない（⇒第11章 1 ②）。したがって，原則として金銭については192条の適用の余地はないと解すべきである（また，たとえ盗品・遺失物であったとしても，193条は適用されない）。Case 12-10の場合には，Cの善意・悪意を問わず，Cは金銭所有権を確定的に取得すると解される（最判昭39・1・24判時365号26頁）。

　ただし，BがAより預かったのが，コレクションの対象となるような100万円相当の記念硬貨であるような場合や封金として寄託されたものである場合には，例外的に192条が適用される余地がある。このような場合には，当該金銭に特定性が存続しているからである。

　なお，金銭について192条の適用を否定すると，BはAに対して100万円の損害賠償請求権ないし不当利得返還請求権を行使することになる。しかし，Aが無資力の場合，結局はBの犠牲

で悪意のCまで保護がされることになる。そこで，判例は，Cが悪意もしくは重過失である場合には，Cの利得には法律上の原因がないとして，BのCに対する不当利得返還請求権を認めている（最判昭49・9・26民集28巻6号1243頁）。限定的ではあるが，Bに追及効を認めたに等しい結果となっている。学説の中には，占有なき金銭の所有権にも一定の限度で物権的な保護を与えるために，価値の返還請求権を認めようとする見解が有力に主張されている。この見解によると，Bは金銭所有権がCに帰属しているかどうかを争うことはできないが，Cに対して100万円という価値についての返還を求められることになる（⇒第6巻）。

③ 効 果

192条の効果として取得される権利は，所有権と質権に限られる。これらの権利は原始取得されるから，前主の権利についていた権利の制限は，原則として消滅する。

取得者によって善意取得されると，原権利者は反射的に権利を失う。この場合に，善意取得によって権利を取得した者は，原権利者に対して不当利得返還義務も負わないと解されている。

学説の中には，取引の安全のために形式的に権利の帰属を決定すればよく，実質的に取得者に利得を保有させる必要はないとして，取得者が無償で取得した場合についてだけではあるが，原権利者に対して不当利得返還義務を負うと解する見解がある。しかし，判例・通説は，善意取得制度の趣旨は，取引の安全を図り取得者に利得を保有させることにあるとして，有償取得・無償取得を問わず，取得者の不当利得返還義務を否定している。

Web 留置権・動産賃借権・動産の先取特権と善意取得 ❖❖❖❖❖❖❖❖

　　A所有の動産を保管している受寄者BがCに修理を依頼した場合に，Cは，修理代金の支払があるまで，当該動産につきAに対する関係で留置権があると主張できる。しかし，それは192条を適用した結果ではない。留置権は法定担保物権であり，当事者間の取引によって取得される権利ではないからである。また，A所有の動産をBがCに賃貸した場合に，Aから動産の返還を求められたCは，賃借権を善意取得したとAに主張することはできない。CはAに対して賃借権を対抗できないから，192条を適用してCに賃借権の原始取得を認めるべきではないからである。

　　なお，不動産賃貸・旅館宿泊・運輸の先取特権については善意取得の規定が準用され（319条），取引行為が存在しない法定担保物権に善意取得の趣旨が拡張されている。

❖❖

④　盗品・遺失物についての特則──効果の制限

> 善意取得の効果の制限

　　(1)　善意取得の要件を満たしていても（⇒②），原権利者が自らの意思に基づかないで占有を失った場合，すなわち盗品や遺失物である場合には，被害者（原所有者のほか所有者からの受寄者も含む）または遺失主に，その物の回復請求を認めている（193条）。

　　(2)　善意取得制度は動産取引の安全の要請に基づく制度であることから，権利関係を早期に確定するため，この回復請求が認められるのは，盗難または遺失の時から2年間に限定されており，しかもこの期間は除斥期間であると解されている。

　　また，193条によって原権利者に回復請求権が認められる場合は，以下の点でも限定されている。①遺失物については，遺失物法など特別法の定める手続によって，公告して3ヶ月内にその所

有者が知れないときには，その所有権を取得するから（240条），193条が適用されるのは，上の手続によらない場合である。②転々と取引されている間に競売されたり，店舗に並べられたり，または同種の物を販売する行商人などから売られた場合には，占有者＝取得者が現に支払った代価を弁償しないかぎり，被害者または遺失主は，その物の返還を請求できない（194条。ただし，質屋営業法22条，古物営業法20条により占有者が古物商，質屋営業者である場合には，盗難・遺失の時から1年間は無償で返還請求ができる）。③原権利者が回復請求をする場合には，請求時に取得者のもとに物が現存していることを要すると解されている（最判昭26・11・27民集5巻13号775頁は，盗品が滅失したときは，回復請求のみならず，回復に代わる賠償を請求することもできないとした）。

Case 12-11

X所有の土木機械が盗まれた。Yは，この機械を数日後に無店舗で中古土木機械の販売業を営んでいるAから盗品であることを知らずに購入し，代金300万円を支払った。Xは盗難から1年3ヶ月目に，本件機械がYのもとにあることをつきとめ，本件機械の返還と使用利益相当額300万円の支払を求めた。Yは，代価300万円の弁償があるまでは本件機械を返還しないと主張することができるか。

目的物の使用
利益の帰属

　従来，判例（大判大10・7・8民録27輯1373頁）は，193条に基づき原権利者が回復請求することができる場合，2年間については，取得者に権利は帰属しないと解してきた（原権利者帰属説）。192条により取得者に本権が帰属すると解すると，本権をもはや有しない被害者・遺失主が回復請求権を行使できる根拠

がなくなると説明してきた。

　原権利者帰属説に立つと，192条によりYが所有権の善意取得を主張できる場合にも，193条によりXは本権に基づいて返還請求権があるが，194条により代価弁償しなければ，XはYに工作機械の返還を求められないことになる。つまり，194条を原権利者の権利行使を阻止する規定と解している。また，Yは，少なくとも訴え提起時から悪意占有者となるから，Xに対して使用利益の返還義務があることになる（189条2項・190条1項）。

　これに対して，通説は，192条の要件を満たせば，権利は取得者に帰属し，意思に基づかない占有の離脱があった場合にだけ，特別に被害者・遺失主を保護したのが193条の規定であり，193条は，所有権その他の本権を復活させる法定の請求権として，回復請求権を定めているものと解されることになる。この結果，Xによって回復請求権が行使されるまでは，占有者たるYに使用利益が帰属することになる（占有者帰属説）。一方，194条は，競売や公の市場等における取引の安全との調和を図るために，原権利者による回復請求権の発生を制限する規定と解されることになる。

　　　　　　　　　　　　　　ところが，判例（最判平12・6・27民集

所有権の所在を問
題にしない見解

54巻5号1737頁）は，被害者等が回復請求するまでの間，目的物の所有権が誰に帰属していたか——原権利者帰属説か，占有者帰属説か——を問題とすることなく，194条は占有者と被害者等との保護の均衡を図った規定であるとして，Xによる代価の提供があるまで，Yは盗品につき使用収益を行う権限を有すると解し，XからYに対する使用利益の返還請求を認めなかった。①Xが盗品の回復をあきらめると，Yは所有者として占有取得後の使用利益を享

受しうるのに，Xが代価弁償して盗品の返還を求めた場合には，Yが代価弁償以前の使用利益を返還しなければならないというのでは，Yの地位が不安定になること，②Yに弁償される代価には利息が含まれないこととの均衡上，Yの使用収益を認めることが公平であることを理由とする。

◆判例理論と194条の制度趣旨　　弁償される代価に利息が含まれていないこととの均衡上，代価の提供があるまでは占有取得者の使用利益を認めるべきであると解する判例理論は，575条を参考にしたものと思われる。上記最判平12・6・27によれば，占有者は売買代金全額の返還を受ける一方で，減価した物だけを返還すればよいことになることから，物の減価が早く進行する場合のように，代価分の利息と物の使用利益分を同程度と評価することができないときにも，本判決の射程距離が及ぶのかどうかについては議論の余地がある。

　また，194条に基づいて占有者による使用利益の保持を正当化する根拠についても見解が対立している。原権利者からの回復請求に対して代価弁償があるまで占有者に履行拒絶権を認め，占有者に動産の占有を継続できる地位があることを認めたにすぎないと解する見解と，原権利者から物の返還を請求され，取得者が悪意占有者となったとしても（189条2項），194条に基づいて占有者に使用利益を享受する法律上の原因があることを認めたと解する見解が対立している。

　前者の見解は194条の条文に素直な解釈である。しかし，上記判決は，194条の効果として，履行拒絶権だけでなく，被害者である原所有者が占有者から物の引渡しを受けた場合にも，占有者は194条に基づいて代価弁償請求権があると解している。また，代価弁償債務を期限の定めのない債務と性質決定し，物の引渡時から占有者は代価弁償請求権を行使できるとして，原権利者は物の引渡しの時点から代価の履行について遅延損害金を賠償しなければならないと判示している。したがって，上記判決は，194条の効果として，履行拒絶権が問題とならない場合にも，占有者は使用利益の返還を要

しないと解していることになり，悪意占有者に使用利益の返還を求める190条の効果（⇒第7章2）を制限していることになる。このような理解を前提にすれば，後者の見解によるべきだろう。

2 無権利者から不動産上の物権を取得した者の保護

① 公信の原則と94条2項類推適用

Case 12-12

AはCに甲土地を売却した。しかし，この土地はBの所有であった。Aの行為を知らないBが，甲土地をDに売却しようとしたところ，すでに登記がCに移転していることが判明した。BはCに抹消登記に代えてBへの移転登記を請求できるか。以下，❶と❷で違いはあるか。

❶ 本件土地の登記名義をAが勝手に自己名義に書き換え，Cに売却した場合。

❷ Bが勝手にA名義で登記をしていたところ，Aがこれを利用して本件土地をCに売却した場合。

登記には公信力がない　AC間の売買契約は有効であるが，Aは本件土地につき無権利者であるから，CがA名義の土地を譲り受けたとしても，本件土地の所有権を取得することはない。すでに見てきたように（⇒第10章4⑤），わが国では登記には公信力がないから，Cが公示の内容に対応する権利状態，つまり，Aに所有権があると信頼しても保護されない。

登記に公信力を認めない理由としては，以下の点をあげることができる。①物権変動のためには意思表示で足り，登記をしなけ

れば第三者に物権変動を対抗できないというのにすぎないことから，物権変動があっても登記をしない者がいること，また，②登記された土地についても取得時効が成立することから，登記簿に反する権利状態が発生すること，③登記を申請するにあたって形式的審査しか行われないことから，真の権利状態と異なる登記を防止することができないこと，④動産と比べると，不動産は財産的価値が大きく，真の権利者を保護すべきであるとの要請が強いことなどである。

Ｃが保護される場合　問題は，Case 12-12 **1**も**2**も，登記に公信力がないことを理由に，Ｂの請求を認めてよいのかという点にある。この点，判例（最判昭45・7・24民集24巻7号1116頁）・通説は，Case 12-12 **2**について，94条2項を類推適用して，Ａが無権利者であることを理由にＢは甲土地の所有者であることを善意のＣに対抗できないと解している（ただし，学説はＣに善意・無過失を要求する見解が有力である）。

相手方と通謀して真意でない意思表示が行われた場合，この意思表示は無効である（94条1項）。しかし，94条2項は，この意思表示を前提に取引関係に入った善意の第三者を保護するために，意思表示の無効を主張することはできないとしている。

Case 12-12 では，**1**だけでなく**2**の場合にも，ＢはＡに本件土地を売るという意思表示をしたわけではない。また，AB間で通謀のうえＡ名義とした事実も，ＡがＡ名義とする点に承諾を与えた事実もない。しかし，**2**の場合，ＢはＡに本件土地の所有権を譲渡する意思がないのに，Ａ名義の登記を経由することによって，あたかも所有権をＡに譲渡したかのような登記＝外

観を作出している。他方で，この外観を前提としてＣはＡから本件土地を購入している。この点で，**2**の場合には，94条2項が本来想定していた場合（無効な意思表示ではあるが，意思表示をしたという外観がある場合）と類似した利益状況にあり，真の権利者であるＢが権利を失っても仕方がない理由があるといえよう（⇒第1巻）。

公信の原則と 94条2項類推

2の場合に94条2項を類推適用して，AB間の事情を知らぬまま，登記名義人Ａを真の権利者であると信頼して本件土地を購入したＣを保護する構成は，登記に一種の公信力を認めたのに等しいと説明されている。

しかし，94条2項の類推適用によって取引の安全が図られているのは，真の権利者Ｂに帰責性 —— 権利の外観に対する関与 —— があることが要件となっている。真の権利者に帰責性がない場合には，たとえ第三者が不実登記など虚偽の外観を信頼していたとしても保護されない。したがって，登記に公信力を認めることによってＣの保護が図られる場合と比較すると，94条2項を類推適用してＣが保護される範囲は限定されることになる。**1**の場合に，94条2項の類推適用によって虚偽の登記を信頼したＣが保護されないのは，真の権利者Ｂに虚偽の外観作出について帰責性がないからである。

Column⑥　不動産取引の安全 •••••••••••••••••••••••••••••••

不動産取引の安全を図るためには，登記の公信力を認める方法以外にも様々な方法がありうる。例えば，アメリカでは，登記に公信力が認められていないし，公示の手段も整備されているとはいえない。しかし，民間企業が不動産の権原調査を引き受け，取引に際しては保険を用意している。そこでは，権利を取得できな

い場合に保険金の支払を受けることができるという方法によって，取引の安全が図られている。もっとも，このような方法に対しては，公的機関が登記を整備したほうが，個々の取引ごとに保険料を負担するよりは，社会全体が負担するコストは安いとする批判がある。

　わが国でも，93条2項・94条2項・95条4項・96条3項・545条1項ただし書・909条ただし書などの第三者保護規定，また先に登記を経由しておけば，第三者に対しても不動産の物権変動を対抗できるという意味では，177条によっても取引の安全が図られている。

② 94条2項類推適用の要件

　94条2項を類推適用するにあたっては，①不実の登記など虚偽の外形が作出されていること，②①の点につき真の権利者に帰責性があること，③不実の登記など虚偽の外形を第三者が真実であると信じて取引関係に入ったこと，以上の点が必要であると解されている。これらの要件が充足されると Case 12–12 ❷ では，BはCに対して所有権がBからAに移転していないと主張できない結果，所有権はB→(A)→Cと有効に移転したことになり，Cは確定的に所有権を取得することになる。

Case 12-13 ─────────────────────────────
　Bは，所有する土地の登記名義が，叔父A名義に勝手に書き換えられていることを偶然知った。BはAに理由を聞かなければならないと考えながら，両親の死後，Aが親身になって世話をしてくれたこともあり，話を切り出せないでいた。そうこうするうちに，AはCに本件土地を売却しC名義の移転登記をしてしまった。BはCに対して抹消登記に代えてBへの移転登記を求めることができるか。
────────────────────────────────────

A名義の登記を作出したのはBではな
く，Aである（外形他人作出型）。問題は，
BがAによって虚偽の登記がなされているのを知りながら，移
転登記の抹消など真実の登記を回復するための手段を講じていな
かった点にある。このような場合，Case 12-12 **1** とは異なり，
真の権利者Bには帰責性があるといえるだろうか。

真の権利者の帰属性

学説の中には，虚偽の登記を放置するなど，表見的権利状態の
存続に真の権利者が消極的ながら加担している場合にも，帰責性
があるとする見解がある。しかし，Case 12-13 の場合，Bが虚
偽の登記の存在を知ってから，Cが本件土地を購入するまでどの
程度の期間が経過していたかは明らかではない。また，この期間
中にBが何も具体的な行動をとらなかったという点（BがAに対
して本件土地の処分禁止の仮処分の申立てをしなかった点，あるいは
A名義の登記の抹消登記をしなかった点）から，直ちにBはA名
義の登記を放置していたとして，虚偽の外観を作出することに，
Bの意思が消極的であれ関与したといえるのかは，判断が難しい
といえる。

放置か意思的関与か

判例の中には，外形他人作出型の場合に，
真の権利者の事後的な承認であっても，
94条2項の類推適用を妨げないとしたものがある（最判昭45・
4・16民集24巻4号266頁）。さらに，B所有の不動産につきA
が実印を冒用して勝手に登記名義をAに移転し，その直後にB
がこの事実を知りながら，A名義の登記を4年にわたって放置
し，その後Aが勝手に当該不動産をCに売却・移転登記を経由
したケースについても，94条2項を類推適用してBはCに対し
てAに所有権の移転がないことを主張できないとしたものがあ

る（最判昭45・9・22民集24巻10号1424頁）。

　この判決では，4年間虚偽の登記を放置していた点から直ちに
Ｂの帰責性が認定されたのか，それともＡ名義の登記を放置し
ている間にＡ名義のままでＢが自分の債務のために抵当権を設
定した事実を加味して，Ｂは消極的にではあるがＡ名義の虚偽
の登記を承認していたとして，Ｂの帰責性を認定したのかは微妙
である。

　さらに，判例（最判平18・2・23民集60巻2号546頁）は，真の
権利者Ｂから係争不動産に係る事務等を委任されていたＡが，
Ｂから預かっていた登記済証，印鑑登録証明書およびＢを申請
者とする登記申請書を用いてＢからＡへの移転登記を勝手に経
由し，自己の名前でＣに売却したケースにおいて，ＡがＡ名義
の登記を経由できたのは，Ｂのあまりにも不注意な行為によるも
のであり，Ａによって虚偽の外観（不実の登記）が作出されたこ
とについてのＢの帰責性の程度は，自ら外観の作出に積極的に
関与した場合やこれを知りながらあえて放置した場合と同視しう
るほど重いものというべきであると判示した。

　この事案では，真の権利者は不実の登記を黙示的にも承認して
いない。また，不実の登記を放置したわけでもない。しかし，上
記判決は，真の権利者の不注意な行為が不実の登記が経由される
原因を与えたとして，真の権利者には重大な帰責性があると解し
ている。つまり，真の権利者の関与があったかどうかを主観的に
ではなく，真の権利者の行為が不実登記の形成に関与したかどう
かという点から客観的に評価して，真の権利者の帰責性の有無を
判断している点に注意する必要がある。

　これに対して，学説は，事後的であれ，真の権利者が虚偽の登

記を存続させることを明示または黙示に承認したといえる程度の関与が必要であると解する見解が有力である。

　判例上，何をもって真の権利者が不実の外形を事後的に承認したといえるかは問題が残るが，真の権利者と異なる者に不動産の登記名義があり，それに権利者の何らかの関与——作出された外形に対する真の所有者の①積極的関与，②消極的承認，ないし③これと同視できる程度の不注意——がある場合に，初めてその登記を信頼した第三者が保護されている。192条では，自らの意思に基づかずに占有を失ったということがいえないかぎり，真の所有者には帰責性があるものとして取り扱われていることに比べると，94条2項を類推適用する判例法理の場合には，なお真の権利者が保護されているといえよう。

```
第三者側の事情
```
判例は，真の権利者が作出ないし容認した虚偽の外形と第三者が信頼した虚偽の外形とが一致している場合には，第三者に無過失を要求することなく，善意だけでも94条2項を類推適用するものが多い。これに対して，真の権利者の作出ないし承認した外形を契機として，これとは異なる外形が他人によって作出され，これを第三者が信頼して取引関係に入った場合（意思外形非対応型）には，94条2項を類推適用するのに加えて，110条の趣旨を類推して第三者の善意・無過失を要求している（最判昭43・10・17民集22巻10号2188頁）。第三者の無過失まで保護要件として要求しているのは，虚偽の外形を作出するにあたって，真の権利者が関与する程度が小さく帰責性の程度が低いからである。ただ，学説上は，94条2項がそもそも権利外観法理の1つであり，それを類推適用するのであれば一層のこと，第三者が権利の外観を信頼したとしても，

それが不注意によるものであれば保護に値しないとして，一般的に第三者に善意だけでなく無過失を要求する見解が有力である。

第三者の登記の有無

第三者が保護されるのに，登記は不要であると解する見解が多い（最判昭44・5・27民集23巻6号998頁）。真の権利者Bと第三者Cが対抗関係に立っているわけではないことを理由とする。確かに94条2項が類推適用されると，Cとの関係では，不動産所有権がB→(A)→Cと移転したことになるから，CとBは対抗関係に立つわけではない。

　しかし，192条では，無権利者である前主と第三者との間に有効な取引行為があったことだけでなく，第三者による占有の取得を要件としており，かつ判例は，第三者が占有改定によって占有を取得しているにすぎない場合には善意取得の成立を否定する（⇒本章1②）。そうすると，動産取引と比較して，真の権利者の権利を保護する要請が強い不動産取引について，なぜ第三者は登記を経由する必要がないのかが問題となる。しかし，この点については，94条2項を類推適用する場合，真の権利者に帰責性がないかぎり，第三者の保護が図られない仕組みになっている点に留意すべきである。94条2項を類推適用する際には，登記を経由しているかどうかという観点から保護すべき第三者の範囲を限定し，真の権利者との利益調整を図る必要はないと考えられる。

第13章 物権変動理論の基本的枠組み

> 第8章から第12章では，不動産の物権変動と動産の物権変動に分けて，現行法の基本的な制度を見てきた。本章では，第8章から第12章で学んできたことを公示の原則，対抗要件主義，公信の原則など物権変動に関する原則の意義とこれらの原則相互の関係に着目して横断的に整理し，物権変動理論の基本的な枠組みについてまとめることにしよう。

公示の要請

物権は第三者に対してもその効力を主張できる権利であるから（⇒第14章），誰が権利者であるか，どんな物権変動があったのかを外部から認識しうる状態にしておかなければ，物権の取引に関与する第三者に不測の損害を与える危険性がある。そこで，民法は，物権については外界から認識可能な一定の外形，つまり公示方法を要求することにした。登記，登録，引渡し，明認方法がこれにあたる。

登記・登録制度による公示は，権利関係が調査しやすく，しかも，所有権にとどまらず広く物権について権利関係を公示しておくことができるから，公示方法としては優れている。しかし，多くの動産は，不動産と比較すると安価であり，取引の迅速性の要請もあって，引渡しによって権利関係が公示される場合が多い。立木や未分離の果実については，建物のように登記することができず（ただし，立木については立木法による登記ができる⇒第11章2①），分離するまでは独立した占有も取得しえない。そこで，解釈上，例外的に明認方法が公示方法として認められている。

対抗力と対抗要件主義 物権変動には公示が必要であるといって
も，わが国の場合，物権変動は当事者間
の意思表示だけでできるから（176条），物権を享有する者が自ら
進んで公示するとは限らない。そこで，公示を促進する方法を考
えることが必要となる。令和3（2021）年改正不動産登記法は，
不動産登記記録（登記簿）により所有者が誰か直ちに判明しない
土地がかなりあることから，相続により不動産を取得した相続人
はその取得を知った日から3年以内に相続登記の申請をしなけれ
ばならないとし（不登76条の2第1項。⇒第10章 *4*），正当な理
由のない申請漏れには過料の罰則が制度化された（同法164条1
項）。このように，公示しない者に罰金を科すといった強制の方
法も考えられるが，わが国では，公示を促進する方法として基本
的には公示を対抗要件とするという方法が選択されている。すな
わち，公示をしない物権変動に対して不利益を与えることによっ
て公示を強制している。不動産取引の場合には登記に，動産の場
合には引渡し（＝占有の移転）または動産譲渡登記に対抗力とい
う実体法上の効力を与え，公示をしなければ，紛争が起こったと
きに，物権の存在・物権変動を第三者に主張できないとすること
にした。このような考え方を対抗要件主義と呼んでいる（⇒第10
章 *1* ⑴）。

公示の原則の意味 本書では，物権変動は常に外部より認識
できるような一定の外形（公示）を伴わ
なければならないという考え方を公示の原則と定義した。しかし，
学説の中には，公示の原則とは，公示を伴わなければ物権の変動
の効力が完全には認められないとする考え方，ないしは物権変動
があっても，それを公示しておかないと法的に不利益を受けると

する考え方であると説明する見解がある。これらの見解では，177条・178条がその例としてあげられ，公示の原則が，本書で対抗要件主義として説明した意味と同様の意味で使われている。

しかし，登記・引渡し＝公示方法＝対抗要件とする理解は，わが国の民法が，当事者間では，意思表示だけで物権変動が可能であるとする考え方を採用する一方で，第三者との関係では，登記・引渡しがなければ物権の存在・物権変動を主張できないと定めているからにほかならない。

すでに見てきたように，登記が物権変動の成立・効力要件となっている国もあり，公示方法が常に対抗要件となるわけではない（⇒第9章1）。また，対抗要件が公示の機能を果たすとは限らないことがあることは，わが国でも明らかである。例えば，動産物権変動の対抗要件である引渡し（＝占有の移転）は，簡易の引渡し，占有改定，指図による占有移転によっても生じるが，これらの方法によって対抗要件が具備されたといっても，物の現実的支配状態には変化がなく，動産物権の存在・物権変動が外部的に認識可能であるとはいえない（⇒第11章1②）。また，制度としては対抗要件と公示方法を別に定めることも可能である。

したがって，公示の原則を前述した意味で捉え，これと対抗要件主義とを区別した上で，現行法において，これらが相互にどのように関連しているかを説明するほうが，物権変動理論の基本的枠組みを理解する際には，わかりやすいのではないかと思われる。

公示に対する信頼

ところで，物権変動について公示が促進されると，第三者は公示に次のような信頼をよせると考えられる。1つは，公示の内容である物権の現状とは異なる物権の変動はないとする信頼（消極的信頼）であり，

もう1つは，公示の内容である物権の現状に対応する権利状態が存在するとする信頼（積極的信頼）である。

　このうち消極的信頼については，公示しないかぎり物権変動を第三者に対抗できないとする対抗要件制度によって保護されている（177条・178条）。登記・引渡しなどの公示が第三者に物権変動を対抗するための要件となっているということは，第三者からすると，公示がなされていない物権変動については存在しないものとして扱ってもよいということになるからである。

　これに対して，公示に対する積極的信頼は，動産の物権変動の場合にしか保護されていない。前述したように，善意取得制度（192条）がこの機能を果たしている（⇒第12章 1）。そこでは，前主が動産の処分権限をもたないか無権利者であっても，その者を正当な権利者として信頼して取引をした者は，その動産について完全な権利を取得することになるからである。

動産と公信の原則　動産の物権変動では，引渡し（＝占有の移転）が観念化していることとの関係で公示方法は不完全である。このため，178条によって引渡し（＝占有の移転）に対抗力を付与し，公示されていない物権変動は存在しないものとして扱うだけでは，取引の安全を確保することはできない。

　そこで，善意取得制度は公信の原則，すなわち物権の存在を推測させるような公示方法を信頼して取引をした者は，たとえ公示が真実の権利と一致していない場合でも，その公示どおりに権利が存在したのと同様に取り扱われなければならないという考え方に基づいて，占有に公信力を付与している。この結果，占有を信頼して取引をした者は，取引の相手方に処分権限があるかどうか

とは無関係に権利を取得することができ，取引の安全が図られている（ただし，193条・194条は当該動産が盗品・遺失物である場合に真の権利者を保護しているから，現行法では占有の公信力に一定の制約が設けられている）。

これに対して，不動産の物権変動の場合
不動産と公信の原則
には，動産の物権変動に比べると，公示方法が完備している。したがって，177条によって登記に対抗力を付与することによっても，取引の安全はある程度確保することができる。しかし，不動産の場合にも，あらゆる不動産物権変動が登記簿に反映されているわけではない。したがって，不動産物権変動についても，登記に対応する権利が存在しないということはありうる。そして，その場合，登記には公信力が付与されていないから，真の権利者の保護が取引の安全に優先することになる。このため，不動産の物権変動では，93条2項・94条2項・95条4項・96条3項・545条1項ただし書・909条ただし書など特別な第三者保護規定の適用がないかぎり，177条によって規律できる問題なのか，177条に基づくとしても，第三者が登記の欠缺を主張しうる正当な利益を有するかが，第三者が保護されるかどうかの分岐点となってきた。

しかし，昭和40年代以降，94条2項を類推適用して実体に合致しない登記を真実のものと信頼した善意（ないし善意・無過失）の第三者を保護する判例理論が確立し，不動産の物権変動についても，第三者の公示に対する積極的信頼に対して一定の保護が与えられることになった（⇒第12章2）。

177条と94条2項類推適用の関係

94条2項を類推適用する判例法理が確立すると，これに伴って，二重譲渡類似の関係が認められるとして177条に基づいて第三者保護を図ってきた問題群（例えば，取消後の第三者や遺産分割後の第三者の問題）についても，94条2項を類推適用すべきであるとする見解が，学説上，有力に主張されるようになった。

このことは，不動産物権変動において第三者の公示に対する信頼を保護する際に，177条による第三者保護の領域と94条2項類推適用による第三者保護の領域をいかなる基準によって区別するか，177条の場合，判例・通説によれば，背信的悪意者でないかぎり悪意の第三者でも保護されるのに，94条2項を類推適用する際には善意（ないし善意・無過失）の第三者でなければ保護されないのはなぜなのかなど，新たな問題を提起することになった。

両規定の類似点

すでに見てきたように（⇒第12章2①），94条2項の類推適用によって，登記に

表13-1　177条・94条2項類推・192条の関係

物件の種類	条　文	権利者が権利を主張できなくなる実質的根拠	権利を取得する側の取引態様	権利を取得する側の主観的態様
不動産	177条	登記しうるのに登記を懈怠したこと	権利者からの取得	悪意を含む
	94条2項類推	権利者の意思が関与して虚偽の登記が存在していること	無権利者からの取得	善意ないし善意・無過失のみ
動　産	192条	自己の意思が関与して物の占有を離脱させたこと	無権利者からの取得	善意・無過失のみ

公信力が認められているわけではない。真の権利者の帰責性を根拠として、真の権利者は登記名義人が無権利者であることを第三者に主張できないとしているにすぎない。そこでは、真の権利者の意思が関与して、虚偽・不実の登記がなされ、そのような登記を除去しようと思えばできたのに、それをしなかった点に、第三者保護を正当化する根拠が求められている。

　他方で、177条の場合にも、いったん物権を取得した者が先に登記を経由した者との関係で権利者であることを主張できないのは、自己の物権を登記しうる状態にある者が登記することを怠っている点に、その根拠が求められている（⇒第10章 *1* ②）。

<u>両規定の相違点</u>　それにもかかわらず、両者が適用領域を異にすると解されているのは、94条2項類推適用によって第三者保護を図ろうとする問題群では、無権利者から権利を取得しようとした者の保護が問題となっているのに対して、177条によって第三者保護を図ろうとする問題群では、当事者間では物権変動の効力を主張できる者の間の優先劣後の関係が問題となっている点にある。177条では、背信性がないかぎり悪意の第三者であっても登記を経由していれば保護されるのに対して、94条2項類推適用が第三者に善意（ないし善意・無過失）を要求し、第三者の保護要件を厳格に解している理由も、この点に関係がある。

■ *PART 4*　物権法の全体像

　PART 1 では，最も典型的な物権である所有権を中心に，また *PART 2* では，所有権と対比しながら占有権について学んだ。次いで，*PART 3* では，*PART 1* でふれた権利を取得したり失ったりする際のルールを学習した。そこで，*PART 4* では，物権の性質（直接支配性・排他性・絶対性）・効力（物権的請求権・優先的効力）を債権の性質・効力と対比しながら整理し，その違いが，物権に関する法規範にどのような影響を与えているかを考え，物権法の全体像をまとめておくことにしよう。

MAP
PART 4：物権の性質と効力

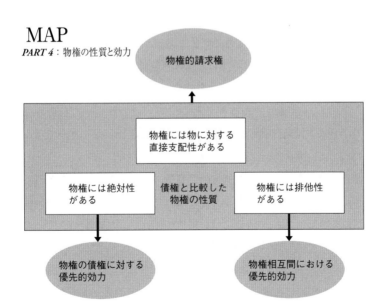

第**14**章　物権の性質と効力

> 物権と債権には違いがある。しかし，現実に存在する
> 権利には，物権ないし債権の性質・効力をすべて有して
> いるとはいえないものがあり，ある権利が物権であるか
> 債権であるかが決まれば，その点からすべての問題が演
> 繹的に解決できるというわけでもない。

1　物権と債権の違い

　債権は，物権と並ぶ基本的な財産権の1つであるが，物権と債
権にはどのような違いがあるのだろうか。所有権と所有権の機能
の一部を分有する制限物権は，物権と総称されている（占有権も
物権の一種とされるが，その特殊性については，⇒第5章*1*）。この
うち所有権は典型的な物権であるから，第1章で学んだ所有権
の性質は，同時に典型的な物権の性質であるということができる
（⇒第1章*1*③）。

　そこで，物権の性質と債権の性質を対比してみると，以下のよ
うに一応は整理することができる。すなわち，①物権には排他性
があるのに対して，債権には排他性がない。②物権はすべての人
に対して主張できる権利である（絶対性）のに対して，債権は債
務者のみを拘束する権利である（相対性）。③物権は物を直接的に
支配する権利であるのに対して，債権は特定の人（債権者）が他

の特定の人（債務者）に対して一定の行為を請求する権利である。

　以下では，具体的なケースを通じて，これらの違いが，どのようなことを意味しているかを明らかにしながら，物権の性質と効力がどのように結びついているか，また物権の性質とされる点が相互にいかなる関係にあるのかを考えてみることにしよう。

2　物権の排他性と物権相互間の優先的効力

Case 14-1

■　Aは所有する甲地についてBとCのために二重に地上権を設定した。BもCも，Aに対して地上権者であると主張できるか。すでにCに対して甲土地が引き渡されていた場合，BはCに甲地の返還を請求できるか。

■　俳優Dは12月23日17時から開かれる札幌のEホテルのディナーショーに出演する契約を結んだ。しかし，Dはうっかりして同日同時刻に福岡のFホテルのディナーショーに出演する契約も結んだ。EもFも，Dに対して出演するように請求できるか。

　■の場合には，EもFも，12月23日17時からのディナーショーに出演せよとDに請求することができる。その意味では，Eの債権もFの債権も有効に成立しており，完全に平等である。つまり，EもFも自己の債権に基づいて他方を排除することはできない。これを債権には排他性がないという。もちろん，実際には，Dはどちらか一方のショーにしか出演できない。一方に出演すれば，他方の債権は履行不能となり，契約違反であるとしてDに対して損害の賠償を請求することができることになる（415条）。

これに対して，**1**の場合，BCはAに対する関係では地上権者であることを主張できても，物権の基本的性質である物に対する支配の直接性からすると，同一の物の上に同じ内容の物権は複数成立することはあってはならないはずである。これを**物権には排他性がある**という。もっとも，いずれの物権が成立するかは，物権相互間の優劣を決める基準による。通常は対抗要件の先後によることになる（177条・178条）。したがって，**1**の場合，Bが対抗要件（地上権の登記）を先に備えれば，BはCの地上権は喪失しているとして地上権に基づいて甲地の引渡しを請求できる。物権相互間の優劣を決める基準としては，このほか，物権の設定順となる場合（355条），法律が優先関係を特別に定める場合がある（329条〜331条・334条・339条）。

◆**抵当権の順位と排他性**　AがBとCから貸付を受け，彼らのために所有する不動産に順次抵当権を設定した場合には，抵当権は登記の先後で1番抵当権，2番抵当権と優先順位が決まる。ここでは，1番抵当権と2番抵当権は同一内容の物権ではないと考えられている。

3 物権の絶対性と物権の債権に対する優先的効力

Case 14-2

1　BはAからA所有の甲地を無料で借り受け，資材置場として利用していた。ところが，AはCに甲地を売却した。Cは所有権移転登記を経由した上で，Bに対して甲地の明渡しを請求できるか。

2　EはDからD所有の乙地に地上権の設定を受け，地上権設定登記を経由した上で，建物を建設して居住している。ところが，Dは乙地をFに売却した。Fは土地につき所有権移転登記を経由し

た上で，Eに対して建物の収去と乙地の明渡しを請求できるか。

物権の債権に対する
優先的効力

１では，AB間で使用貸借契約（593条）が締結されている。この契約に基づいて，Bには，Aに対してBの使用を容認し甲地を使用に適する状態に置くべきように請求する権利，つまり債権がある。しかし，Bは甲地の使用収益価値を直接支配する権利をもっているわけではない。したがって，甲地が譲渡され所有者がAからCに交替すると，BはAに対して主張できた上の権利をCに対して主張することはできない。この結果，Cは所有権に基づいてBに対して甲地の返還請求ができる。つまり，甲地上にBの債権とCの所有権＝物権が成立した場合には，物権が債権に優先することになる。これを物権の債権に対する優先的効力という。

これに対して，**２**の場合には，地上権者であるEは，乙地の使用収益価値を直接支配する権利をもっている。したがって，Eが地上権につき登記を経由していると，Fからの乙地の返還請求権には服さず，乙地の使用を継続することができる。

このような違いは，物権がすべての人に対して主張できる権利である（絶対性）のに対して，債権が債務者のみを拘束する権利である（相対性）ことから説明されている。

◆物権の絶対性概念・債権の相対性概念の多義性　　物権の絶対性という概念は多義的に用いられている。第1章で学んだように，所有権は原則として何人からも不当な拘束を受けることのない絶対不可侵の権利であるとされる。そこでは，「所有権の自由」を表すために絶対性という概念が使われている。また，他人による物権の侵害に対して物権的請求権を行使できるのは，物権が絶対的な権利

であるからであると説明されることがある（むしろ，妨害排除請求権
や差止請求権の根拠となる権利を絶対権と呼んでいるといったほうがよ
いかもしれない）。

　一方，債権の相対性の意味も必ずしもはっきりしているわけでは
ない。契約の相対効の原則を定めているフランス民法1199条は，
契約は契約当事者の間でしか債権債務を生じさせない，第三者は原
則として契約の履行を請求することができず，かつ，その履行の強
制を受けることができないと規定する。また，この原則は，意思自
治の原則の具体的内容であるとか，あるいは私的自治の原則ないし
契約自由の原則の法技術的帰結であると説明されている。この原則
と債権の相対性の概念はしばしばあいまいに論じられている（⇒第
4巻）。

Case 14-3

　Case 14-2 **1**において，Bが有料で甲地を借り受け，建物を建てて居
住している場合に，CはBに対して甲地の明渡しを請求できるか。

例外——賃借権
の物権化

　Bには，Aとの間で締結した賃貸借契約
（601条）に基づき，Bによる甲地の使用
を認め，甲地を使用に適する状態に置く
べきようにAに請求する権利＝賃借権，つまり債権がある。そ
うすると，Case 14-2 **1**の場合と同様に，Aが甲地を第三者C
に譲渡すると，いつ第三者から建物の収去・土地の明渡しを求め
られるかわからない。

　しかし，他人の土地を利用して自己の建物を所有するという点
では，賃借権も地上権も変わりはない。そこで，建物を保護する
ために，Bの賃借権につき登記があるか（605条），借地上の建物
について登記（借地借家10条）があれば，賃借権を土地の所有者
であるCに対抗することができることになっている。つまり，

不動産賃借人が，不動産について物権を取得した者（差押債権者を含む）より先に対抗要件を備えれば，賃借権の効力を不動産につき物権を取得した者にも主張できる。この結果，Case 14-3 の場合にも，B が建物につき B 名義で保存登記をしていれば，B は C に対して占有権原があると主張することができ，C は B に対して甲地の明渡しを請求できないことになる。この限りでは，債権である賃借権に物権に優先する効力が認められていることになる（これを賃借権の物権化という）。また，不動産が二重に賃貸された場合にも，対抗要件具備の先後で，賃借権の優劣が定まることになった（605 条）。

建物の賃貸借の場合にも，建物の賃借人の居住権を保護するために，①賃借権につき登記がある場合（605 条）のほか，②建物の引渡しを受けていれば，賃借人は建物の所有権の譲受人に対して賃借権を対抗できる（借地借家 31 条）。

4 物権の直接支配性と物権的請求権

所有権が侵害された場合には，所有権に基づいて所有物返還請求権・妨害排除請求権・妨害予防請求権があることを学んだが（⇒第 2 章），所有権以外の物権も，物を直接支配することができる権利であるという点では，所有権と共通した性質を有する。そして，物に対する支配の直接性は，物に対する支配状態が侵害された場合に，原則として，これを排除する**物権的請求権**（物上請求権）によって担保されている。

Case 14-4 —————

　AはB所有の甲地に地上権の設定を受け，甲地上に建物を建設して居住している。ところが，甲地の一角にCが無断でテントを張り，住みついてしまった。AはCにテントを撤去し，甲地から退去するよう求められるか。

—————

制限物権と
物権的請求権

　Aは，地上権に基づいてCに土地の明渡しを請求することができる。地上権は，土地所有権のうち，土地の使用価値部分を直接支配することができる権利である（⇒第1章1③）。したがって，AはCに対して土地の返還請求権・妨害排除請求権があるといえなければ，Aに地上権があるといっても意味がない。このように，物の価値のうち使用収益権能の全部または一部を支配しているにすぎない用益物権の場合にも，その物権の内容の実現が妨げられている場合には，原則として，所有権の場合と同様，当該物権に基づいて侵害の除去ないし予防を請求することができる（地役権者には承役地の妨害排除請求権はあるが返還請求権はない。⇒第1章3③）。

　もっとも，制限物権といっても，担保物権の場合には，債権回収を目的として，原則として物を処分して金銭と交換できるという価値，すなわち交換価値を把握する権利である（留置権は物を留置できるが物の交換価値を把握していない。⇒第1章1③）。しかし，物の交換価値も担保目的物を離れては存在しえない。したがって，担保物権の場合にも，その効力を実現する範囲で物権的請求権が認められる。

　◆担保物権に基づく物権的請求権　　(1) 物の占有を離れて成立し

ない留置権の場合，物の占有を喪失すると留置権は消滅する（302条）。また，動産質権の場合，物の占有の継続をもって第三者に対する対抗要件としているので（352条），質物が第三者に奪われた場合には質権に基づく返還請求を認めていない（353条）。そこで，留置物・質物が侵奪された場合には，占有回収の訴えによって留置権者・質権者は物の返還を請求できるとしている（203条ただし書）。

　(2)　一般の先取特権には追及効が原則としてない（ただし，336条）。また，動産の先取特権の場合には，先取特権の目的物である動産が第三者に譲渡されると追及効がない（333条）。先取特権は公示がない法定の担保物権であることから，このような担保権がないと思って取引をした者を保護するために，返還請求権を認めていない。

　(3)　抵当権の場合には，抵当権実行前であれば，抵当目的物が第三者によって占有されていても，通常の利用に供されているかぎり，抵当権に基づいて占有を排除できないのが原則である。判例は変遷したが，最大判平11・11・24民集53巻8号1899頁は，抽象論としては第三者の不法占有によって交換価値の実現が妨げられる場合には抵当権侵害になるとして抵当権に基づく占有排除効を肯定していた。さらに最判平17・3・10民集59巻2号356頁は，抵当権設定後に抵当不動産の所有者から当該不動産を賃借した第三者およびその転借人についても，①その占有権原の設定に抵当権の実行としての競売手続を妨害する目的が認められ，②その占有により抵当不動産の交換価値の実現が妨げられて抵当権者の優先弁済権の行使が困難となるような状態があるときは，これらの適法占有者に対し，抵当権に基づく妨害排除請求権を認めた（なお，抵当権は非占有担保のため，設定者への明渡しを求めることになる）。また，抵当権侵害が生じないように抵当不動産を適切に維持管理することが抵当権設定者に期待できない場合には，これらの適法占有者に対して抵当権者への抵当不動産の直接の明渡しを求めることができると解している（⇒第3巻第7章1②）。

Case 14-5

❶ Ａが所有する甲地にＢが無断で建物を建てて居住している。Ａ
はＢに対してどのような請求ができるか。

❷ ＣはＤにパーティー用に宝石を賃貸した。ところが，Ｄにお金
を貸したＥがこの宝石を差し押さえてしまった。宝石の賃貸借期
間が満了しているとして，Ｃは宝石を取り戻すことができるか。

賃借権と物権
的請求権

すでに第2章・第7章で学んだように，
❶の場合には，Ａの所有権がＢの行為
によって侵害され，それが違法であれば，
Ｂの故意・過失の有無を問わず，ＡはＢに対して所有権に基づ
く返還請求権があるとして建物の収去および土地の明渡しを求め
ることができる。さらに，ＡはＢに対して甲地の使用利益につ
き不当利得の返還を求められる。加えて，Ｂの行為に故意・過失
があれば，Ｂの行為によって所有権が侵害されたとして損害賠償
を請求することができる（709条）。ただし，不法行為の効果は原
則として金銭賠償であり（722条），原状回復ではない。

一方，**❷**の場合には，賃貸借契約の期間は満了しており，もは
やＤには占有を正当化する権利がないから，ＣにはＤに対する
所有権に基づく返還請求権および賃貸借契約の終了に基づく宝石
の返還請求権がある（両請求権が併存するかどうかについては見解
の対立がある。請求権競合問題⇒第2章 *2* ②，第4巻・第6巻）。問
題はＥとの関係である。

契約上の請求は債権者Ｃと債務者Ｄとの間でしか効力がない
から，Ｃは契約の終了を原因とする返還請求権では，Ｅの差押え
を排除することはできない。これに対して，所有権に基づく返還

請求権の場合には，第三者Eに対しても効力があるから，Cは第三者異議の訴えによってEの差押えを排除することができる（民執38条）。仮に，Dが破産しても，宝石は破産者Dに属しない財産であるから，Cには取戻権（破62条）が認められ，破産手続には服さずに宝石の回復ができる。取戻権は，破産の局面での所有権に基づく返還請求権であり，物権が物に対する直接的支配権であることが最もよく表れる局面であるといえる。

◆生活妨害型紛争・公害と差止請求　　騒音・日照など生活利益妨害型の紛争・公害の場合，不法行為の効果として金銭賠償のみならず，差止請求・予防請求などの原状回復請求が認められないかが問題となっている。その際，これらの原状回復請求を準物権的な権利の効果として承認するのか，不法行為の効果として承認するのかが議論されている（⇒第6巻）。

Case 14-6 ━━━━━━━━━━━━━━━━━━━━━━━━━━━
Case 14-4において，AがBから建物所有を目的として甲地を賃借していた場合に，AはCにテントの撤去を請求できるか。

❶ Aが甲地に建物を建て建物について登記をしていた場合。

❷ Aが建物について登記をせずに，居住していた場合。

❸ Aが建物を建設する前で，まだ甲地を利用していなかった場合。

━━━━━━━━━━━━━━━━━━━━━━━━━━━━━━━━━━━

　甲地の所有者BがCの侵害行為を排除しない場合，AはBの有する所有権に基づく返還請求権を代位行使してCに土地の明渡しを請求できる（423条⇒第4巻）。また，Aが土地の引渡しを受けていれば，占有権に基づき土地の明渡しを請求できる（⇒第5章2）。しかし，このほかに，Aは賃借権自体に基づいて土地の明渡しを求めることはできないのだろうか。Aは賃貸借契約に基づいて物の使用が認められているが，賃借権に基づく場合には，

AはBに対して甲地を利用できるようにせよと請求できるだけ
なのであろうか。

　後述するように，■の場合に，Aは，賃貸不動産の所有権を
取得した者に賃借権を対抗できるのに，Cのような不法占有者に
対して賃貸不動産の返還請求ができないのでは，均衡を失する。
そこで，■のように賃借権が対抗要件を備えた場合（605条，借
地借家10条・31条など）には不動産賃借権自体に基づき妨害の停
止および目的物の返還を請求できるとしている（605条の4）。こ
れは，CがAと同様，Bから甲地を賃借していた場合に，Aが
Cより先に賃借権について対抗要件を備えた場合も同様である。

　◆対抗力のない不動産賃借権と妨害排除請求権　　平成29年改正
で対抗力ある不動産賃借権については，判例法理に基づき明文の規
定（605条の4）が置かれることになったが，問題は，■■の場合
である。学説は，賃借権に基づく妨害排除請求が認められる範囲を
画定するために，物権的請求権の理論的根拠をいかなる点に求める
べきであるかを議論している。■の場合には，賃借権に対抗力があ
り第三者を排斥できることから，「排他性」があるとして妨害排除
請求権を肯定する見解が多い。しかし，そこでは，物権的請求権が
物権に固有な効力であることを前提とした上で，対抗力ある賃借権
が実質的には物権に準じた権利であるとして，物権的請求権による
保護を拡張している点に注意する必要がある。これに対して，学説
の中には，物権的請求権の根拠は物に対する直接支配性に求められ
るとして，■だけでなく■の場合にも賃借権自体に基づく妨害排除
請求権を肯定する見解や，権利の不可侵性（これを絶対性と呼ぶ場合
がある）に物権的請求権の根拠を求め，■■■いずれについても肯
定する見解がある（⇒第2章1①，第4巻・第5巻）。

第15章 物権法の基本的な考え方

　典型的な物権である所有権と典型的な債権発生原因である契約を念頭におきながら，前章で学んだ物権と債権の性質・効力の違いが，物権法規範と債権法規範にどのような影響を与えているかを考えてみよう。そして，このような検討を通じて，物権法がどのような考え方に基づいて成り立っているのかをまとめておくことにしよう。

1 物権法定主義の意義

　民法 175 条は，民法その他の法律に定めるもののほか，①物権を自由に創設し，②物権の内容を当事者の合意により自由に決定することができないものと規定している（これを**物権法定主義**と呼んでいる）。

　これに対して，契約に基づいて発生する債権は，特定の人と特定の人との間の権利であり，公序良俗に反しないかぎり，**契約自由の原則**に基づき，契約を締結する当事者が自由に定めることができる。契約の場合には，原則として，契約当事者の間で合意された内容どおりに実現されることが，国家によって保障されており，契約をめぐって紛争が発生した場合には，合意された内容自体のなかに紛争の解決基準が求められる。このため，債権法の多くは**任意法規**（⇒第 1 巻・第 5 巻）である。

　このように，契約が尊重されるのは，われわれの社会が個人の

自由な意思を保障する考え方を基本としていること，個人が自らの意思に基づき自由に契約して生活関係を処理することによって，社会全体としてみると，最も適正な財貨の分配・生産がなされると考えられているからである。

　問題は，なぜ物権の場合にのみ，その種類や内容を当事者の合意により自由に決定することができないのか，言い換えると，物権法はなぜ強行法規（⇒第1巻）なのかという点にある。

所有権の自由と
契約の自由の調和

　物権法定主義には，旧時代の複雑な封建的土地利用関係を単純化して所有権の自由を確立し，資本主義国家としての経済的基礎を整備するという実践的意義があったと考えられる。

　土地の利用関係の決定を当事者の自由に任せると，所有権の内容は勝手に制限され，物に対する独占的支配を内容とする所有権は，実質を失うことになる。そのため，土地の利用権については合理的なもののみを残した上で，これを所有権より派生した制限物権として構成し，しかもその型をあらかじめ決定することにして，制限物権以外の権利によって所有権が制限されることを排除することにした。

　その意味では，物権法定主義は，第1章2で述べた所有権絶対の原則を確保し，契約自由の原則と両立させるための制度であると考えられる。

取引の安全と迅速
化・公示の要請

　物権法定主義のもう1つの意義は，取引の安全と迅速化・公示の要請によるものと考えられる。物権は物に対する直接排他的な支配権であり，第三者に対してもその効力を主張できる権利であるから，物権の存否，物権変動は当事者以外の人にも重要な

意味をもつ。また，第三者に不測の損害を与えないためには，誰が権利者か，どんな物権変動があったかを外界から認識できるようにしておくことが必要である。つまり，安全で迅速な取引を図るために，物権の種類や内容をあらかじめ法律で定め，複雑多様なものとすることを防止するとともに，公示の要請に応えるために，公示に親しむようなもののみを物権とすることが必要となる。

2 物権法定主義の限界

　物権法定主義が，物権法規範を支える重要な原則であることからすると，民法施行前に存在していた慣習上の物権（旧慣の物権）で，現行民法典に物権として規定されなかった権利や民法施行後に社会の要請があって，取引慣行上，新たに発生した権利の場合，物権としての効力を認めることはできないのであろうか。

　　旧慣の物権　　　　　物権法定主義の意義の1つは，諸々の慣習的規範である封建的権利を整理する点にあり，民法施行法35条は，旧慣の物権は民法施行後は物権として認めないとする。しかし，旧慣の物権のなかには，現実には民法施行後も存続し，なお，排他的支配を認めるべき必要がある場合があった。例えば，明治以前に田地所有権に認められていた一定の用水・流水を排他的に利用する権利は，民法典が施行された後も，農業生産の様式が変わらないかぎり，これを否定することはできなかった。

　そこで，判例は，河川やため池の水を独占排他的に使用する権利である水利権（大判明 42・1・21 民録 15 輯 6 頁など）や，地下から湧出する温泉を排他的に管理・利用する権利である温泉権

（大判昭 15・9・18 民集 19 巻 1611 頁など）については，慣習法によって認められた権利として，その侵害に対して不法行為に基づく損害賠償請求や妨害排除請求を認めている。

　しかし，土地使用権については，慣習上の物権として認めることは一般的には消極的である。例えば，慣行小作権の一種である「上土権」については，これを地表のみについて有する所有権とは認められないと解している（大判大 6・2・10 民録 23 輯 138 頁）。上土権は，小作人が地主の土地を開墾した場合などに，土地の所有権から独立して有する永代の耕作権である。上土権を認めると，1 個の所有権が質的に分割されることになるから，土地所有権の自由な処分を阻害することになり，近代的所有権とはあいいれないものと解されている。

　学説では，旧慣の物権のうち，①近代的所有権の成立を害しない権利で，②その内容が明確かつ合理的で，③所有権とは別個に適切な公示方法が確立している権利については，175 条および民法施行法 35 条に抵触しておらず（制限的解釈），法の適用に関する通則法 3 条に基づき物権としての効力を否定する理由はないと解する見解が有力である。もっとも，最近の学説が指摘するように，水利権や温泉権が慣習法上の物権と認められたからといって，この点から，これらの権利の内容が直ちに明らかになるわけではないことには注意を要する。

新たな物権　民法施行後，新種の物権として問題となったのは，根抵当権・仮登記担保権・譲渡担保・所有権留保などの担保に関する権利である。このうち根抵当権は昭和 46（1971）年に，仮登記担保権は昭和 53（1978）年に立法化された。しかし，それ以外の権利については，なお 175

条との関係で問題が残る。

譲渡担保（⇒第12章 1 ②Case 12-4，第3巻第13章 3）について考えてみると，債務者の占有する目的物の所有権は，債権者＝譲渡担保権者に移転されているが，債務者は借入金を弁済すれば，担保のために譲渡した目的物の所有権を取り戻すことができるから，債権者の所有権は担保のために制限されているといえる。見方を変えると，債務者のもとにある目的物の所有権には，債務者が借入金を弁済しなければ債権者によって実行されるという負担が付いているともいえる（譲渡担保の法的性質については，⇒第3巻）。いずれにせよ，債権者と債務者の合意により，法定されていない制限物権を認めたのに等しい。

しかし，譲渡担保など新種の物権は，民法施行法35条に抵触するとはいえない。なぜなら，これらの新種の物権は，近代的所有権の成立を害する権利であるとはいえないからである。したがって，新種の物権の場合には，①取引の安全と迅速化を妨げない権利で，②適切な公示方法が確立しているか，ないしはその存在が周知のものとなっているなど公示性が補完されている場合には，これを物権として保護しても，一般的には物権法定主義の趣旨に反するわけではないものと解される。

重要なことは，新種の物権が①②の基準を満たしているかどうかであり，この点については，新種の物権を個別に検討するしかないといえる（非典型担保については，⇒第3巻）。

おわりに——参考文献

　本書を通じて，物権法を「やさしく，深く，おもしろく」学習することができたでしょうか。本書が難しいといわれている物権法の理解を少しでも助けることができたなら幸いです。

　教科書という性質上，本書では参考文献をあげていません。そこで，本書を執筆するにあたって参考にした教科書・体系書のうち，読者の皆さんが，今後，より高度の学習をする際に参考になると思われる文献を以下に掲載しておきます（ただし，単著のものに限りました）。また，コンメンタールおよび立法史・学説史に関する若干の文献をあげておきました。もちろん，参照した文献はこれ以外にも多数にのぼります。特に，論文については紙面の関係で省略せざるをえませんが，以下の参考文献を手がかりに，各分野の著名な論文の原典を直接読んでいただきたいと思います。

　「民法」という大海の荒波に投げ出された読者の皆さんにとって，本書が導きの星となってくれることを期待して，本書を閉じることにいたします。

★★★★★教科書・体系書★★★★★

舟橋諄一・物権法（昭和 35・有斐閣）

柚木馨（高木多喜男補訂）・判例物権法総論〔補訂版〕（昭和 47・
　有斐閣）

星野英一・民法概論Ⅱ　物権・担保物権（昭和 51・良書普及会）

石田喜久夫・口述物権法（昭和 57・成文堂）

我妻栄（有泉亨補訂）・新訂 物権法（民法講義Ⅱ）（昭和58・岩波書店）

稲本洋之助・民法Ⅱ 物権（昭和58・青林書院新社）

松坂佐一・民法提要 物権法〔第4版増補〕（昭和59・有斐閣）

広中俊雄・物権法〔第2版増補〕（昭和62・青林書院新社）

加賀山茂・総則・物権（民法体系Ⅰ）（平成8・信山社）

北川善太郎・物権（民法講要Ⅱ）〔第3版〕（平成16・有斐閣）

川井健・民法概論2 物権〔第2版〕（平成17・有斐閣）

加藤雅信・物権法〔第2版〕（平成17・有斐閣）

近江幸治・民法講義Ⅱ 物権法〔第4版〕（令和2・成文堂）

佐久間毅・民法の基礎2 物権（平成18・有斐閣）

鈴木禄弥・物権法講義〔5訂版〕（平成19・創文社）

鎌田薫・民法ノート物権①〔第3版〕（平成19・日本評論社）

内田貴・民法Ⅰ 総則・物権総論〔第4版〕（平成20・東京大学出版会）

田山輝明・物権法〔第3版〕（平成20・弘文堂）

野村豊弘・民法Ⅱ 物権〔第2版〕（平成21・有斐閣）

山野目章夫・物権法〔第5版〕（平成24・日本評論社）

河上正二・物権法講義（平成24・日本評論社）

生熊長幸・物権法〔第2版〕（令和3・三省堂）

七戸克彦・基本講義 物権法Ⅰ（平成25・新世社）

安永正昭・講義 物権・担保物権法〔第4版〕（令和3・有斐閣）

大村敦志・新基本民法2 物権編〔第3版〕（令和4・有斐閣）

平野裕之・物権法（平成28・日本評論社）

松岡久和・物権法（平成29・成文堂）

松井宏興・物権法（平成29・成文堂）

中舎寛樹・物権法（令和4・日本評論社）

山野目章夫・不動産登記法入門〔第3版〕（令和4・日経BP）

山野目章夫・民法概論2 物権法（令和4・有斐閣）

★★★★★注解・注釈書★★★★★

川島武宜編・注釈民法(5)（昭和42・有斐閣）

舟橋諄一編・注釈民法(6)（昭和42・有斐閣）

我妻栄＝有泉亨（清水誠補訂）・コンメンタール物権法新版（平成9・日本評論社）

林良平＝岡部崇明＝田原睦夫＝安永正昭編・注解判例民法 物権法（平成11・青林書院）

舟橋諄一＝徳本鎭編・新版注釈民法(6)〔補訂版〕（平成21・有斐閣）

小粥太郎編・新注釈民法(5)（令和2・有斐閣）

道垣内弘人編・新注釈民法(6)（令和元・有斐閣）

森田修編・新注釈民法(7)（令和元・有斐閣）

鎌田薫＝松岡久和＝松尾弘編・基本法コンメンタール物権（令和2・日本評論社）

★★★★★立法史・学説史に関する文献★★★★★

星野英一編集代表・民法講座2 物権(1)（昭和59・有斐閣）

星野英一編集代表・民法講座3 物権(2)（昭和59・有斐閣）

広中俊雄＝星野英一編・民法典の百年 I 全般的観察（平成10・有斐閣）

広中俊雄＝星野英一編・民法典の百年 II 個別的観察(1) 総則編・物権編（平成10・有斐閣）

事項索引

あ　行

悪意者排除論 ……………………289
悪意の占有者 ……………………192
　──の果実返還義務 …………192
　──の損害賠償義務 …………193
悪魔の証明 ………………………176
意思主義（物権変動）…………216
遺失物の拾得…………………69, 179
遺失物法…………………………70, 354
板付基地事件………………………31
一部価格賠償 ……………………121
一部管理組合 ……………………137
一部共用部分 ……………………136
一物一権主義……………………10, 133
一部分割 …………………………121
一括分割 …………………………121
移転的承継 ………………………209
稲立毛 ……………………………332
入会権……………………………12, 141
　──の主張 ……………………144
　──の消滅 ……………………145
　──の内容 ……………………142
　──の発生 ……………………142
入会権者 …………………………142
入会団体（入会集団）…………143
入浜権 ……………………………142
印鑑証明書 ………………………297
宇奈月温泉事件……………………30
上土権 ……………………………388
永小作権 ……………………………12
越境した竹木の切除権……………34
温泉権 ……………………………387
オンライン申請 …………………297

か　行

回復者………………………………49
回復請求 …………………………354
確定不要説（物権変動の時期）………225
加　工………………………………77
瑕疵ある占有・瑕疵なき占有
　………………………173, 181, 186
過失ある占有・過失なき占有
　………………………173, 180, 186
果　実………………………………11
　──の返還義務 ……188, 192, 193, 198
果実収集権…………………………11
家畜以外の動物の取得………68, 150, 179
仮登記 ……………………………311
　──で保全された対抗力 ……313
　──の順位保全効 ……………312
仮登記担保権……………………14, 388
簡易の引渡し ……………………172, 322
慣習上の物権 ……………………387
間接占有 …………………………168
　──下にある動産の譲渡 ……325
間接占有者………………………58, 168
管理組合 …………………………137
管理組合法人 ……………………137
管理者 ……………………………137, 138
管理不全……………………………28
　──建物管理制度………………28
　──建物管理人…………………28
　──建物管理命令………………28
　──土地管理制度………………28
　──土地管理人…………………28
　──土地管理命令………………28
危険負担 …………………………226

393

規　約 ………………………137, 138
規約共用部分 …………………136
客観的違法状態………………54
94条2項類推適用 …………358, 370
　　──と意思外形非対応型 …………364
　　──と外形他人作出型 ……………362
　　──と登記 …………………365
　　──の要件 …………………361
旧訴訟物理論 …………………157
給付利得 ………………………200
協議分割 ………………………119
強行法規 ………………………386
共同所有 ……………………85, 89
　　──の消滅 …………………117
　　──の発生原因………………91
　　──の発生原因と性質・効果…92
　　共同相続による──関係の発生……95
　　財産行為による──関係の発生 …92
共同申請主義 …………………296
共　有 ………………………89
　　──の暫定性…………………88
　　──の性質を有しない入会権 …141
　　──の性質を有する入会権 ……141
共有入会権 ……………………141
共有関係…………………………86
共有権……………………………86
　　──の主張…………………107
共有者間の担保責任 ……………125
共有物
　　──から生じた債権 …………106
　　──の管理行為………………27, 100
　　──の不分割契約 …………118
　　──の変更行為………………27, 101
　　──の保存行為 ……………101
　　──の利用・改良行為 ………101
　　──分割請求権………………88, 118
　　──分割の訴え ……………119
共有物分割………………………118

　　──と持分権上の担保物権 ………126
　　──の効果 …………………125
　　──への参加 ………………124
共有物分割請求…………………27
　　──と所有者不明土地・管理制度…27
共用部分 ………………………135
金銭所有権 …………………324, 352
近代的所有権…………………18, 388
区分所有権 ……………………134
　　──売渡請求権 ……………140
　　──買取請求権 ……………140
区分所有者 ……………………134
　　──の団体 …………………137
区分所有建物 …………………134
　　──の復旧・建替え・再建 ………139
区分建物 ………………………134
区分地上権……………………29
形式主義（物権変動）…………216
形式的形成訴訟 ………………120
形式的審査主義 ………………311
継続的設備の設置・使用権…………39
契約時移転説（物権変動の時期）……223
契約自由の原則 ………………385
契約の巻戻し …………………200
原権利者帰属説 ………………356
原始取得………………………65, 209
現実の引渡し …………………171, 322
現物分割 ………………………120
権利に関する登記 ……………295
権利部 …………………………295
権利保護（資格）要件
　　──としての占有 …………338
　　──としての登記 …………246, 251
　　──としての引渡し …………327
権利濫用の禁止………………29
行為請求権………………………61
交換価値 ………………………14, 15
公共の福祉………………………20

394

交互侵奪 ……………………162
公示に対する信頼 ………………368
公示の原則 ………………214, 367
公示方法・公示手段 ………214, 366
公証人 ………………………234
公信の原則 ………334, 358, 369
　――と94条2項類推 …………360
　動産取引と―― ……………369
　不動産取引と―― …………370
公信力
　占有の―― ………………369
　登記の―― ……………315, 358
公信力説（対抗問題の法的構成）……236
公正証書 ……………………234
合　有 …………………………89
公用徴収 ……………………211
固有必要的共同訴訟 ……………108
混　同 ………………………211
混　和…………………………81

さ　行

債　権 …………………………4, 374
　――の相対性 …………………374
債権行為 ……………………219
再建・敷地売却 ………………140
財産管理制度………………………25
財産権………………………………4
裁判分割 ………………119, 120
債務負担行為 …………………218
先取特権………………………………14
指図による占有移転 ……172, 322, 342
差止請求 ……………………378
残余地………………………………37
資格代理人 …………………297
敷地権 ………………………137
敷地利用権 …………………136
自己占有 ……………………168

自己のためにする意思 …………166
事実上の推定 ………………177
自主占有 ……………………181
　――事情 …………………186
事前通知 ……………………298
質　権 …………………………14, 16
借地権………………………………12
集　会 ………………………138
集合動産譲渡担保………………………11
取得時効と186条 ……………180
準共有 ………………………130
準占有 ………………………174
承役地…………………………………43
使用価値…………………………12, 15, 16
償　金 …………………………37, 82
承継取得…………………………65, 208
証書の保存義務………………………124
状態責任…………………………………55
譲渡担保…………………………14, 341, 388
使用利益
　――の返還義務 ……189, 192, 193, 198
　――の返還と不当利得 …………356
所　持 …………………………166, 167
処分行為 ……………………218
所有権………………………………3
　――と法令による制限……………22
　――の移転時期………………53, 223
　――の観念性………………………17
　――の限界…………………………32
　――の恒久性………………………16
　――の社会性 ………………19, 20
　――の自由………………18, 377, 386
　――の制限……………………19, 32, 43
　――の制限とその限界……………24
　――の性質…………………………11
　――の全面的支配性………………11
　――の弾力性………………………17
　――の内容…………………………3

　　——の放棄···················20
　海面下の土地と——　················8
　公物と——　·····················8
　人格権と——　·····················5
所有権絶対の原則················18
　——と共同所有················86
所有権に基づく請求権·············47
　——における費用負担·············61
　——の効果··················60
　——の行使が認められない場合······60
　——の根拠··················49
　——の性質··················50
　——の要件··················52
所有権に基づく返還請求権··········48
　——の要件··················55
所有権に基づく妨害排除請求権·······48
所有権に基づく妨害予防請求権·······48
所有権の客体　··················4
　——としての臓器···············7
　——と単一性·················10
　——と特定性··················9
　——と独立性·················10
　——と排他的支配の可能性·········8
　——と非人格性··················5
所有権留保··················14, 388
所有者と占有者の関係　············188
所有者不明
　——建物管理制度···············26
　——建物管理人···············26
　——建物管理命令···············26
　——土地管理制度···············26
　——土地管理人···············26
　——土地管理命令···············26
所有者不明土地・建物管理制度およ
　び管理不全土地・建物管理制度···25
自力救済　··················162
侵害利得················82, 200
新訴訟物理論···············158

人的編成主義　················293
森林法違憲事件·············24, 121
水利権···················387
請求権競合···············56, 382
制限説
　——（177条の適用範囲）········241
　——（177条の第三者の範囲）·····273
制限物権················16, 212
　——と物権的請求権　············380
設権の承継　·················209
絶対的構成·················287
善意取得（即時取得）·········334, 335
　——制度の系譜···············336
　——と主張・立証責任···········344
　——と他の第三者保護規定の関係
　　······················346
　——と立木·················348
　——の効果·················353
　——の効果の制限　············354
　遺失物と——　···············354
　金銭と——　················352
　指図による占有移転と——　······342
　譲渡担保と——　··············341
　占有改定と——　··············339
　登記・登録された動産と——　·····350
　盗品と——　················354
　不動産の従物たる動産と——　·····349
　留置権・動産の先取特権・動産質
　　借権と——　···············354
善意の占有者··················193
　——の果実収取権··············194
全面的価格賠償··················121
占　有
　——取得の方式···············171
　——の瑕疵·················173
　——の観念化···············173
　——の公信力···············369
　——の譲渡性···············171

――の消滅 ………………………165
――の成立要件 ………………166
――の二面性 ……………173, 185
――の本権取得的効力 …………179
――の本権推定力 ………149, 176, 177
――の本権推定力の制限 ………177
取得時効の成立要件としての――
　　…………………………………179
　相続人の―― ……………………185
　取引によらない――取得 ………198
　無償契約による――取得 ………197
占有回収の訴え …………49, 54, 152
占有改定 …………………172, 322, 339
占有機関………………………58, 171
占有権 ………………………………147
　――と物権的請求権 ……………152
　――の効力 ………………………149
占有（権）の承継 ……………171, 173
　――の効果 ………………………173
　相続による―― …………173, 185
占有者
　――の費用償還請求権 …………201
　訴訟係属，強暴・隠秘の―― ……197
占有者帰属説 ………………………356
占有侵奪 ……………………………153
占有すべき権利 ……………175, 189
占有訴権（占有の訴え）………49, 54, 151
　――行使の相手方 ………………154
　――制度の意義 …………………163
　――と損害賠償請求 ……………156
　――と本権の訴え ………………157
　――の期間制限 …………………155
　――の種類 ………………………152
　――の要件としての占有 ………164
　――を行使する者 ………………154
占有代理関係 ………………………169
占有代理人………………57, 168, 170
専有部分………………………10, 135

占有保持の訴え ……………………152
占有補助者………………………57, 170
占有保全の訴え ……………………152
臓器移植 ………………………………7
相続と新権原 ………………………185
相続土地国庫帰属法………………20
相対的構成 …………………………288
相対的無効 …………………………286
総　有 ………………………89, 142
相隣関係 ………………………………32
相隣関係規定………………………35
　――と建築基準法 ………………40
　――と地役権 ……………………43
即時取得　→善意取得 …………335

た　行

代価弁償 ……………………………355
　――請求権 ………………………357
代金分割 ……………………………120
対抗関係 …………………233, 251, 282
対抗問題 ……………………232, 236
対抗要件 ……………………233, 321
対抗要件主義 ……………205, 238, 367
対抗力 ……………………233, 313, 367
　――のない不動産賃借権と妨害排
　　除請求 …………………………384
第三者異議の訴え …………274, 383
大深度地下の公共的使用に関する特
　別措置法………………………29
代理占有 ……………………………168
　――の要件 ………………………169
　代理と―― …………………170, 182
他主占有 ……………………………181
　――から自主占有への転換 ………182
　――権原 …………………………182
　――事情 …………………………183
建替え ………………………………140

建　物
　──の区分所有……………………10, 133
　──の区分所有等に関する法律
　　……………………………10, 134
　──の敷地 ………………………136
　建築途上の──への工事と所有権
　　の帰属……………………………78
田原湾汐川干潟事件………………………8
他物権…………………………………………16
単一説（共有の性質）…………………85
団体的結合関係……………………………95
団地内建物に関する建替え…………140
担保物権………………………………………14
　──に基づく物権的請求権………380
地役入会権…………………………………141
地役権……………………………………12, 42
　──に基づく物権的請求権…………45
　──の時効取得…………………………46
　──の取得と消滅………………………45
　──の存続期間…………………………45
　──の不可分性…………………………45
　──の付従性……………………………44
地上権…………………………………………12
知的財産権……………………………………4
中間省略登記……………………………308
　──の登記請求権……………………309
　──の抹消請求………………………309
直接占有者………………………………58, 168
賃借権
　──に基づく妨害排除請求………384
　──の物権化………………………276, 379
　地役権と──……………………………42
　地上権・永小作権と──…………12
通行地役権…………………………………38, 43
　──と177条……………………………291
通常共同訴訟……………………………109
抵当権…………………………………………14
　──に基づく物権的請求権………381

　──の順位と排他性 …………………376
適法占有者…………………………………188
添　付……………………………………………67
　──の効果………………………………81
導管袋地………………………………………39
登　記……………………………………293, 323
　──の公信力………………………315, 358
　──の推定力…………………………316
　──の対抗力………………………233, 314
　──の有効要件………………………305
　──の流用……………………………306
　──を必要とする物権変動………241
　遺産分割と──………………………266
　解除と──……………………………250
　94条2項類推適用と──…………365
　共同相続と──………………………261
　差押えと──…………………………275
　時効取得と──………………………253
　相続と──……………………………260
　相続放棄と──………………………264
　賃料請求と──………………………276
　（特定）遺贈と──…………………267
　取消しと──…………………………243
登記官…………………………………………293
登記義務者…………………………………296
登記記録……………………………………293
登記原因証明情報………………………299
登記権利者…………………………………296
登記識別情報………………………………298
登記事項……………………………………293
登記事項証明書…………………………293
登記所…………………………………………293
登記情報交換サービス………………293
登記済証……………………………………297
登記請求権………………………………63, 302
登記引取請求権…………………………63, 305
登記簿…………………………………………293
　不動産── …………………………295

動産譲渡登記 ……………………323
動産物権変動 ……………………319
　　──と対抗要件 ……………321
　　──と第三者 ………………324
登　録 ……………………………323
特定承継 …………………………209
特定性の原則 ………………………9
　担保物権と── …………………9
　動産物権変動と── …………320
土地基本法…………………………20
土地所有権の範囲…………………28
土地通行権…………………………36
土地の定着物………………………10
取戻権……………………………383

な　行

二重譲渡……………………………52
202条1項と訴訟上の請求との関係
　…………………………………157
202条2項 ………………………160
　　──と本権反訴 ……………161
任意法規 …………………………385
忍容請求権…………………………61
根抵当権 …………………………388

は　行

賠償分割 …………………………120
背信的悪意者 ……………………284
　　──からの転得者 …………286
反　証 ……………………177, 317
引取請求権…………………………63
引渡し ……………………………321
筆……………………………………10
必要的共同訴訟 …………………108
必要費 ……………………………201
177条と94条2項類推適用の関係 …371

177条の「第三者」……………………272
　　──と悪意の第三者 ………282
　　──と一般債権者 ……274, 281
　　──と差押債権者 …………274
　　──と実質的無権利者 ………279
　　──と賃借人 ………………275
　　──と背信的悪意者 ………283
　　──と不法行為者 …………280
　　──と不法占拠者 …………280
178条と「第三者」………………324
186条の推定の意味 ……………181
187条と185条との関係 ………187
187条2項と162条2項との関係 …187
192条と96条3項………………347
192条と162条の関係 …………337
194条の制度趣旨 ………………357
費用償還請求権 ……………190, 201
表題部 ……………………………295
費用利得……………………………83
不完全物権変動説 ………………237
複数説（共有の性質）……………85
袋　地………………………………36
付　合………………………………72
　樹木・農作物の── …………73
　建物の── ……………………74
　動産の── ……………………75
　不動産の── …………………72
復帰的物権変動 …………………248
復　旧 ……………………………139
物　権 ………………………11, 374
　　──と債権の違い …………374
　　──の効力 …………………374
　　──の取得 …………………208
　　──の消滅 …………………210
　　──の消滅時効 ……………210
　　──の性質 …………………374
　　──の絶対性…………49, 374, 377
　　──の直接支配性…………50, 374

――の排他性 ……………………10, 50, 375
――の変更 ……………………210
――の放棄 ……………………210
新たな―― ……………………388
旧慣の―― ……………………387
物権行為 ……………………219
――の独自性 ……………………220
――の無因性 ……………………221
――の有因性 ……………………222
物権的請求権……………………47, 377, 379
――と他の請求権との関係 …377, 382
――における費用負担……………………61
――の衝突 ……………………63
物権変動 ……………………207
――の公示 ……………………214, 366
――の時期 ……………………223
契約による―― ……………………214
立木の―― ……………………328
物権法定主義 ……………………385
――の限界 ……………………387
物上請求権……………………47
物的編成主義 ……………………295
不適法占有者 ……………………190
――の権利・義務 ……………………150
不動産質権……………………16
不分割の特約……………………88
分割請求権……………………87
包括承継 ……………………209
法定共用部分 ……………………135
法定制度説（対抗問題の法的構成）…236
法定担保物権……………………14
法の適用に関する通則法 3 条 ………388
法律上の権利の推定 ……………177
保存登記 ……………………306, 311
本　権 ……………………149, 175
本権の訴え……………………49
本　証 ……………………177, 317
本登記 ……………………311

ま　行

埋蔵物発見……………………70
マンション ……………………135
未分離の果実 ……………………332
民法施行法 35 条……………………387
無主物の帰属……………………67, 179
無制限説
――（177 条の適用範囲）…………241
――（177 条の第三者の範囲）……272
明認方法 ……………………328
――の効力 ……………………329
――の対抗力 ……………………329
目的物の滅失 ……………………210
持分（権）……………………85
――の主張 ……………………107
――の相続人不存在 ……………118
――の独立性 ……………………87
――の内容……………………97
――の放棄 ……………………117
持分処分権……………………87
持分割合……………………97
物 ……………………3

や　行

約定担保物権……………………14
有益費 ……………………202
優先的効力
物権相互間の―― ……………………375
物権の債権に対する―― …………377
有体物 ……………………4
要役地……………………43
用益物権……………………12

　　　　ら　行

留置権………………………………14

立　木……………………………………10
　——と善意取得 ………………348
　——の物権変動 …………………328
隣地使用権………………………………32

判例索引

大判明 41・9・25 民録 14 輯 931 頁
　　　‥‥‥‥‥‥‥‥‥‥‥‥119

大連判明 41・12・15 民録 14 輯 1276
　　頁 ‥‥‥‥‥‥‥‥273, 276, 285

大連判明 41・12・15 民録 14 輯 1301
　　頁 ‥‥‥‥‥‥‥‥‥‥‥‥242

大判明 42・1・21 民録 15 輯 6 頁
　　‥‥‥‥‥‥‥‥‥‥‥‥‥387

大判明 43・2・25 民録 16 輯 153 頁
　　‥‥‥‥‥‥‥‥‥‥‥‥‥322

大判大 3・2・16 民録 20 輯 75 頁
　　‥‥‥‥‥‥‥‥‥‥‥‥‥109

大連判大 3・3・10 民録 20 輯 147 頁
　　‥‥‥‥‥‥‥‥‥‥‥‥‥120

大判大 4・2・2 民録 21 輯 61 頁
　　‥‥‥‥‥‥‥‥‥‥‥‥‥325

大判大 4・4・27 民録 21 輯 590 頁
　　‥‥‥‥‥‥‥‥‥‥‥‥‥325

大判大 4・5・20 民録 21 輯 730 頁
　　‥‥‥‥‥‥‥‥‥‥‥‥‥337

大判大 5・6・13 民録 22 輯 1200 頁
　　‥‥‥‥‥‥‥‥‥‥‥‥‥109

大判大 5・6・23 民録 22 輯 1161 頁
　　‥‥‥‥‥‥‥‥‥‥‥‥‥‥51

大判大 5・9・12 民録 22 輯 1702 頁
　　‥‥‥‥‥‥‥‥‥‥‥‥‥309

大判大 5・9・20 民録 22 輯 1440 頁
　　‥‥‥‥‥‥‥‥‥‥‥‥‥332

大判大 6・2・10 民録 23 輯 138 頁
　　‥‥‥‥‥‥‥‥‥‥‥‥‥388

大判大 6・2・28 民録 23 輯 322 頁
　　‥‥‥‥‥‥‥‥‥‥‥‥‥109

大判大 6・3・23 民録 23 輯 560 頁
　　‥‥‥‥‥‥‥‥‥‥‥‥‥‥51

大判大 7・3・2 民録 24 輯 423 頁

　　‥‥‥‥‥‥‥‥‥‥‥‥‥254

大判大 7・3・9 民録 24 輯 434 頁
　　‥‥‥‥‥‥‥‥‥‥‥‥‥144

大判大 7・4・19 民録 24 輯 731 頁
　　‥‥‥‥‥‥‥‥‥‥‥111, 112

大判大 8・4・2 民録 25 輯 613 頁
　　‥‥‥‥‥‥‥‥‥‥‥‥‥109

大判大 8・5・31 民録 25 輯 946 頁
　　‥‥‥‥‥‥‥‥‥‥‥‥‥109

大判大 8・9・27 民録 25 輯 1664 頁
　　‥‥‥‥‥‥‥‥‥‥‥‥‥112

大判大 8・10・16 民録 25 輯 1824 頁
　　‥‥‥‥‥‥‥‥‥‥‥‥‥325

大連判大 9・6・26 民録 26 輯 933 頁
　　‥‥‥‥‥‥‥‥‥‥‥‥‥141

大判大 9・12・22 民録 26 輯 2062 頁
　　‥‥‥‥‥‥‥‥‥‥‥‥‥131

大判大 10・3・18 民録 27 輯 547 頁
　　‥‥‥‥‥‥‥‥‥‥‥‥‥111

大判大 10・4・14 民録 27 輯 732 頁
　　‥‥‥‥‥‥‥‥‥‥‥‥‥329

大判大 10・5・17 民録 27 輯 929 頁
　　‥‥‥‥‥‥‥‥‥‥‥‥‥251

大判大 10・6・13 民録 27 輯 1155 頁
　　‥‥‥‥‥‥‥‥‥‥‥111, 303

大判大 10・7・8 民録 27 輯 1373 頁
　　‥‥‥‥‥‥‥‥‥‥‥‥‥355

大判大 10・7・11 民録 27 輯 1378 頁
　　‥‥‥‥‥‥‥‥‥‥‥‥‥304

大判大 11・2・20 民集 1 巻 56 頁
　　‥‥‥‥‥‥‥‥‥‥‥109, 132

大判大 11・11・27 民集 1 巻 692 頁
　　‥‥‥‥‥‥‥‥‥‥‥‥‥153

大連判大 12・7・7 民集 2 巻 448 頁
　　‥‥‥‥‥‥‥‥‥‥‥‥‥314

大判大 12・12・17 民集 2 巻 684 頁
　　……………………………119

大判大 13・5・19 民集 3 巻 211 頁
　　……………………………109

大判大 13・5・22 民集 3 巻 224 頁
　　……………………………162

大連判大 14・7・8 民集 4 巻 412 頁
　　……………………………254

大判昭 3・7・4 新聞 2901 号 9 頁
　　……………………………348

大判昭 3・8・8 新聞 2907 号 9 頁
　　……………………………349

大判昭 3・12・17 民集 7 巻 1095 頁
　　……………………………109

大判昭 4・2・20 民集 8 巻 59 頁
　　……………………………244

大判昭 5・6・16 民集 9 巻 550 頁
　　……………………………271

大判昭 5・10・31 民集 9 巻 1009 頁
　　……………………………61

大判昭 7・2・16 民集 11 巻 138 頁
　　……………………………69

大判昭 7・5・18 民集 11 巻 1963 頁
　　……………………………198, 348

大判昭 7・11・9 民集 11 巻 2277 頁
　　……………………………61

大判昭 8・2・13 新聞 3520 号 11 頁
　　……………………………342

大判昭 8・11・7 民集 12 巻 2691 頁
　　……………………………308

大判昭 8・11・22 判決全集 1 輯 3 号
　　40 頁 ……………………132

大判昭 9・10・19 民集 13 巻 1940 頁
　　……………………………156

大判昭 10・10・5 民集 14 巻 1965 頁
　　……………………………30

大判昭 12・11・19 民集 16 巻 1881 頁
　　……………………………61

大判昭 13・9・28 民集 17 巻 1927 頁
　　……………………………332

大判昭 15・9・18 民集 19 巻 1611 頁
　　……………………………388

大判昭 17・4・24 民集 21 巻 447 頁
　　……………………………126

最判昭 17・9・30 民集 21 巻 911 頁
　　……………………………248

最判昭 25・12・19 民集 4 巻 12 号 660
　　頁 ………………………280

最判昭 26・4・19 民集 5 巻 5 号 256 頁
　　……………………………95

最判昭 26・11・27 民集 5 巻 13 号 775
　　頁 ………………344, 355

最判昭 28・1・8 民集 7 巻 1 号 1 頁
　　……………………………324

最判昭 29・3・12 民集 8 巻 3 号 696 頁
　　……………………………132

最判昭 29・4・8 民集 8 巻 4 号 819 頁
　　……………………………131, 132

最判昭 29・8・31 民集 8 巻 8 号 1567
　　頁 ………………………326

最判昭 30・6・2 民集 9 巻 7 号 855 頁
　　……………………………322

最判昭 30・7・5 民集 9 巻 9 号 1002 頁
　　……………………………303

最判昭 31・5・10 民集 10 巻 5 号 487
　　頁 ………………………114

最判昭 31・10・23 民集 10 巻 10 号
　　1275 頁 …………………58

最判昭 32・2・15 民集 11 巻 2 号 270
　　頁 ………………………171

最判昭 32・9・20 裁判集民 27 号 969
　　頁 ………………………131

最判昭 33・2・14 民集 12 巻 2 号 268
　　頁 ………………………46

最判昭 33・6・20 民集 12 巻 10 号
　　1585 頁 …………………223

最判昭 33・7・22 民集 12 巻 12 号
1805 頁 ……………………114, 115
最判昭 33・7・29 民集 12 巻 12 号
1879 頁 ………………………329
最判昭 34・1・8 民集 13 巻 1 号 1 頁
………………………170, 178, 317
最判昭 34・1・8 民集 13 巻 1 号 17 頁
………………………………153
最判昭 34・4・15 訟月 5 巻 6 号 733 頁
………………………………58, 168
最判昭 34・7・14 民集 13 巻 7 号 1005
頁 ………………………………306
最判昭 34・8・7 民集 13 巻 10 号 1223
頁 ………………………………330
最判昭 34・8・28 民集 13 巻 10 号
1311 頁 ………………………322
最判昭 35・2・11 民集 14 巻 2 号 168
頁 ………………………………339
最判昭 35・3・1 民集 14 巻 3 号 307 頁
………………………………331
最判昭 35・3・1 民集 14 巻 3 号 327 頁
………………………………179
最判昭 35・4・7 民集 14 巻 5 号 751 頁
………………………58, 59, 171
最判昭 35・4・21 民集 14 巻 6 号 946
頁 ………………………………309
最判昭 35・6・17 民集 14 巻 8 号 1396
頁 ………………………………58
最判昭 35・6・24 民集 14 巻 8 号 1528
頁 ………………………224, 320
最判昭 35・7・27 民集 14 巻 10 号
1871 頁 ………………………255
最判昭 35・11・29 民集 14 巻 13 号
2869 頁 ………………………252
最判昭 36・3・2 民集 15 巻 3 号 337 頁
………………………………132
最判昭 36・3・24 民集 15 巻 3 号 542
頁 ………………………………35

最判昭 36・4・27 民集 15 巻 4 号 901
頁 ………………………………285
最判昭 36・5・4 民集 15 巻 5 号 1253
頁 ………………………………328
最判昭 36・6・29 民集 15 巻 6 号 1764
頁 ………………………………314
最判昭 36・7・20 民集 15 巻 7 号 1903
頁 ………………………………255
最判昭 36・11・24 民集 15 巻 10 号
2573 頁 ………………………305
最判昭 36・12・15 民集 15 巻 11 号
2865 頁 ………………………115
最判昭 37・5・24 裁判集民 60 号 767
頁 ………………………………113
最判昭 38・2・22 民集 17 巻 1 号 235
頁 ………………………113, 262
最判昭 38・5・31 民集 17 巻 4 号 588
頁 ………………………………224
最判昭 38・10・15 民集 17 巻 11 号
1497 頁 ………………………317
最判昭 39・1・23 裁判集民 71 号 275
頁 ………………………………104
最判昭 39・1・24 判時 365 号 26 頁
………………………324, 352
最判昭 39・1・30 裁判集民 71 号 499
頁 ………………………………113
最判昭 39・3・6 民集 18 巻 3 号 437 頁
………………………………267
最判昭 39・10・15 民集 18 巻 8 号
1671 頁 ………………………94
最判昭 40・1・19 裁判集民 77 号 27 頁
………………………………102
最判昭 40・3・4 民集 19 巻 2 号 197 頁
………………………………161
最判昭 40・3・9 民集 19 巻 2 号 233 頁
………………………………31
最判昭 40・5・4 民集 19 巻 4 号 797 頁
………………………………306

最判昭 40・5・20 民集 19 巻 4 号 859
　頁 ……………………………………110
最判昭 40・9・21 民集 19 巻 6 号 1560
　頁 ……………………………………309
最判昭 40・11・19 民集 19 巻 8 号
　2003 頁 ……………………………224
最判昭 41・5・19 民集 20 巻 5 号 947
　頁 ……………………………………110
最判昭 41・6・9 民集 20 巻 5 号 1011
　頁 ……………………344, 345, 351
最判昭 41・11・18 民集 20 巻 9 号
　1827 頁 ……………………………306
最判昭 41・11・22 民集 20 巻 9 号
　1901 頁 ……………………………254
最判昭 41・11・25 民集 20 巻 9 号
　1921 頁 …………………………142, 145
最判昭 42・1・20 民集 21 巻 1 号 16 頁
　…………………………………………264
最判昭 42・3・17 民集 21 巻 2 号 388
　頁 ……………………………………145
最判昭 42・5・30 民集 21 巻 4 号 1011
　頁 ……………………………………338
最判昭 42・8・25 民集 21 巻 7 号 1740
　頁 ………………………………111, 132
最判昭 42・9・1 民集 21 巻 7 号 1755
　頁 ……………………………………315
最判昭 42・10・27 民集 21 巻 8 号
　2136 頁 ……………………………306
最判昭 42・10・31 民集 21 巻 8 号
　2213 頁 ……………………………281
最判昭 43・8・2 民集 22 巻 8 号 1571
　頁 ………………………………284, 285
最判昭 43・10・17 民集 22 巻 10 号
　2188 頁 ……………………………364
最判昭 43・11・15 民集 22 巻 12 号
　2671 頁 ……………………………285
最判昭 44・5・27 民集 23 巻 6 号 998
　頁 ……………………………………365

最判昭 44・5・29 民集 23 巻 6 号 1034
　頁 ……………………………………132
最判昭 44・5・29 判時 560 号 44 頁
　…………………………………………113
最判昭 44・7・24 判時 567 号 51 頁
　…………………………………………132
最判昭 44・7・25 民集 23 巻 8 号 1627
　頁 ………………………………………75
最判昭 44・10・30 民集 23 巻 10 号
　1881 頁 ……………………………174
最判昭 44・12・2 民集 23 巻 12 号
　2343 頁 ……………………………154
最判昭 44・12・18 民集 23 巻 12 号
　2467 頁 ……………………………259
最決昭 45・4・8 判時 590 号 91 頁
　…………………………………………78
最判昭 45・4・16 民集 24 巻 4 号 266
　頁 ……………………………………362
最判昭 45・6・18 判時 600 号 83 頁
　…………………………………………182
最判昭 45・7・24 民集 24 巻 7 号 1116
　頁 ……………………………………359
最判昭 45・9・22 民集 24 巻 10 号
　1424 頁 ……………………………363
最大判昭 45・10・21 民集 24 巻 11 号
　1560 頁 ………………………………51
最判昭 45・12・4 民集 24 巻 13 号
　1987 頁 ……………………………350
最判昭 46・1・26 民集 25 巻 1 号 90 頁
　…………………………………………266
最判昭 46・4・23 民集 25 巻 3 号 388
　頁 ……………………………………277
最判昭 46・6・18 民集 25 巻 4 号 550
　頁 ……………………………………119
最判昭 46・11・5 民集 25 巻 8 号 1087
　頁 ……………………………………255
最判昭 46・11・11 判時 654 号 52 頁
　…………………………………………181

最判昭 46・11・30 民集 25 巻 8 号
1437 頁 ‥‥‥‥‥‥‥‥‥‥186
最判昭 46・12・9 民集 25 巻 9 号 1457
頁 ‥‥‥‥‥‥‥‥‥‥‥116
最判昭 47・4・14 民集 26 巻 3 号 483
頁‥‥‥‥‥‥‥‥‥‥‥38
最判昭 47・9・8 民集 26 巻 7 号 1348
頁 ‥‥‥‥‥‥‥‥‥‥128
最判昭 47・12・7 民集 26 巻 10 号
1829 頁‥‥‥‥‥‥‥‥58,59
最判昭 49・2・7 民集 28 巻 1 号 52 頁
‥‥‥‥‥‥‥‥‥‥‥318
最判昭 49・3・19 民集 28 巻 2 号 325
頁 ‥‥‥‥‥‥‥‥‥‥277
最判昭 49・9・26 民集 28 巻 6 号 1213
頁‥‥‥‥‥‥‥‥‥‥247
最判昭 49・9・26 民集 28 巻 6 号 1243
頁‥‥‥‥‥‥‥‥‥‥353
最判昭 49・12・24 民集 28 巻 10 号
2117 頁‥‥‥‥‥‥‥‥‥307
最判昭 50・3・6 民集 29 巻 3 号 203 頁
‥‥‥‥‥‥‥‥‥‥‥131
最判昭 50・11・7 民集 29 巻 10 号
1525 頁‥‥‥‥‥‥‥‥‥102
東京高判昭 51・4・28 判時 820 号 67
頁‥‥‥‥‥‥‥‥‥‥‥64
最判昭 51・9・7 判時 831 号 35 頁 ‥116
最判昭 51・12・2 民集 30 巻 11 号
1021 頁‥‥‥‥‥‥‥‥‥182
最判昭 52・3・3 民集 31 巻 2 号 157 頁
‥‥‥‥‥‥‥‥‥‥‥182
最判昭 52・3・31 金法 843 号 26 頁‥132
最判昭 53・3・6 民集 32 巻 2 号 135 頁
‥‥‥‥‥‥‥‥‥‥‥187
最大判昭 53・12・20 民集 32 巻 9 号
1674 頁‥‥‥‥‥‥‥‥‥113
最判昭 54・1・25 民集 33 巻 1 号 26 頁
‥‥‥‥‥‥‥‥‥‥‥80

最判昭 54・4・17 判時 929 号 67 頁
‥‥‥‥‥‥‥‥‥‥‥128
最判昭 56・3・19 民集 35 巻 2 号 171
頁‥‥‥‥‥‥‥‥‥‥‥155
最判昭 57・7・1 民集 36 巻 6 号 891 頁
‥‥‥‥‥‥‥‥‥143,144
最判昭 57・9・7 民集 36 巻 8 号 1527
頁 ‥‥‥‥‥‥‥‥‥‥342
最判昭 58・1・24 民集 37 巻 1 号 21 頁
‥‥‥‥‥‥‥‥‥‥‥267
最判昭 58・3・24 民集 37 巻 2 号 131
頁‥‥‥‥‥‥‥‥‥‥‥183
最判昭 59・4・24 裁判集民 141 号 603
頁 ‥‥‥‥‥‥‥‥‥‥113
最判昭 60・3・28 判時 1168 号 56 頁
‥‥‥‥‥‥‥‥‥‥‥182
最判昭 60・11・29 裁判集民 146 号
197 頁 ‥‥‥‥‥‥‥114,115
横浜地判昭 61・2・21 判時 1202 号 97
頁‥‥‥‥‥‥‥‥‥‥‥64
最判昭 61・3・17 民集 40 巻 2 号 420
頁 ‥‥‥‥‥‥‥‥‥‥224
最判昭 61・12・16 民集 40 巻 7 号
1236 頁‥‥‥‥‥‥‥‥‥8
最大判昭 62・4・22 民集 41 巻 3 号
408 頁‥‥‥‥‥‥24,25,121
最判昭 62・4・23 民集 41 巻 3 号 474
頁‥‥‥‥‥‥‥‥‥‥271
最判昭 62・4・24 判時 1243 号 24 頁
‥‥‥‥‥‥‥‥‥‥‥350
最判平元・7・18 家月 41 巻 10 号 128
頁 ‥‥‥‥‥‥‥‥‥‥‥7
最判平元・9・19 民集 43 巻 8 号 955
頁‥‥‥‥‥‥‥‥‥‥‥41
最判平元・11・24 民集 43 巻 10 号
1220 頁‥‥‥‥‥‥‥‥‥118
最判平 2・11・20 民集 44 巻 8 号 1037
頁‥‥‥‥‥‥‥‥‥‥‥37

最判平 3・4・19 民集 45 巻 4 号 477 頁
　……………………………………268

最判平 4・1・24 家月 44 巻 7 号 51 頁
　……………………………………121

最判平 5・7・19 判時 1525 号 61 頁
　……………………………………270

最判平 6・2・8 民集 48 巻 2 号 373 頁
　………………………………58, 59

最判平 6・5・31 民集 48 巻 4 号 1065
　頁 …………………………142, 144

最判平 6・12・16 判時 1521 号 37 頁
　………………………………………46

最判平 7・12・15 民集 49 巻 10 号
　3088 頁 ………………………184

最判平 8・1・26 民集 50 巻 1 号 132 頁
　……………………………………113

最判平 8・10・29 民集 50 巻 9 号 2506
　頁 ……………………………………286

最判平 8・10・31 民集 50 巻 9 号 2563
　頁 ……………………………………121

最判平 8・11・12 民集 50 巻 10 号
　2591 頁 ………………………186

最判平 10・2・13 民集 52 巻 1 号 65 頁
　………………………………38, 291

最判平 10・3・24 判時 1641 号 80 頁
　……………………………………102

最判平 10・6・30 民集 52 巻 4 号 1225
　頁 ……………………………………132

最判平 11・3・9 判時 1672 号 64 頁
　……………………………………114

最大判平 11・11・24 民集 53 巻 8 号
　1899 頁 ………………………381

最判平 12・1・27 判時 1702 号 84 頁
　……………………………………114

最判平 12・6・27 民集 54 巻 5 号 1737
　頁 …………………………356, 357

最判平 14・6・10 判時 1791 号 59 頁
　……………………………………269

最判平 14・10・15 民集 56 巻 8 号
　1791 頁 …………………………39

最判平 15・7・11 民集 57 巻 7 号 787
　頁 …………………………114, 115

最判平 15・10・31 判時 1846 号 7 頁
　……………………………………259

最判平 16・4・20 家月 56 巻 10 号 48
　頁 …………………………113, 132

最判平 17・3・10 民集 59 巻 2 号 356
　頁 ……………………………………381

最判平 18・1・17 民集 60 巻 1 号 27 頁
　……………………………………292

最判平 18・2・23 民集 60 巻 2 号 546
　頁 ……………………………………363

最判平 18・3・16 民集 60 巻 3 号 735
　頁 ……………………………………37

最判平 20・4・14 民集 62 巻 5 号 909
　頁 ……………………………………97

最判平 20・7・17 民集 62 巻 7 号 1994
　頁 ……………………………………145

最判平 21・1・22 民集 63 巻 1 号 228
　頁 ……………………………………132

最判平 22・12・16 民集 64 巻 8 号
　2050 頁 ………………………310

最判平 23・1・21 判時 2105 号 9 頁
　……………………………………260

最判平 24・3・16 民集 66 巻 5 号 2321
　頁 ……………………………………259

最判平 25・2・26 民集 67 巻 2 号 297
　頁 ……………………………………292

最判平 26・2・25 民集 68 巻 2 号 173
　頁 ……………………………………132

最判平 27・2・19 民集 69 巻 1 号 25 頁
　……………………………………132

東京地判平 28・8・1 平 27 年 (ワ) 第
　156 号 …………………………115

最大決平 28・12・19 民集 70 巻 8 号
　2121 頁 ………………………132

民　法 2 —— 物権〔第4版〕 　有斐閣アルマ

property law

2002 年 5 月 30 日	初　版第 1 刷発行
2005 年 6 月 15 日	第 2 版第 1 刷発行
2008 年 2 月 5 日	第 2 版補訂版第 1 刷発行
2018 年 4 月 30 日	第 3 版第 1 刷発行
2022 年 6 月 10 日	第 4 版第 1 刷発行

<table>
<tr><td rowspan="3">著　者</td><td>千　葉　恵　美　子</td></tr>
<tr><td>藤　原　正　則</td></tr>
<tr><td>七　戸　克　彦</td></tr>
</table>

発行者　　　江　草　貞　治

発行所　　　株式会社有　斐　閣
　　　　　　郵便番号　101-0051
　　　　　　東京都千代田区神田神保町2-17
　　　　　　http://www.yuhikaku.co.jp/

印刷・株式会社精興社／製本・大口製本印刷株式会社
© 2022, E.Chiba, M.Fujiwara, K.Shichinohe. Printed in Japan
落丁・乱丁本はお取替えいたします。
★定価はカバーに表示してあります。

ISBN 978-4-641-22200-7